天津市教育科学十三五规划项目《道德多元背景下德育路径的选择》（编号：CE3308）

食品犯罪刑事治理研究

SHIPIN FANZUI XINGSHI ZHILI YANJIU

温建辉／著

中国检察出版社

图书在版编目（CIP）数据

食品犯罪刑事治理研究／温建辉著．—北京：中国检察出版社，2020.7
ISBN 978 – 7 – 5102 – 2346 – 4

Ⅰ.①食… Ⅱ.①温… Ⅲ.①食品安全－刑事犯罪－研究－中国
Ⅳ.①D924.364

中国版本图书馆 CIP 数据核字（2019）第 230595 号

食品犯罪刑事治理研究

温建辉　著

出版发行：	中国检察出版社
社　　址：	北京市石景山区香山南路 109 号（100144）
网　　址：	中国检察出版社（www.zgjccbs.com）
编辑电话：	（010）86423707
发行电话：	（010）86423726　86423727　86423728
	（010）86423730　68650016
经　　销：	新华书店
印　　刷：	北京玺诚印务有限公司
开　　本：	710mm×960mm　16 开
印　　张：	13
字　　数：	232 千字
版　　次：	2020 年 7 月第一版　2020 年 7 月第一次印刷
书　　号：	ISBN 978 – 7 – 5102 – 2346 – 4
定　　价：	48.00 元

检察版图书，版权所有，侵权必究
如遇图书印装质量问题本社负责调换

序

习近平总书记指出:"食品安全关系中华民族未来,能不能在食品安全上给老百姓一个满意的交代,是对我们执政能力的考验。"民以食为天,食以安为先,食品安全是总体国家安全的基础。

正是在这样的认识基础上,温建辉同志近年来对食品领域的犯罪问题多有关注,甚至将过往对刑法理论的兴趣也暂时放在了一边。今天欣闻其《食品犯罪刑事治理研究》一书即将付梓,作为他研究生期间的指导老师,受邀为其新作拟序,自然而然就会想到作者读研期间的表现。作者在读研究生期间,曾沉醉于"罪过情感"研究,即从刑法学的角度研究犯罪心理。这一阶段的研究奠定了作者学术研究的基础和格调。博士毕业后,作者又倾心于"非理性犯罪"研究,认为非理性犯罪可以视作"罪过情感"的外化形式,前后研究一脉相承。由于食品犯罪危及国计民生,而且其中折射出明显的罪过情感和非理性,故作者的研究兴趣转至于此,也是其来有自。

《食品犯罪刑事治理研究》一书,在以下三个方面给了我们深刻的启示:一是指出了当前刑事政策研究中表现出来的自我循环论证弊端。为了克服此类研究陷阱,作者强调不能简单地依刑事司法实践对刑事立法的证实,或以刑事司法实践对刑事政策的需要来证明刑事政策的正确性,不能单纯依刑事司法机关的工作汇报来评定刑事立法和刑事司法的工作效果,同时也应当结合人民群众对执法司法工作是否满意、执法司法工作是否有利于促进生产力的发展、是否有利于社会环境的长治久安等标准,来衡量法治秩序的成效和水平。这一观点,不仅对于当前食品安全问题的治理,甚至对于所有立法工作,都值得重视。

二是作者在书中指出,食品安全监管法网不严,在一定程度上,导致食品行业成为生产犯罪的行业。由于没有形成刑法规范对食品链的全覆盖,特别是仅仅将生产销售环节危害食品安全的行为犯罪化,而对其上游环节危害食品安全的行为没有犯罪化,以致我们无奈地发现,上游非犯罪的危害食品安全行为依次流转到食品的生产、销售环节,而后顺理成章地发酵酿成了犯罪,被贴上了犯罪的标签。这简直就像食品犯罪生产作业线,是水到渠成的犯罪生产行业。对这种现象,作者称之为犯罪生产现象。作者的这一观察对于治理食品犯罪具有一定的意义。为了改变食品犯罪屡禁不止的局面,我们不仅需要严密刑事法网,同时还需要加强食品安全的行政执法,及时发现危害食品安全犯罪的苗头,及时制止并移交司法机关处理,严格的行政执法才是防控犯罪的关键。

三是《食品犯罪刑事治理研究》一书还提出了一个重要的问题,就是有关监督行为的犯罪问题,它不仅包括监督过失犯罪,也包括监督故意犯罪;相应地,监督犯罪的主观要件既有监督犯罪过失,也有监督犯罪故意;此外对于监督犯罪的因果关系,作者认为亦需要具体问题具体分析。这些既是理论前沿问题,也是司法实践难题,作者在书中运用罪过情感理论和刑法因果关系逻辑分析学说,对这些问题进行了别开生面的阐述,值得一读。

当然,书中所论还有一些值得继续钻研的地方。譬如,关于刑事政策研究中的自我循环论证的问题,还需要深入探索分析,要用更广泛和翔实的历史材料进行证明,扩大分析的视野。又譬如,作者将食品犯罪划分为危害食品质量安全犯罪和危害食品供应安全犯罪两种类型,有一定意义,但更需要针对这些犯罪个罪深入到司法实践中去,使书中的理论观点接受实践的检验。

总之,该书应人民群众日益增长的对美好生活的需要,针对食品安全问题的严峻现实，因循作者持之以恒的研究脉络，将罪过情感理论和非理性犯罪研究视角运用于剖析食品犯罪这一具体的犯罪现象，为我们观察和应对这类犯罪带来了新知识、新思路，值得一读。

谢　勇
湖南省人大常委会副主任
湘潭大学法学院名誉院长、教授、博士生导师
2019 年 6 月

前　言

民以食为天，食以安为先。习近平总书记在2015年指出："食品安全关系中华民族未来，能不能在食品安全上给老百姓一个满意的交代，是对我们执政能力的考验。"要"用最严谨的标准、最严格的监管、最严厉的处罚、最严肃的问责，加快建立科学完善的食品药品安全治理体系，坚持产管并重，严把从农田到餐桌、从实验室到医院的每一道防线"。2016年9月，应国家对食品安全的重视和学校学科建设的需要，天津科技大学成立了"食品安全伦理与法治"创新团队，笔者担任团队负责人，与团队成员一起出版和发表了一系列重要的调研报告和研究成果，产生了较大的社会影响和学术口碑。拙著《食品犯罪刑事治理研究》便是成果之一。

在体例上，本书贯彻了党的十八大报告中提出的"科学立法、严格执法、公正司法、全民守法"新法治16字方针，对食品犯罪治理的研究与时俱进，进入了研究的新阶段、新境地。食品犯罪治理的研究不可孤立、静止、片面，必须贯穿刑事法治实践的全过程，落实到刑事法治实践的各个方面。治理食品犯罪必须坚持科学立法、严格执法、公正司法和全民守法，全方位、全流程地研究。

在内容上，本书将食品犯罪的刑事治理拓展到法治的全领域，从农田到餐桌的全过程，开拓了研究的新视野，丰富了研究的新内容。首先，恪守学术规范，知古鉴今、洋为中用，综述前人研究成果，包括食品犯罪立法研究的综述、食品犯罪执法研究的综述、食品犯罪司法研究的综述以及食品犯罪群防群治研究的综述。其次，运用大数据分析方法刻画了食品犯罪立法状况、食品犯罪执法及渎职状况、危害食品质量安全犯罪和危害食品供应安全犯罪状况、食品犯罪群防群治状况。最后，具体阐述了食品犯罪的罪之改进和刑之完善、食安执法渎职犯罪的分析认定、危害食品质量安全犯罪和危害食品供应安全犯罪的公正司法、食品犯罪群防群治的优化路径以及维权过度的无罪化思路。

在研究创新上，笔者注重对大数据分析方法的运用，刻画了食品犯罪的基本状况；重新勾勒了食品犯罪研究的领域，重构了食品犯罪的分类；运用罪过情感理论，解决了一些理论与实践中的疑难问题。第一，在食品犯罪科学立法方面，以历史唯物主义的观点，揭示了刑事立法政策、刑事司法政策和刑事执行政策的特殊规律，阐述了刑事政策的自证预言，发现了"犯罪生产现象"及其规律，指出了"刑法与刑罚两极分化"的危险倾向，论证了财产刑不充分会导致犯罪的非法暴利与服刑劳动之间的交易，还提出了"重罚指数"和"重改指数"等全新的学术概念，重新演绎了刑事立法政策、刑事司法政策和刑事执行政策的运行逻辑，并对食品犯罪的罪之改进和刑之完善进行了有理有据的论证。第二，在食品犯罪严格执法方面，全面系统地论述了行刑衔接的三大渠道；运用罪过情感理论，深入阐述了监督故意和监督过失问题；贯彻罪责自负原则，论证了监督犯罪因果关系的特殊性，并且拓展视野，深入探究了食安执法领域的7种渎职犯罪。第三，在食品犯罪公正司法方面，首创性地将食品犯罪划分为危害食品质量安全犯罪和危害食品供应安全犯罪两种类型，并深入研究了7种危害食品质量安全犯罪和7种危害食品供应安全犯罪，在犯罪认定中贯彻唯物主义决定论，切实做到罪责自负，坚持遵循犯罪化的基本逻辑；提出"食品安全指数"的概念，提升了食品犯罪治理的科学性，提出"危害后果常态"等学术概念，开拓了研究视野。第四，在食品犯罪群防群治方面，深入论述了食品犯罪群防群治的理论基础和治理策略；不仅揭示了食品犯罪群防群治中存在的问题，还阐述了食品犯罪群防群治的优化路径；不仅分析了食品消费者维权过度的四种类型,还充分论证了食品消费者维权过度现象的非理性特征和无罪化思路。

总之,《食品犯罪刑事治理研究》在食品犯罪的治理上,综述中外研究成果,客观分析现实状况,广泛借鉴域外经验,响应新时代法治主张,对食品犯罪从田间地头到餐桌舌尖的全过程进行了科学立法、严格执法、公正司法和群防群治的全方位研究。冀望对高校法学专业师生、食品安全研究者、食品安全监督管理人员以及广大政法工作者的教学、研究和工作有所裨益。

温建辉

2019 年 6 月

目 录

第一章 食品犯罪科学立法研究 … 1
　第一节 食品犯罪立法研究综述 … 1
　　一、食品犯罪立法国内研究综述 … 1
　　二、域外食品犯罪立法研究综述 … 4
　第二节 食品犯罪刑事政策阐述 … 6
　　一、食品犯罪刑事立法政策阐述 … 7
　　二、食品犯罪刑事司法政策阐述 … 12
　　三、食品犯罪刑事执行政策阐述 … 18
　第三节 食品犯罪刑事立法状况 … 25
　　一、食品犯罪刑事立法的体系现状 … 25
　　二、食品犯罪刑事立法的发展趋势 … 30
　第四节 食品犯罪刑事立法改进 … 33
　　一、罪之改进 … 34
　　二、刑之完善 … 47

第二章 食品犯罪严格执法研究 … 50
　第一节 食品犯罪执法研究综述 … 50
　　一、食品犯罪执法国内研究综述 … 50
　　二、食品犯罪执法域外研究综述 … 52
　第二节 食品犯罪行政执法研究 … 53
　　一、食品安全警察 … 54

二、食品溯源追责 …………………………………………… 55
　　三、食品犯罪行刑衔接 ……………………………………… 58
　　四、食品犯罪职业禁止 ……………………………………… 64
第三节　食品安全执法渎职犯罪研究 ………………………………… 69
　　一、食品安全执法渎职犯罪的构成要件 …………………… 69
　　二、食品安全执法渎职犯罪的个罪问题 …………………… 89

第三章　食品犯罪公正司法研究 …………………………………… 117
第一节　食品犯罪司法研究综述 ……………………………………… 117
　　一、食品犯罪司法国内研究综述 …………………………… 117
　　二、食品犯罪司法域外研究综述 …………………………… 118
第二节　危害食品质量安全犯罪 ……………………………………… 119
　　一、生产、销售不符合安全标准的食品罪 ………………… 120
　　二、生产、销售有毒、有害食品罪 ………………………… 124
　　三、以危险方法危害公共安全罪 …………………………… 127
　　四、生产、销售伪劣产品罪 ………………………………… 129
　　五、虚假广告罪 ……………………………………………… 133
　　六、逃避商检罪 ……………………………………………… 134
　　七、不报、谎报安全事故罪 ………………………………… 136
第三节　危害食品供应安全犯罪 ……………………………………… 139
　　一、非法经营罪 ……………………………………………… 139
　　二、走私普通货物、物品罪 ………………………………… 142
　　三、走私珍贵动物制品罪，走私国家禁止进出口的货物、物品罪 … 146
　　四、非法捕捞水产品罪 ……………………………………… 152
　　五、非法狩猎罪 ……………………………………………… 155
　　六、生产、销售伪劣农药、兽药、化肥、种子罪 ………… 158
　　七、损害商业信誉、商品声誉罪 …………………………… 161

第四章　食品犯罪群防群治研究 ·· 164
第一节　食品犯罪群防群治研究综述 ·· 164
一、食品犯罪群防群治国内研究综述 ·· 164
二、食品犯罪群防群治域外研究综述 ·· 166
第二节　食品犯罪群防群治状况 ·· 167
一、食品犯罪群防群治现状 ·· 167
二、食品犯罪群防群治存在的问题 ·· 172
第三节　食品犯罪群防群治优化路径 ·· 177
一、食品犯罪群防群治组织体系优化路径 ··································· 177
二、食品犯罪群防群治维权过度无罪思路 ··································· 179

参考文献 ··· 186

第一章
食品犯罪科学立法研究

习近平总书记指出，推进科学立法、民主立法，是提高立法质量的根本途径。科学立法的核心在于尊重和体现客观规律，民主立法的核心在于为了人民、依靠人民。食品安全，事关全民；食品犯罪，严惩不贷。对食品犯罪的科学立法，应当全面掌握和科学运用刑事政策，立足现实，借鉴域外，科学立法，宽严得当。

第一节 食品犯罪立法研究综述

一、食品犯罪立法国内研究综述

（一）食品犯罪立法研究概述

自2009年《中华人民共和国食品安全法》通过后，食品安全的概念开始在全民普及。2011年《刑法修正案（八）》将"生产、销售不符合卫生标准的食品罪"修改为"生产、销售不符合安全标准的食品罪"，对生产、销售有毒、有害食品罪扩大了加重处罚的范围，新增"食品监管渎职罪"职务犯罪罪名。与食品安全立法相对应，危害食品安全犯罪开始进入学者的研究视野，特别是2009年"三聚氰胺毒奶粉事件"的曝光，危害食品安全犯罪给全国人民敲响了警钟。危害食品安全犯罪与日俱增，对危害食品安全犯罪的研究更加迫切。为此，在2012年召开的全国刑法学术年会上，食品安全犯罪成为一个重要的议题，在《刑法与宪法之协调发展——全国刑法学术年会文集（2012）》收录的62篇专题论文中，作者从不同角度、不同领域、不同层次对食品犯罪刑事立法问题提出了自己的见解。这次年会对食品犯罪刑事立法研究的影响是比较大的，其后相关食品安全犯罪的很多研究方向和领域都可在该年会论文集中找到研究的起始状态。以食品犯罪刑事立法为主题或者在内容上以较大篇幅阐述食品安全刑事立法的著作也有多部，如杜菊、刘红所著《食品安全刑事保护研究》（2012年版）、黄星所著《中国食品安全刑事概论》（2013年版）、冉犇所著《食品安全刑事规制研究》（2013年版）、舒洪水主编《食品安全犯罪的罪与罚》（2014年版）和邵彦铭所著《食品安全犯罪治理的刑事政策研究》（2014年版）等。总之，从食品犯罪刑事立法研究的内容来看，食品犯罪刑事立法研究呈现如下特点：

1. 2000年之后食品安全犯罪开始进入学者研究视野

及至今日，在中国知网上，以"食品安全犯罪"和"刑事立法"为题名，在"公安"和"刑法"分类中进行检索，共有相应论文17篇，具体年度发表数量如下：2016（1篇）、2015（3篇）、2014（5篇）、2013（2篇）、2012（3篇）、2011（2篇）、2010（1篇）；[①] 与食品安全刑事立法相关的著作5部。这反映了法学的研究紧跟立法和司法的步伐，理论与实践紧密联系。

2. 研究主要聚焦于立法模式、处罚范围和刑罚配置等问题

据中国知网检索，从论文研究主题上来看，详情如下：食品安全犯罪（15篇）、刑事立法（11篇）、食品安全（5篇）、《刑法》（4篇）、资格刑（4篇）、刑事立法政策（3篇）、危害公共安全罪（3篇）、犯罪化（3篇）、罚金数额（3篇）、罚金刑（3篇）、危害食品安全犯罪（2篇）、《刑法修正案（八）》（2篇）、重刑化（2篇）、刑法保护（2篇）、宽严相济（2篇）、法定刑（2篇）、刑法条文（2篇）、刑法规制（2篇）、惩治力度（1篇）、刑事政策（1篇）、刑法分则体系（1篇）、刑事立法转型（1篇）、《食品安全法》（1篇）、关系刑法（1篇）、食品安全标准（1篇）、食品原料（1篇）、公共安全（1篇）、安全刑法（1篇）、社会危害性（1篇）、附属刑法（1篇）、立法思考（1篇）、谦抑性原则（1篇），以及与食品安全刑事立法相关的5部著作。从中不难看出，关于食品安全犯罪刑事立法的研究主要聚焦于立法模式、处罚范围和刑罚配置等问题。

3. 总结了食品犯罪刑事立法的得失

对食品犯罪刑事立法的得失，学界的研究总结比较丰富全面。刘仁文教授总结了我国晚近食品安全刑事立法的特点：（1）刑法介入时间呈提前之势；（2）刑法介入范围呈扩展之势；（3）刑法介入力度呈趋严之势。[②] 舒洪水、

[①] 参见中国知网，2018年12月1日访问。

[②] 参见刘仁文：《中国食品安全的刑法规制》，载《吉林大学学报（社会科学版）》2012年第4期。

段阳伟两位学者在《食品安全犯罪的刑事立法问题》一文中总结了我国二十年的食品安全犯罪刑事立法的基本特征：一是立法模式从单行刑法到刑法典的转变；二是立法观念从传统刑法到安全刑法的转变；三是立法背景从食品卫生法到食品安全法的转变。① 黄星博士从实务的角度指出了我国食品安全犯罪刑事立法的两大特点：立法发展的被动性和立法的重刑化趋势。②

（二）我国食品犯罪立法模式研究

关于食品安全犯罪的刑事立法主要有统一法典说、单独立法说和附属刑法说三种观点。统一法典说是主流观点，认为刑法的统一有利于刑法规范的系统全面和树立刑法的权威，1997年刑法的编纂工作体现了理论界与立法机关在认识上的高度契合。持该观点的学者，如陈兴良教授认为，在一般公民的心目中，通过刑法表达出来的刑法规范似乎比存在于非刑事法律中的刑法规范具有更高的权威性。③ 也有一些学者认为，食品犯罪应当单独立法。持单独立法说的学者，如张明楷教授认为，试图在一部刑法中规定所有犯罪的梦想迟早会破灭的。④ 杜菊教授和刘红副教授则论证了食品犯罪作为行政犯罪，采用独立性的散在型的立法模式的必要性和可行性。⑤ 持附属刑法说观点的吴情树副教授则认为，可以尝试在食品安全法中直接规定真正意义上的附属刑法，即直接规定相关犯罪的罪状和法定刑，这样更有利于刑法的稳定，发挥预防犯罪的刑法目的，也有利于司法机关直接适用刑法。⑥

（三）我国食品犯罪处罚范围研究

在食品犯罪刑事处罚范围方面，即危害食品安全的犯罪化范围方面，我国的学者提出了诸多建议，其主格调是扩大刑法的打击范围。首先，应将打击范围扩大到过失犯罪，如鲜铁可教授认为，现阶段食品安全犯罪比较严重，将过失犯罪纳入进来，可以加大刑法对该罪的打击力度。⑦ 其次，增设持有型犯

---

① 参见舒洪水、段阳伟：《食品安全犯罪的刑事立法问题》，载舒洪水主编：《食品安全犯罪的罪与罚》，中国政法大学出版社2014年出版，第160页。
② 参见黄星：《中国食品安全刑事概论》，法律出版社2013年版，第24页。
③ 参见陈兴良：《刑法哲学》，中国政法大学出版社1992年版，第523页。
④ 参见张明楷：《刑事立法的发展方向》，载《中国法学》2006年第4期。
⑤ 参见杜菊、刘红：《食品安全刑事保护研究》法律出版社2012年版，第51页。
⑥ 参见吴情树：《〈食品安全法〉中刑事责任条款的设定——附属刑法为研究视角》，载《重庆工商大学学报（社会科学版）》2008年第6期。
⑦ 参见鲜铁可：《新刑法中的危险犯》，中国检察出版社2011年版，第241页。

罪，如胡成胜、盛宏文两位学者在《危害食品安全犯罪刑法规制的困境及出路》一文中建议增设持有型犯罪，以严密刑事法网。① 最后，将犯罪化的范围扩大到行为犯，如俞小海在《食品安全犯罪立法完善》一文中认为应当将食品类犯罪提高到行为犯。②

（四）我国食品犯罪刑罚配置研究

对食品犯罪刑罚配置的研究，观点集中在罚金刑和资格刑两个问题上。关于食品犯罪的罚金刑配置，研究方向为提高罚金刑的标准。如黄宇学者认为，应提高罚金刑的地位，加大其惩处力度：一是把"销售金额"改成"货值金额"；二是针对罚金刑的幅度得加以提高；三是对单位的罚金刑幅度得规定的明确具体。③ 关于食品犯罪资格刑的配置，研究方向为设置资格刑，配合主刑实现惩罚目的。如李荣学者认为，应当在我国刑法中设置食品生产经营资格刑，尤其应设置单位犯罪的资格刑，对于在食品安全犯罪中造成人员死亡或对身体健康造成严重损害的，应当处以禁止犯罪人终身从事食品生产、销售的资格刑。④

二、域外食品犯罪立法研究综述

在欧美日奥等一些国家和地区，由于食品犯罪刑事立法比较健全，社会问责制度比较成熟，食品安全事故相对较少或不太突出。因而，这些国家在食品犯罪刑事立法方面的研究并不太多。⑤ 为了对国内外的研究进行比较和借鉴，根据域外对食品犯罪刑事立法研究的主要领域，笔者从域外食品犯罪刑事犯罪的立法模式、处罚范围和刑罚配置三个方面进行了研究。

---

① 参见胡成胜、盛宏文：《危害食品安全犯罪刑法规制的困境及出路》，载《重庆工商大学学报（社会科学版）》2015 年第 5 期。

② 参见俞小海：《食品安全犯罪立法完善》，载《河北大学学报（人文社会科学版）》2011 年第 2 期。

③ 参见黄宇：《关系刑法视角下的食品安全犯罪刑事立法研究》，吉林大学 2014 年博士学位论文。

④ 参见李荣：《我国刑法体系外资格刑的整合》，载《法学论坛》2007 年第 3 期。

⑤ Shohei, YAMOMOTA. a research on mechanism of generating white – collar crime in food businesses: A case study of a mass food poisoning by a dairy – products maker. Journal of Food System Research, 2009, Vol. 16 (1), 2.

(一) 域外食品犯罪立法模式研究

在食品犯罪刑事立法的模式上，国外的刑法理论中，附属刑法说居于主流观点的地位。外国的法律制度和法学传统很多与我国不同，其法律中的轻罪或违警罪等轻微罪行，相当于我国治安管理处罚法中的扰乱社会治安的行为。例如，《1810年法国刑法典》第1条规定："法律以违警刑所处罚之罪，称违警罪。法律以惩治刑处罚之犯罪，称轻罪。法律以身体刑或者名誉刑处罚之犯罪，称重罪。"①《法国新刑法典》第1条同样规定："刑事犯罪，依其严重程度，分为重罪、轻罪和违警罪。"② 在英美法系中，由于这些国家实行判例法传统，多数国家没有统一的成文的刑法典，自然也谈不上在食品犯罪刑事立法问题上形成统一法典说，只有在若干成文的部门法中涉及食品犯罪的时候，才附带规定相应的刑法规范；而在大陆法系国家，由于法文化和法传统的影响，刑法典非常权威和稳定，且大多又不流行行政违法的法概念和法传统，所以，与时俱进地在各种行政法中附带相应的刑法规范。因此，基于这样的法律传统，域外多数国家对食品犯罪的刑事立法研究的态度倾向于附属刑法说。

(二) 域外食品犯罪刑事处罚范围研究

在食品犯罪刑事处罚的问题上，域外的研究倾向主要有三个：一是入罪门槛降低；二是处罚范围扩大；三是过失行为犯罪化。这三种倾向在日本学者的研究上反映明显。日本学者的研究和呼吁体现在1974年的日本刑法典的修订上，相较于1907年颁布自1908年开始施行的旧刑法典而言，1974年的日本刑法典在危害食品安全犯罪方面，具有三个方向的修订：一是将旧刑法典第144条中"足以危害他人健康的物质"在新刑法典第205条修改为"有害健康之物"，降低了危害食品犯罪入罪的门槛；二是将旧刑法典中"混入供人饮用的净水内"在新刑法典第205条中修改为"混入饮用水"，扩大了危害食品行为的犯罪化范围；三是将旧刑法典不存在的过失危害食品安全的犯罪在新刑法典第211条中作出了规定，即过失将毒物或者其他有害健康之物，混入供多数人饮食之物或者其原料、或者由水道供给公众的饮用水或者其水源，对人的生命、身体产生危险的，处1年以下惩役或者20万元以下罚金。③ 同时，域外

---

① 马克昌、卢建平主编：《外国刑法学总论（大陆法系）》，中国人民大学出版社2009年版，第53页。
② 《法国新刑法典》，罗结珍译，中国法制出版社2003年版，第3页。
③ 《日本刑法典》，张明楷译，法律出版社1998年版，第161页。

食品犯罪刑事立法的研究也表明了一种刑事处罚窘境，主要是在欧盟地区，由于受制于欧盟法制的统一而难以及时将严重的危害食品安全的行为犯罪化，例如，英国学者 S. Spear 指出，目前法律存在空白，因为现有的食品安全立法不能适用于那些"超越食品规定"的违法行为。不幸的是，英国在这个问题上不能达成统一意见。相关的专业和贸易组织，如环境卫生监管机构（CIEH）和地方当局的监管服务协调员（LACORS）呼吁制定新的立法来处理严重的食品犯罪，然而，欧盟的食品标准局拒绝了，其认为引入新的违法行为将会违反欧共体法律。[1]

（三）域外食品犯罪刑罚配置研究

域外对食品犯罪刑事立法的研究体现了三个倾向性结论：一是严格责任的普遍存在。域外在刑事责任追究方面，特别是英美法系的传统理论支持严格责任原则，有英国学者统计，英国刑法有 8000 多种犯罪，一多半的犯罪为严格责任犯罪。在 540 种严重犯罪中，123 种犯罪存在严格责任因素。[2] 二是刑罚从重的倾向。域外在食品犯罪刑事责任刑法配置种类上，对资格刑、财产刑更加重视，并有刑罚从重配置的呼声。三是对食品犯罪倾向于废除死刑。如美国和日本已经取消了食品犯罪死刑。

第二节　食品犯罪刑事政策阐述

政策是法律的灵魂，法律是政策的体现，食品犯罪刑事政策就是食品犯罪刑事法律的灵魂。掌握了食品犯罪刑事政策，才能够提纲挈领地理解食品犯罪刑事法律，才能够在适用食品犯罪刑事法律时不迷失方向，才能够在执行食品犯罪刑事裁决时有所依归。曾任司法部部长的肖扬先生在其主编的《中国刑事政策和策略问题》一书中认为，刑事政策和策略，简略来说，就是一个国家在同犯罪作斗争过程中，根据犯罪的实际状况和趋势，运用刑罚和其他一系列抗制犯罪的制度，为达到有效抑制和预防犯罪的目的，所提出的方针、准则、决策和方法等。[3] 依据政策适用的范围，可以划分为广义的刑事政策和狭义的刑事政策。广义的刑事政策适用于刑事法实践的各个环节，而狭义的刑事

---

[1]　S. Spear, Stamping out meat crime, Environmental Health Journal, August 2004, p. 237.

[2]　Ashworth and Blake, The Burden Of Proof And The Presumption Of Innocence, Criminal Law Review 1996, P306.

[3]　参见肖扬主编：《中国刑事政策和策略问题》，北京法律出版社 1996 年版，第 2~3 页。

政策仅适用于刑事司法领域。本书采广义说，认为刑事政策包括刑事立法政策、刑事司法政策和刑事执行政策，相应地，食品犯罪的刑事政策就包括食品犯罪的刑事立法政策、食品犯罪的刑事司法政策和食品犯罪的刑事执行政策。

一、食品犯罪刑事立法政策阐述

刑事立法政策，是指在刑事立法领域中所奉行的各种基本刑事政策和具体刑事政策的总和。① 刑事立法政策在整个刑事政策中居于基础的地位，对刑事司法政策和刑事执行政策具有指导的作用。② 食品犯罪的刑事立法政策包括犯罪圈的划定和法定刑的配置两方面内容，表现为刑事法网是否严密和法定刑配置的轻重。

（一）刑事立法政策范式

刑事立法主要是划定犯罪圈和配置法定刑两项基本内容，犯罪圈的划定决定了刑事法网是否严密，法定刑的配置决定了刑罚的轻重。犯罪圈的划定，告诉人们哪些行为能做，哪些行为不能做，具有预防犯罪的功能；法定刑的配置，告诉人们实施犯罪就会受到哪些惩罚，具有威慑的功能。根据刑事法网是否严密和法定刑配置的轻重，刑事立法政策范式可以分为四类："不严不重"的刑事立法政策、"不严却重"的刑事立法政策、"严而不重"的刑事立法政策和"严而且重"的刑事立法政策。刑事立法政策产生的刑事立法与刑事司法自成体系，在刑事司法实践体系之内相互佐证，具有自洽性，是一种自证预言，能够证明自身的正确性。

1. "不严不重"刑事立法政策的自证预言

"不严不重"刑事立法政策，是指刑事法网不严密，法定刑配置也不重的刑事政策。我国唐朝时期的刑事立法政策范式可以概括为"不严不重"。刑事法网不严，也就是犯罪面较小，犯罪数量自然不多，同时刑事处罚轻缓，刑罚的使用量和需求量较小。刑罚的使用量和需求量较小，证明了刑罚轻缓刑事立法政策的正确，也证明了不需要严密刑事法网，更证明了刑事法网不严的刑事立法政策的正确。可见，"不严不重"的刑事立法政策产生"不严不重"的刑事立法，而"不严不重"的刑事立法又证明了"不严不重"刑事立法政策的正确。这就是"不严不重"刑事立法政策的自循环逻辑。

---

① 参见魏东：《刑事政策学》，四川大学出版社 2011 年版，第 37 页。
② 参见温建辉：《非理性犯罪研究》，中国检察出版社 2017 年版，第 74 页。

2. "不严却重"刑事立法政策的自证预言

"不严却重"刑事立法政策,是指刑事法网不严密,却配置严刑重罚的刑事政策。自古至隋朝这段历史时期,我国的刑事立法政策范式可以概括为"不严却重"。刑事法网不严密,只得以严刑重罚来严惩和威慑犯罪;同时,由于刑事法网不严密,导致犯罪的滋生,犯罪数量不断增长,导致刑罚的供给相对有限,而为了实现罪刑相适应,只好提高犯罪构成的起刑点,这在客观上又缩小了刑事法网。这就是"不严却重"刑事立法政策的自循环逻辑。

3. "严而且重"刑事立法政策的自证预言

"严而且重"刑事立法政策,是指刑事法网严密,并且配置严刑重罚的刑事政策。宋、元、明、清时期的刑事立法政策范式可以归纳为"严而且重"。此种立法政策下的刑事法网宽广,又兼重刑来严惩和威慑犯罪,社会犯罪数量自然减少。在社会犯罪数量减少的情况下,刑罚的供给量相对剩余。刑罚供给量富裕的情况,又为"严而且重"的刑事立法提供了社会条件。可见,"严而且重"刑事立法政策产生"严而且重"刑事立法,而"严而且重"刑事立法又创造了"严而且重"刑事立法政策的社会条件。这就是"严而且重"刑事立法政策的自循环逻辑。

4. "严而不重"刑事立法政策的自证预言

"严而不重"刑事立法政策,是指刑事法网严密,但法定刑配置不重的刑事政策。民国迄今,我国的刑事立法政策范式可以总结为"严而不重"。在"严而不重"刑事立法政策下的刑事立法,刑事处罚轻缓,刑罚的威慑力较弱,相应地犯罪数量普遍增长,而同时刑事法网宽广,也就是犯罪面大,社会的犯罪数量自然较大,相对应的刑罚供应量会显不足。所以,宁可罚不足,不可不罚,只有刑罚轻缓才能使各种犯罪得到刑罚,而在此刑罚轻缓的情况下,由于刑罚的威慑力不足,为了预防那些蠢蠢欲动的潜在犯罪分子,又会反求助于扩张刑事法网。这就是"严而不重"刑事立法政策的自循环逻辑。

刑事立法政策是一种自证预言,因此,为了避免陷入这种自循环逻辑,不能以刑事司法实践对刑事立法的证实和刑事司法实践对刑事政策的需要来证明刑事立法政策的正确性,也不能以司法机关的刑事工作汇报来评定刑事立法和刑事司法的工作效果,而应当以人民群众对司法工作是否满意、是否有利于促进生产力的发展、是否有利于社会环境的长治久安为标准来衡量。

(二) 食品犯罪刑事立法政策梳理

1. 食品犯罪刑事立法政策的两个阶段

从新中国成立直到1976年这段历史,人民群众法治观念相对淡薄,法律体系尚未建立，这一时期中国没有统一的刑法典，只有几个单行刑法，国家治理主要依赖于人民群众阶级斗争和革命运动的方式。此时的人民群众尚处于解决温饱问题的历史阶段，治国理念尚无须达到食品安全的层次。

(1) 1979年至1997年阶段的严打刑事政策

严打政策的法制背景。1979年至1997年期间，我国制定和实施了中华人民共和国成立后的第一部刑法。第一部刑法的颁布，标志着我国刑事法制开始有法可依，但这一时期的1979年刑法仅有192个条文、130个罪名，刑事法网不宽，刑事处罚不重，即刑事立法的典型特征是"不严不重"。

严打政策的治安形势。在法网不宽、刑罚不重的立法背景下，更处在计划经济体制向市场经济体制转型时期，现有的法律制度跟不上社会变革的步伐。据公安部统计，1980年全国立案75万多起，1981年89万多起，1982年74万多起，形成了自新中国成立以来的第四次犯罪高峰。

迫于治安形势的严峻，我国的"严打"政策应时而生。"严打"是依法从重从快打击严重危害社会治安的犯罪分子的简称。作为一种新的犯罪对策思想的初步总结，集中概括在1978年中共中央批转的《第三次全国治安工作会议纪要》和中共中央1978年制定的58号文件，这两个文件首先提出了新的犯罪对策思想的一些基本原则。[①]"严打"期间的刑事政策基于法制不健全而生，因此也没有针对食品犯罪的刑事政策，但是在严打期间发生的危害国计民生的重大食品犯罪案件，无疑属于严打之列，严打的刑事政策对食品安全犯罪发挥了个案指导的作用。

(2) 1997年至今"不严却重"的刑事立法政策

自1997年刑法颁布以来，学界比较普遍的观点是我国食品安全犯罪的刑法规制偏严。如储槐植教授将我国当前的食品犯罪刑事立法政策归纳为"厉而不严"的刑事政策；[②] 舒洪水教授认为，当前的刑事立法体现了重刑化的刑事政策。[③] "不严却重"的刑事立法政策在食品犯罪的规定上有着具体的表现，主要是犯罪的罪名覆盖不全和刑罚的配置较重。

[①] 参见严励：《"严打"刑事政策的理性审读》，载《上海大学学报（社会科学版）》2004年第4期。

[②] 参见储槐植、李莎莎：《论我国食品安全犯罪刑事政策》，载《湖南师范大学社会科学学报》2012年第2期。

[③] 参见舒洪水：《食品安全犯罪刑事政策：梳理、反思与重构》，载《法学评论》2017年第1期。

2. 食品犯罪刑事立法政策评议

对一个对象的认识，必须将其放置于系统之中才能实现。对食品犯罪刑事立法政策的认识，也必须置身于同时代的法治环境中才能完成。将食品犯罪刑事立法政策放置于整个社会的法治环境中，可以发现当前食品犯罪刑事立法存在如下不足：

（1）食品安全监管法网不严，导致食品行业成为生产犯罪的行业

法网不严，也就是刑法规范不够严密，没有形成从农田到餐桌的食品链全覆盖。没有形成刑法规范对食品链的全覆盖，特别是仅仅将生产、销售环节危害食品安全的行为犯罪化，而对其上游环节危害食品安全的行为没有犯罪化，那么，上游非犯罪的危害食品安全行为依次流转到食品的生产、销售环节，被贴上了犯罪的标签，这犹如犯罪生产的一条龙，笔者将这种现象称为犯罪生产现象。我国食品行业就存在这样的倾向，由于刑法规范没有对食品链形成全覆盖，导致食品犯罪屡禁不止。

（2）"不严却重"的刑事立法政策，引发刑法与刑罚两极分化现象

"不严却重"的刑事立法政策产生"不严却重"的刑事立法，也就是法网不严密，这样的刑事立法会导致后患不绝，无奈之下，只能倚重于重刑，如此循环往复。由于法网不严而导致重刑越来越甚，笔者将这种现象称为刑法与刑罚两极分化现象。刑法与刑罚两极分化，对于危害食品安全行为而言，导致没有被犯罪化的危害食品安全行为与被犯罪化的危害食品安全行为在法律处遇上的差别越来越大。

（3）财产刑不充分，导致犯罪的非法暴利与服刑劳动之间的交易

危害食品安全犯罪具有牟取不正当利益的目的，对于这样的牟利性质犯罪，有预谋的犯罪，在犯罪前和犯罪中都有一个犯罪成本和犯罪收益权衡的过程，因此，对食品犯罪应当配置较高的财产刑，只有这样，才能让食品犯罪行为人在权衡得失时，感到得不偿失，不值得犯罪；否则的话，犯罪和刑罚就成了一场交易，成了非法暴利与服刑之间的交易，而这样的刑事立法甚至于沦为一项特殊的招工合同，这样的高报酬会刺激部分不法分子欣然赴约。刑罚是惩罚，它不应沦落为与金钱进行交易的对象，否则，就是对刑法的亵渎。马克思对于唯利是图的人性做过深刻的批判，他说，资本如果有百分之五十的利润，它就会铤而走险；如果有百分之百的利润，它就敢践踏人间的一切法律。很多生产、销售有毒、有害食品，生产、销售不符合安全标准食品等犯罪，他们不惜坐牢后果，甘冒死刑风险，无非是为了经济利益、巨额的经济利益，这种行为背后的逻辑就是，犯罪不过是一场金钱和刑罚的交易。

（三）严而且重：食品犯罪的刑事立法政策

1. 不可用刑事司法政策来完善刑事立法政策

储槐植等学者在《论我国食品安全犯罪刑事政策》一文中，提出了完善我国食品安全犯罪的刑事政策，其中首要的举措就是"坚持宽严相济的刑事政策"。由于储槐植教授对刑事政策的研究在我国有比较大的影响，因而该观点在我国有比较多的同见者。笔者对此有一点商榷的意见。

其一，该论认为"厉而不严"刑事政策中的"厉"，是指刑罚苛厉；"不严"，是指刑事法网不严密。① 法网不严，是说对于危害食品安全的行为犯罪化不全面、有漏洞，可见，法网不严说的是刑事立法的不足；而刑罚苛厉，是指按照罪刑相适应原则来衡量，法定刑偏重，这同样说的是刑事立法在刑罚方面存在的问题。所以说，"厉而不严"的刑事政策是就刑事立法而言的。2010年最高人民法院《关于贯彻宽严相济刑事政策的若干意见》将宽严相济刑事政策确定为我国的基本刑事政策，在该意见中，最高人民法院指出：贯彻宽严相济的刑事政策，要根据犯罪的具体情况，实行区别对待，做到该宽则宽，当严则严，宽严相济。据此可知，"宽严相济"的刑事政策是就刑法适用而言的。因此，用"宽严相济"的刑事司法政策来完善"厉而不严"的刑事立法政策似有不妥。另外，从用语上来看，"轻""重"适于形容法定刑，而"苛""厉"适于形容宣告刑。这也是笔者弃用"严"和"厉"指称刑事立法政策的原因。

其二，刑事立法政策在整个刑事政策中居于基础的地位，它对刑事司法政策和刑事执行政策具有指导的作用。刑事立法政策、刑事司法政策和刑事执行政策虽然是一脉相承，具有内在的一致性，但它们之间又是相对独立的，这种独立性主要体现在刑事立法政策不是或者主要不是直接指导刑事司法政策和刑事执行政策，而更多的是遵循了——刑事立法政策→刑事立法→刑事司法政策→刑法适用→刑事执行政策→刑罚执行——这样的逻辑路线。因为刑事司法政策不能指导刑事立法，只有刑事立法政策才能指导刑事立法。李斯特曾作出"刑法是刑事政策（狭义的刑事政策，即刑事司法政策）不可逾越的屏障"的论断，不通过刑事立法这一中间环节，直接以刑事司法政策指导刑事司法，有损罪刑法定的法治原则。刑事立法政策、刑事司法政策和刑事执行政策之间一脉相承的关系是有条件的和相对独立的，它们之间的作用和影响也是有次序的。②

---

① 参见储槐植：《刑事一体化论要》，北京大学出版社2007年版，第54～55页。
② 参见温建辉：《非理性犯罪研究》，中国检察出版社2017年版，第74页。

2. "严而不重"刑事立法政策有违罪刑相适应原则

为了改正"厉而不严"刑事政策的弊端,储槐植教授提出了"严而不厉"的刑事立法政策,亦即严而不重的刑事立法政策,储槐植教授的这一观点赢得了比较广泛的赞同。①"严而不厉"刑事政策中的"严",是指刑事法网严密;"不厉",是指刑罚轻缓、不苛厉。

"严而不厉"刑事立法政策相对于"厉而不严"刑事立法政策而言,在严密刑事法网方面是一大进步,但在能否落实罪刑相适应的刑法基本原则方面,仍然值得继续思考。第一,刑罚是否苛厉,是相对于罪刑是否适当而言,罪刑适当便不能说"不厉",因此"严而不厉"有违罪刑相适应的刑法基本原则。第二,"不厉"也就是刑罚轻缓,刑罚轻缓,则会放纵犯罪,在有预谋的犯罪活动中,当犯罪者衡量犯罪的利弊得失时,刑罚轻缓的犯罪可能成为犯罪分子的一种可选路径。第三,"严而不厉"刑事立法政策下的刑事立法,由于刑罚轻缓,可能使刑罚减弱威慑力度,特别是在行刑衔接的情况下,如果罪行深重的犯罪还没有罪行较轻的违法行为处罚严重,也会诱发犯罪。

3. 采取"严而且重"刑事立法政策,严密刑事法网,加强财产处罚

法网不严会造就滋生犯罪的温床,刑罚轻缓会诱发犯罪,因此,食品犯罪的刑事政策应当采取"严而且重"的刑事立法政策。财产刑是针对牟利性质犯罪有效的刑罚手段。以"三聚氰胺事件"为例,可以看出,食品犯罪是一种贪婪利润的犯罪,在疯狂追逐经济利益的基础上放任危害公众和消费者的权益;而且食品犯罪也是一种有预谋的犯罪,在实施犯罪之前后权衡犯罪所得利益与犯罪成本和被捕后的损失,根据人类趋利避害的本性,对食品犯罪施以充分的财产刑,让食品犯罪的行为人认识到得不偿失,对于抑制食品犯罪的猖獗势头,将会起到积极的效果。

二、食品犯罪刑事司法政策阐述

(一)刑事司法政策范式

1. 刑事司法政策范式概述

刑事司法主要是定罪和量刑两项工作,犯罪圈的广度决定了犯罪数量的多少;法定刑的配置,决定了刑罚的轻重。定罪,也就是司法上的犯罪化,以实际案例告诉人们哪些行为属于犯罪,哪些行为不是犯罪,具有预防犯罪的功

---

① 参见梁根林:《论犯罪化及其限制》,载《中外法学》1998年第3期。

能；量刑，是宣告刑罚的过程，以实际案例告诉人们实施犯罪，就会受到哪些惩罚，具有威慑的功能。根据刑事司法对犯罪认定和刑罚宣判的特征，刑事司法政策范式可以分为四类：第一，"从宽从轻"的刑事司法政策；第二，"从宽从重"的刑事司法政策；第三，"从严从轻"的刑事司法政策；第四，"从严从重"的刑事司法政策。

从严，是指严格执法，尽快归案，不使犯罪分子逍遥法外，做到法网恢恢疏而不漏；在法定的审限内，加快审判的进程，依法从快，尽快结案。从宽，是指执法轻柔，归案体面；审判中体现人道关怀，注重人权保障，给予悔过自新的期限。

从重，是指对犯罪分子在量刑上，根据所犯罪行、情节和危害程度，在法定刑幅度内，较之一般犯罪的量刑情况酌情从重。从轻，是指对犯罪分子在量刑上，根据所犯罪行、情节和危害程度，在法定刑幅度内，较之一般犯罪的量刑情况酌情从轻。

综览国内外刑罚史，在一个社会一定的时期，罪刑之间具有一些规律可循：一个社会犯罪数量与刑罚轻重呈反比，当犯罪数量较大时，则刑罚轻缓；当犯罪数量较小时，则刑罚苛重。当对社会中一些阶层"从宽从轻"时，对社会中另一些阶层必然是"从严从重"，这一切的规律依赖于一个社会一定时期的刑罚供给是稳定的。所以，这些关于罪刑关系的规律可以统一于"刑罚守恒定律"。

2. "从宽从轻"刑事司法政策的适用

在人类历史上，奴隶社会、封建社会是有身份等级的社会，奴隶社会的奴隶主阶级、封建社会的地主阶级，他们都是奴隶社会和封建社会的统治阶级，在社会中享有各种特权。不平等社会的统治阶级及其成员的行为在构成犯罪的范围和刑事处罚上与被统治阶级及其成员是不同的，不平等社会的统治阶级及其成员在犯罪后，享有"从宽从轻"的刑事司法政策。例如，我国唐律规定了比较详细的封建官僚在司法适用上的等级特权。（1）八议。维护封建等级特权的八议制度最初源于西周时期的"八辟"，自三国时期正式写入曹魏律后，八议一直是之后封建法典中的一项基本的重要制度。（2）上请。指皇太子妃大功以上亲及应议者妻以上亲及孙，官爵五品以上的官吏，犯死罪时，必须奏请皇帝裁决，一般可免除死刑；犯流罪以下，可以照例减一等处罚。（3）减。指七品以上官及应请者的祖父母、父母、兄弟、姊妹、妻、子、孙，凡犯流罪以下，可以照例减一等处罚。（4）赎。指应议、请、减者及九品以上官，及七品以上官之祖父母、父母、妻、子、孙，凡犯流罪以下，均可以铜赎罪。但反逆缘坐流和会赦犹流者不适用此规定。（5）官当。指凡议、请、减以下的官员，犯徒以下罪，若是私罪，五品以上，一官可抵徒刑二年，五品以下九品以上，一官可抵一年；若是公罪，则各可多当徒刑一年。唐律还规定，凡一人有多种官爵的，可以先以高者当，再以低者及历任官当。因官当而免官者，一年以后仍可降一级任用。此外，还有通过免去官爵抵消徒刑的制度。①

3. "从严从重"刑事司法政策的适用

在人类漫长的阶级社会中，特别是在不平等的奴隶社会和封建社会中，处于被统治阶级的奴隶阶级和农民阶级便成为"从严从重"刑事司法政策的适用对象。秦朝是我国第一个封建王朝，其司法制度在对待被统治阶级上，便具有显著的"从严"的特征：第一，实行有罪推定原则。例如，秦代诉讼最基本的原则是"有罪推定"，即刑事被告人一经被告发，在未经司法机关判决之前，就被推定为有罪，并以罪犯对待。从秦简的记载来看，在诉讼过程中，司法官吏不仅常常对未判决的刑事被告人采取人身强制，而且可以对任何刑事被告人的私有财产随时采取法律强制；同时，刑事被告人对诉讼负有举证责任，而司法官吏则有权刑讯刑事被告人，这实际上都是在以罪犯对待刑事被告人。第二，实行有条件的刑讯原则。以刑讯即肉体摧残或精神折磨的方法逼取当事人的口供，这也是古代中国盛行的诉讼原则。秦简《封诊式》所载《治狱》《讯狱》两则是现存最早的关于中国古代刑讯问题的法律规定。从这两则史料来看，秦代在一般情况下不提倡刑讯，认为"能以书从迹其言，毋笞掠而得人情为上；笞掠为下"。但当司法官吏认为当事人回答问题不实、狡辩时，则允许刑讯。这说明秦律实行的是有条件的刑讯原则，其条件是："诘之极而数，更言不服，其律当笞掠者，乃笞掠。"即反复诘问到犯人词穷，多次欺骗，不断改变口供，仍拒不服罪，依法应当拷打的，就施行拷打。② 秦朝刑罚的苛重也是非常的典型，这以"大泽乡起义"为史鉴。秦二世元年（公元前209年）秋，秦朝廷征发闾左贫民屯戍渔阳，陈胜、吴广等900余名戍卒被征发前往渔阳戍边，途中在蕲县大泽乡（今宿州）为大雨所阻，不能如期到达目的地，秦法"失期当斩"，为死里求生，情急之下，陈胜、吴广领导戍卒杀死押解戍卒的军官，发动兵变，史称"大泽乡起义"。③ "大泽乡起义"折射了秦朝刑罚的"从重"特征。

4. "从严从轻"的刑事司法政策

在当前法制比较健全的国家，存在废除死刑的潮流和非监禁刑的趋

---

① 参见刘双舟主编：《中国法制史》，对外经济贸易大学出版社2014年版，第83页。
② 参见曾宪义主编：《中国法制史》，北京大学出版社2000年版，第91~92页。
③ 参见纪江红主编：《中国通史》，北京出版社2005年版，第64页。

势。例如，自 20 世纪 50 年代开始，西欧各国陆续废除死刑。《欧洲人权公约第六议定书》第 1 条规定，死刑应予废除，任何人不应被判处死刑或被处死。其后，欧洲共同体把必须废除死刑作为加入欧盟的先决条件。[①] 截至目前，废除死刑的国家高达 130 多个。法制健全，通常不会放纵犯罪，表明了定罪上的"从严"；废除死刑的潮流和非监禁刑的趋势，表明了量刑上的"从轻"。

5. "从宽从重"的刑事司法政策

以我国为例，社会转型期法制建设与社会发展速度并不同步，在行政法规不足以规制危害社会的行为的情形下，加之刑法的滞后性，危害行为很容易发展为犯罪，而我国又实行"疑罪从无"原则，总的来讲，对危害行为定罪的情况可以概括为"从宽"，在量刑上则表现为"从重"，特别是依赖于死刑的威慑，这也是当前我国保留死刑因素之一。

（二）食品犯罪刑事司法政策梳理

我国当前针对危害食品安全犯罪的刑事司法政策，响应了当前我国食品安全犯罪的形势，反映了人民群众的愿望，对严重而广泛伤害人民群众身体健康的犯罪采取从严打击的政策。我国食品犯罪刑事政策主要的表现形式是司法机关的司法解释和司法机关的会议精神。有学者指出："综观近年来我国食品安全犯罪刑事政策的贯彻历程，重刑化刑事政策已经由最初针对个案从严的具体刑事政策，逐渐膨胀为实然的基本刑事政策。"[②] "从严从重"已然铸就了我国针对食品犯罪的刑事司法政策。

2001 年 4 月 9 日，最高人民法院、最高人民检察院《关于办理生产、销售伪劣商品刑事案件具体应用法律若干问题的解释》第 8 条规定："国家机关工作人员徇私舞弊，对生产、销售伪劣商品犯罪不履行法律规定的查处职责，具有下列情形之一的，属于刑法第四百一十四条规定的'情节严重'：（一）放纵生产、销售假药或者有毒、有害食品犯罪行为的；（二）放纵依法可能判处二年有期徒刑以上刑罚的生产、销售伪劣商品犯罪行为的；（三）对三个以上有生产、销售伪劣商品犯罪行为的单位或者个人不履行追究职责的；（四）致使国家和人民利益遭受重大损失或者造成恶劣影响的。" 2006 年 7 月 26 日，最高人民检察

[①] 参见麻越刚：《以中外死刑的历史发展为视角论我国死刑制度改革的路径》，吉林财经大学 2018 年硕士学位论文。

[②] 舒洪水：《食品安全犯罪刑事政策：梳理、反思与重构》，载《法学评论》2017 年第 1 期。

院《关于渎职侵权犯罪案件立案标准的规定》规定:"放纵制售伪劣商品犯罪行为罪是指对生产、销售伪劣商品犯罪行为负有追究责任的国家机关工作人员徇私舞弊,不履行法律规定的追究职责,情节严重的行为。涉嫌下列情形之一的,应予立案:1. 放纵生产、销售假药或者有毒、有害食品犯罪行为的;2. 放纵生产、销售伪劣农药、兽药、化肥、种子犯罪行为的;3. 放纵依法可能判处 3 年以上有期徒刑以上刑罚的生产、销售伪劣商品犯罪行为的;4. 对生产、销售伪劣商品犯罪行为不履行追究职责,致使生产、销售伪劣商品犯罪行为得以继续的;5. 3 次以上不履行追究职责,或者对 3 个以上有生产、销售伪劣商品犯罪行为的单位或者个人不履行追究职责的;6. 其他情节严重的情形。"

2010 年 2 月 8 日,最高人民法院《关于贯彻宽严相济刑事政策的若干意见》第 8 条第 1 款规定:"对于国家工作人员贪污贿赂、滥用职权、失职渎职的严重犯罪,黑恶势力犯罪、重大安全责任事故、制售伪劣食品药品所涉及的国家工作人员职务犯罪,发生在社会保障、征地拆迁、灾后重建、企业改制、医疗、教育、就业等领域严重损害群众利益、社会影响恶劣、群众反映强烈的国家工作人员职务犯罪,发生在经济社会建设重点领域、重点行业的严重商业贿赂犯罪等,要依法从严惩处。"第 9 条规定:"当前和今后一段时期,对于集资诈骗、贷款诈骗、制贩假币以及扰乱、操纵证券、期货市场等严重危害金融秩序的犯罪,生产、销售假药、劣药、有毒有害食品等严重危害食品药品安全的犯罪,走私等严重侵害国家经济利益的犯罪,造成严重后果的重大安全责任事故犯罪,重大环境污染、非法采矿、盗伐林木等各种严重破坏环境资源的犯罪等,要依法从严惩处,维护国家的经济秩序,保护广大人民群众的生命健康安全。"

2013 年 5 月 2 日,最高人民法院、最高人民检察院《关于办理危害食品安全刑事案件适用法律若干问题的解释》第 18 条规定,"对实施本解释规定之犯罪的犯罪分子,应当依照刑法规定的条件严格适用缓刑、免予刑事处罚。根据犯罪事实、情节和悔罪表现,对于符合刑法规定的缓刑适用条件的犯罪分子,可以适用缓刑,但是应当同时宣告禁止令,禁止其在缓刑考验期限内从事食品生产、销售及相关活动"。

2015 年最高人民检察院第十二届检察委员会第六次集体学习时指出,要坚持重拳出击,加大惩治危害食品药品安全犯罪力度。各级检察机关要充分履行批捕、起诉等职能,深入推进危害食品药品安全犯罪专项立案监督活动,加大对各类制售假冒伪劣、有毒有害食品药品行为的打击力度,集中督办一批典型案件,最大限度发挥好刑事处罚和行政执法两种治理手段的效用,保障

"舌尖上的安全"和"用药安全"。①

2016年9月29日，最高人民检察院《关于全面履行检察职能为推进健康中国建设提供有力司法保障的意见》指出，重点打击、从严惩处危害食品安全犯罪活动比较集中的"黑作坊""黑工厂""黑市场""黑窝点"，长期以来高发多发的涉及"地沟油""瘦肉精""病死猪""毒奶粉"等严重危害食品安全的犯罪，以及走私冷冻肉品、利用互联网实施危害食品安全的犯罪。强化对食品生产、加工、销售、运输、贮存等各个环节犯罪的打击力度，着力切断犯罪利益链条，始终保持对危害食品安全犯罪的高压严打态势。

2019年5月9日，中共中央、国务院《关于深化改革加强食品安全工作的意见》第14条提出，严厉打击违法犯罪。落实"处罚到人"要求，综合运用各种法律手段，对违法企业及其法定代表人、实际控制人、主要负责人等直接负责的主管人员和其他直接责任人员进行严厉处罚，大幅提高违法成本，实行食品行业从业禁止、终身禁业，对再犯从严从重进行处罚。严厉打击刑事犯罪，对情节严重、影响恶劣的危害食品安全刑事案件依法从重判罚。

（三）从严从重：食品犯罪的刑事司法政策

1. 食品犯罪刑事司法政策与宽严相济刑事司法政策的关系

宽严相济刑事司法政策是我国的基本刑事司法政策，食品犯罪刑事司法政策是宽严相济刑事司法政策的一部分，而且是其中"严"的部分。2006年10月，中共中央十六届六中全会通过的《中共中央关于构建社会主义和谐社会若干重大问题的决定》中明确提出，实施宽严相济的刑事司法政策。宽严相济刑事政策，是党中央在构建社会主义和谐社会新形势下提出的一项重要政策，是我国的基本刑事政策。最高人民法院《关于贯彻宽严相济刑事政策的若干意见》在准确把握和正确适用依法从"严"的政策要求中提出，对于制售伪劣食品药品所涉及的国家工作人员职务犯罪，要依法从严惩处。当前和今后一段时期，对于生产、销售假药、劣药、有毒有害食品等严重危害食品药品安全的犯罪，要依法从严惩处，维护国家的经济秩序，保护广大人民群众的生命健康安全。

宽严相济刑事司法政策也是通过刑事司法政策的四种范式得到体现和落实的，我国食品犯罪刑事司法政策是"从严从重"的范式。"从严从重"范式的食品犯罪刑事司法政策是宽严相济刑事司法政策不可分割的一部分，其运用

---

① 参见最高人民检察院《加大惩治危害食品药品安全犯罪力度 更好保障维护人民群众生命健康安全》，载《检察日报》2015年5月14日。

于具体的食品犯罪的司法活动时,也应遵循宽严相济的刑事司法政策。就食品犯罪整体而言,相对于其他犯罪,在定罪和量刑上是"从严从重"的刑事司法政策。

2. 食品犯罪的刑事司法政策包括行刑衔接政策

对食品相关产业和领域进行全链条全方位全层次的严格执法,发现食品安全隐患,揪出违法犯罪,并移交司法机关追究刑事责任,是发现和追究食品犯罪的主要途径。为此,健全行政执法与刑事司法衔接机制,对于防控食品犯罪非常重要。党和政府关心人民群众的生命健康,注重食品卫生和质量,提出了相关的完善政策。十八届四中全会提出,健全行政执法和刑事司法衔接机制,完善案件移送标准和程序,建立行政执法机关、公安机关、检察机关、审判机关信息共享、案情通报、案件移送制度,坚决克服有案不移、有案难移、以罚代刑现象,实现行政处罚和刑事处罚无缝对接。

《中华人民共和国国民经济和社会发展第十二个五年规划纲要》对食品药品的安全给予了特别的关注,提出了制定和完善食品药品安全标准;建立食品药品质量追溯制度,形成来源可追溯、去向可查证、责任可追究的安全责任链;健全食品药品安全应急体系,强化快速通报和快速反应机制;加强食品药品安全风险监测评估预警和监管执法,提高监管的有效性和公信力;继续实施食品药品监管基础设施建设工程;加强检验检测、认证检查和不良反应监测等食品药品安全技术支撑能力建设;加强基层快速检测能力建设,整合社会检测资源,构建社会公共检测服务平台;强化基本药物监管,确保用药安全;完善行政执法与刑事司法衔接机制,推进依法行政、公正廉洁执法。① 《中华人民共和国国民经济和社会发展第十三个五年规划纲要》在"加强和创新社会治理"篇章中提出,要深化行政执法体制改革,推行综合执法,健全行政执法和刑事司法衔接机制。

三、食品犯罪刑事执行政策阐述

刑事执行政策分为狭义的刑事执行政策和广义的刑事执行政策。狭义的刑事执行政策也就是刑罚执行政策,它是国家和政党制定的指导刑罚制度执行与落实的方针、政策、原则的总和,刑罚执行政策是刑事执行政策的核心。广义的刑事执行政策的适用范围大一些,它包括刑罚执行政策和非刑罚处罚措施的执行政策。我们通常所说的刑事执行政策一词是在狭义上使用的。

---

① 参见《中华人民共和国国民经济和社会发展第十二个五年规划纲要》。

（一）刑事执行政策的范式

刑事执行因刑事判决而产生，刑事执行的工作目的和归宿是预防犯罪，简言之，刑事执行始于惩罚终于预防。刑事执行因刑事判决而生，所以刑事执行必须立足惩罚，这是刑事执行的根本；同时，刑事执行的目的是预防犯罪，而预防犯罪必须改造犯罪分子，也只有改造犯罪分子，才能实现预防犯罪的目的。因此，刑事执行的基本原则是：立足惩罚，厉行改造。刑事执行政策因其惩罚犯罪和改造犯罪两大任务的侧重点不同，分为"重罚轻改"刑事执行政策、"轻罚重改"刑事执行政策、"轻罚轻改"刑事执行政策和"轻罚重改"刑事执行政策四种类型。

1. "重罚轻改"刑事执行政策

我国自历史上产生国家以来，直到隋朝，由于古代社会统治者权力的无限制和无制约，又处在社会战乱频仍时期，统治阶级奉行"乱世用重典"的治国理念，那时的刑罚基本上是沿袭"以眼还眼以牙还牙"的传统正义，就是惩罚犯罪而已，死刑、肉刑是主要的刑种。自国家与刑罚产生以来，私人复仇的观念得到了扬弃，其合理内涵升华为国家报应的观念。报应的观念重视已然之罪，认为刑罚的根据在于犯罪人所犯罪行及其后果的轻重，因此，这一时期的刑罚多为死刑和肉刑。

2. "轻罚轻改"刑事执行政策

我国唐朝时期，经济繁荣，社会稳定，社会治安秩序良好，刑罚的适用体现了"轻罚轻改"的刑事执行政策。从量刑幅度看，明显地表现出刑罚的轻缓化，唐律较秦、汉、明、清各律相对为轻。以谋反罪为例，对于本犯，秦、汉或具五刑或腰斩，明、清为凌迟，而唐律则为处斩；对缘坐家属，秦律夷三族，汉律不分老少皆弃市，明、清律是不论老疾，成年男子一概处斩，唐律处绞刑仅及其父和十六岁以上之子，其他则免死从流。[①] 从减刑情况看，唐代更重视以德化人，而弱化刑罚的改造功能。唐代为加强狱政监督，进一步完善了录囚（又称虑囚）制度。自唐高祖武德元年（公元618年）"亲录囚徒"始，历代相袭，变为常制。贞观年间，太宗李世民"每视朝，亲录囚徒"，以致数额多达二三百人。凡经录囚之后，犯人有罪多得减轻处罚。唐太宗曾明令规定"诸狱之长官五日一虑囚"，从而使录囚制度化、经常化。唐代皇帝以下，中央还有大理寺五日一虑囚、监察御史巡行州县审录囚徒的制度。[②]

---

① 曾宪义主编：《中国法制史》，北京大学出版社2000年版，第171页。
② 曾宪义主编：《中国法制史》，北京大学出版社2000年版，第178页。

3. "重罚重改" 刑事执行政策

宋、元、明、清时期,民族征战融合加剧,战乱频仍,这时的统治阶级基本上是以民族来划分的,封建等级特权以民族的不平等展示出来,作为统治阶级的民族为了在民族斗争中维护自身的不平等地位,一再祭出重典治乱。这一时期的执法者已经认识到刑罚对犯罪的预防作用,也积极运用刑罚改造罪犯、预防犯罪。明律是以唐宋法律为基础制定的,中国封建社会后期具有代表性的法律,前后比较而言,鲜明特点为明律更为严苛一些。[1] 明朝以开国皇帝朱元璋(公元 1328~1398 年)为代表的最高统治集团,在总结历史经验中,形成了一套具有封建社会后期时代特点的立法思想,"明刑弼教"和"重典治国"原则就是其重要内容之一。[2]

4. "轻罚重改" 刑事执行政策

进入 20 世纪以来,刑罚具有了保障人权的人文关怀,死刑、肉刑大幅消减,自由刑成为主要的刑罚方法。在"非犯罪化"和"非监禁刑"的时代潮流中,"刑罚方法轻缓"是一个显著的特征。甚至于在我国已经滋生的保安处分,"我国刑法中的保安处分包括刑法第十七条收容教养、第十八条强制医疗、第三十五条驱逐出境、第三十七条职业禁止和第七十二条禁止令,其中,收容教养、强制医疗和禁止令为剥夺或限制人身自由为保安处分",[3] 以及已经建立的社区矫正制度,它们都是典型的"轻罚重改"的体现。"两高两部"在就《关于对判处管制、宣告缓刑的犯罪分子适用禁止令有关问题的规定(试行)》答记者问中指出:"从立法精神看,禁止令的主要目的在于强化对犯罪分子的有效监管,促进其教育矫正,防止其再次危害社会。"[4]

(二)食品犯罪刑事执行政策梳理

1. "重罚指数"和"重改指数"

新中国刑罚史上没有制定和颁布专门的食品犯罪刑事执行政策,但通过对实际案件刑事执行的考察,我们发现,针对食品犯罪在刑事执行过程中遵循的刑事执行政策仍然有迹可循。刑罚执行中是否重视惩罚或改造主要表现在两个方面:一是宣告刑的执行情况;二是减刑、假释、暂予监外执行等方面数量。

---

[1] 曾宪义主编:《中国法制史》,北京大学出版社 2000 年版,第 204 页。
[2] 曾宪义主编:《中国法制史》,北京大学出版社 2000 年版,第 198 页。
[3] 肖吕宝:《论我国保安处分的种类》,载《政法学刊》2018 年第 2 期。
[4] 徐盈雁:《两高两部负责人就正确适用"禁止令相关规定"答问》,载《检察日报》2011 年 5 月 4 日。

宣告刑的执行与重视刑罚呈正相关，而减刑、假释、暂予监外执行的数量与重视惩罚呈反相关，因此，同时期的有罪判决书与减刑、假释、暂予监外执行数量的比值反映了重视惩罚的程度，称为"重视惩罚指数"，简称"重罚指数"。刑罚执行中是否重视改造和犯罪预防主要表现在对管制刑、缓刑、假释犯、暂予监外执行犯等社区矫正的广泛程度上，这些情况属于重视改造的表现，它们与重视改造呈正相关，对宣告刑的执行与重视改造呈反相关。因此，同时期的管制刑犯、缓刑犯、假释犯、暂予监外执行犯等社区矫正数量与宣告刑执行数量的比值反映了重视改造的程度，称为"重视改造指数"，简称"重改指数"。

为了了解食品犯罪在刑事执行中遵循了哪种刑事执行政策的范式，需要将食品犯罪与全国整体犯罪情况进行比较了解。因为"生产、销售有毒、有害食品罪"是典型的危害食品安全犯罪，所以选择"生产、销售有毒、有害食品罪"为食品犯罪的代表，通过对"生产、销售有毒、有害食品罪"与"全国整体犯罪"在刑罚执行方面的比较，便能够发现它们在刑罚执行政策范式上的区别。通过对"生产、销售有毒、有害食品罪"和"全国整体犯罪"进行大数据分析，对比"重罚指数"和"重改指数"发现，在裁定减刑方面相对的严苛、裁定假释前的全面调查、对决定暂予监外执行的把关等方面体现了对食品犯罪的"重罚重改"刑事执行政策。

2. "重罚指数"和"重改指数"的数据分析

2014年1月1日至2018年12月31日，人民法院共作出319881例刑事有罪判决，同时期作出减刑裁定485863例，假释裁定64975例，暂予监外执行决定658例，社区矫正裁决54470例。占比示意图如下：

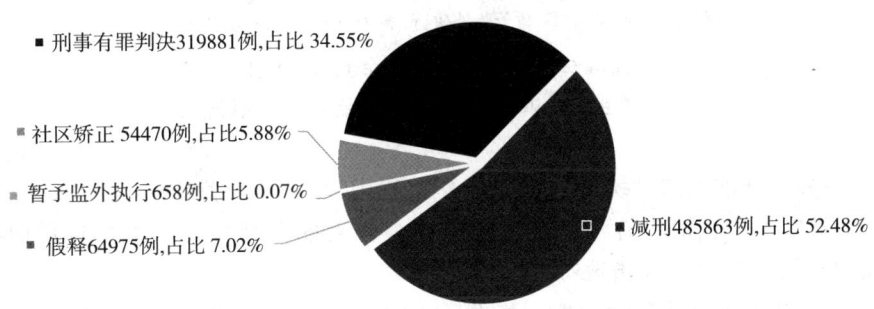

2014年1月1日至2018年12月31日全国刑事执行情况

统计说明：统计时间段为 2014 年 1 月 1 日到 2018 年 12 月 31 日，选取该段的原因是因为规定了自 2014 年 1 月 1 日起除依法不公开裁判之外全部生效判决上网。统计范围为人民法院作出的刑事有罪判决的一审判决并减去无罪判决，这样避免了重复统计。按照上面的大数据统计，可以计算出我国 2014 年 1 月 1 日至 2018 年 12 月 31 日期间全国刑事执行的"重罚指数"和"重改指数"。

全国刑事执行的"重罚指数"＝319881÷（485863＋64975＋658）＝0.58；

全国刑事执行的"重改指数"＝54470÷319881＝0.17。

2014 年 1 月 1 日到 2018 年 12 月 31 日，人民法院共作出 9361 例生产销售有毒、有害食品罪有罪判决，[①] 同时期对生产、销售有毒、有害食品罪作出减刑裁定 261 例，假释裁定 104 例，监外执行无，社区矫正决定 169 例。占比示意图如下：

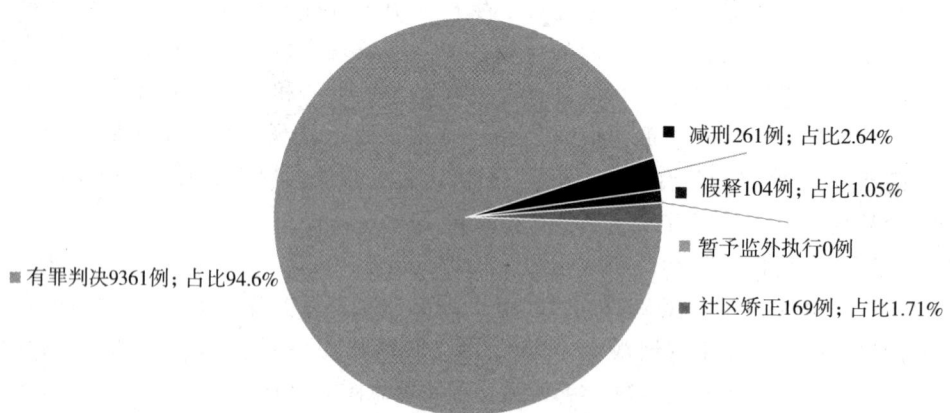

2014 年 1 月 1 日至 2018 年 12 月 31 日
全国法院生产、销售有毒、有害食品罪刑事执行情况

按照上面的大数据统计，可以计算出我国 2014 年 1 月 1 日至 2018 年 12 月 31 日以生产、销售有毒、有害食品罪为代表的食品犯罪刑事执行期间的"重罚指数"和"重改指数"。

食品犯罪刑事执行的"重罚指数"＝9361÷（361＋104＋0）＝20.13；

食品犯罪刑事执行的"重改指数"＝169÷9361＝0.018。

---

① 数据来源于中国裁判文书网，截至 2019 年 3 月 5 日。

通过比较食品犯罪刑事执行的"重罚指数"和"重改指数"与全国刑事执行的"重罚指数"和"重改指数"可知，食品犯罪的刑事执行情况体现了"重视惩罚"的刑事执行政策。详见下图：

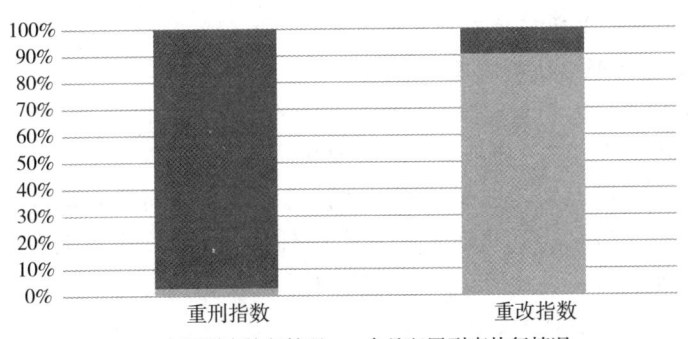

2014 年 1 月 1 日至 2018 年 12 月 31 日
全国刑事执行情况与食品犯罪刑事执行情况对比

食品犯罪刑事执行对改造罪犯、预防犯罪是一个什么状况呢？笔者通过查询中国裁判文书网、市场监督管理局（包括食品药品监督管理局）公布的信息以及向司法人员调查等多种途径了解得知，从人民法院裁判文书的大数据分析上看，反映了食品犯罪刑罚执行中对惩罚的追求，但未体现食品犯罪"重罚重改"的刑事执行政策；而从广义上的刑罚措施上来看，对食品犯罪的职业禁止这一方面的普遍而严厉的做法，揭示了食品犯罪刑罚执行中预防犯罪和改造犯罪的另一面。总体而言，我国对食品犯罪在刑罚执行上遵循了"重罚重改"的刑事执行政策。

（三）重罚重改：食品犯罪的刑事执行政策

1. 食品犯罪刑事执行应重视惩罚

我国食品犯罪刑事司法政策系"从严从重"。从我国针对食品犯罪的刑事司法政策的历程来看，特别是最高人民法院《关于贯彻宽严相济刑事政策的若干意见》第 8 条和第 9 条的规定，一以贯之地反映了保护人民群众食品安全、打击危害食品安全违法犯罪的决心。刑事司法政策和刑事执行政策具有内在的一致性和连续性。政策是连贯的，法治是统一的。从古到今，朝令夕改的政策是不正常的，难以持久的。以史为鉴可知兴替，新朝（公元 8—23 年）是中国历史上继西汉之后出现的朝代，为西汉外戚王莽所建立。王莽称帝后进行了多项改革，但是新朝朝令夕改，改革最终失败，导致新朝急速灭亡。无论中外，各行其是的国家体制没有统一的法治，必然发生内乱。国家机关之间相互配合、相互制约的关系不是法治不统一，而是共同维护法治统一的局面。因此，刑事司法政策和刑事执行政策相继成立，刑事司法政策对食品犯罪的"从严从重"和刑事执行政策对食品犯罪的"重罚重改"是一致的。

2. 食品犯罪刑事执行应重视改造

刑罚适用上，惩罚与预防是一对永远存在的矛盾，既然食品犯罪的刑事司法政策是"从严从重"，为了维护法治的统一，就不能审判机关抓人，而刑事执行机关放人。因而别无选择地在刑罚执行上要遵循司法判决并延续这种政策，也就是要坚持"重罚重改"的刑事执行政策，既要重视刑罚犯罪，也要重视改造罪犯。那么，如何在食品犯罪的刑事执行上践行"重罚重改"的刑事执行政策呢？笔者认为，虽然从狭义的刑事执行政策上看，"重刑"与"重改"存在矛盾，但从广义上的刑事执行政策上看，可以从刑事禁止令上着手，也可以对食品犯罪的生产经营者实施职业禁止，有效改造罪犯，预防犯罪。

刑事上的"职业禁止"是一种非刑罚惩罚措施，对"职业禁止"的运用体现了刑事执行政策"重罚重改"的要求。当前对食品犯罪施用"职业禁止"包括两个途径，第一种是按照《刑法》第37条之一的规定，禁止其自刑罚执行完毕之日或者假释之日起从事相关职业，期限为3年至5年；第二种是按照《食品安全法》第135条规定，被吊销许可证的食品生产经营者及其法定代表人、直接负责的主管人员和其他直接责任人员自处罚决定作出之日起五年内不得申请食品生产经营许可，或者从事食品生产经营管理工作、担任食品生产经营企业食品安全管理人员。因食品安全犯罪被判处有期徒刑以上刑罚的，终身不得从事食品生产经营管理工作，也不得担任食品生产经营企业食品安全管理人员。第一种情况是一种刑事上的非刑罚处罚措施，第二种情况是一种行政处罚，从禁止的时间长短上看，刑事上的非刑罚处罚措施没有行政处罚的时间长，如何解决这一问题？笔者认为，可以通过人民检察院的检察建议和人民法院的司法建议，对涉嫌刑事犯罪的食品生产经营者，由行政执法机关施以处罚更为严重的职业禁止，这样就打通了行政处罚和刑事处理的隔阂，保持了政策的连贯性和法治的统一。

检察建议和司法建议是行刑衔接的一条重要纽带，实践中也不乏此类先例。2013年10月9日，江苏省高级人民法院、江苏人民检察院和江苏公安厅联合发布《关于办理危害食品安全刑事案件的意见》，从严贯彻落实2013年5月2日最高人民法院、最高人民检察院《关于办理危害食品安全刑事案件适用法律若干问题的解释》，其第13条规定，在办理危害食品安全刑事案件中，如发现食品监管及相关部门存在制度缺陷和工作漏洞，应以检察建议、司法建议等多种方式，及时向食品监管部门通报问题，提出建议，强化对食品安全的日常监管。①

第三节　食品犯罪刑事立法现状

立法现状是一个动态的过程，立法的动态过程体现了立法的现状。食品犯罪刑事立法现状主要表现为，《刑法修正案（八）》关于食品犯罪的修改和完善，其反映了食品犯罪刑事立法的犯罪圈和刑罚力度的变革方向。

一、食品犯罪刑事立法的体系现状

当前我国食品犯罪在刑事立法上，按照犯罪主体身份的不同，可划分为两类罪名：第一类是危害食品安全的犯罪；第二类是食品安全执法的渎职犯罪。第一类危害食品安全犯罪，按照犯罪行为所危害的犯罪客体，又可分为两类，即危害食品质量安全的食品犯罪和危害食品供应安全的食品犯罪。

（一）危害食品安全犯罪的立法体系

1. 危害食品质量安全的食品犯罪

危害食品质量安全犯罪包括生产、销售不符合安全标准的食品罪，生产、销售有毒、有害食品罪，以危险方法危害公共安全罪，生产、销售伪劣产品罪，不报、谎报安全事故罪等5个罪名。危害食品质量安全犯罪的立法体系包括纯正的危害食品质量安全犯罪和不纯正的危害食品质量安全犯罪。纯正的危害食品质量安全犯罪危害的客体是纯粹的食品安全；而不纯正的危害食品质量安全犯罪危害的客体并不总是食品安全，只有当它危害的客体是食品安全的时候，它才是一个危害食品安全的犯罪。

（1）纯正的危害食品质量安全犯罪

纯正的危害食品质量安全犯罪包括两个罪名，即生产、销售不符合安全标准的食品罪和生产、销售有毒、有害食品罪。《刑法》第143条规定了生产、销售不符合安全标准的食品罪，即"生产、销售不符合安全标准的食品，足以造成严重食物中毒事故或者其他严重食源性疾病的，处三年以下有期徒刑或

---

① 参见江苏省高级人民法院、江苏省人民检察院、江苏省公安厅《关于办理危害食品安全刑事案件的意见》，载江苏检察网，http://www.js.jcy.gov.cn/jianwugongkai/falvfguizhang/gfwj/201405/t1471607_1.shtml，访问日期：2019年6月1日。

者拘役,并处罚金;对人体健康造成严重危害或者有其他严重情节的,处三年以上七年以下有期徒刑,并处罚金;后果特别严重的,处七年以上有期徒刑或者无期徒刑,并处罚金或者没收财产"。《刑法》第144条规定了生产、销售有毒、有害食品罪,即"在生产、销售的食品中掺入有毒、有害的非食品原料的,或者销售明知掺有有毒、有害的非食品原料的食品的,处五年以下有期徒刑,并处罚金;对人体健康造成严重危害或者有其他严重情节的,处五年以上十年以下有期徒刑,并处罚金;致人死亡或者有其他特别严重情节的,依照本法第一百四十一条的规定处罚"。从法条的规定来看,这两个犯罪是纯正的危害食品质量安全犯罪,也是典型的危害食品安全犯罪。

(2) 不纯正的危害食品质量安全犯罪

不纯正的危害食品质量安全犯罪包括以危险方法危害公共安全罪、生产、销售伪劣产品罪,不报、谎报安全事故罪。我国刑法用两个条文规定了以危险方法危害公共安全罪。《刑法》第114条规定了以危险方法危害公共安全罪的危险犯,即"以放火、决水、爆炸以及投放毒害性、放射性、传染病病原体等物质或者以其他危险方法危害公共安全,尚未造成严重后果的,处三年以上十年以下有期徒刑"。第115条规定了以危险方法危害公共安全罪的结果犯,即"以放火、决水、爆炸以及投放有毒性、放射性、传染病病原体等物质或者其以其他危险方法致人重伤、死亡或者使公私财产遭受重大损失的,处十年以上有期徒刑、无期徒刑或者死刑"。第140条规定了生产、销售伪劣产品罪,即"生产者、销售者在产品中掺杂、掺假,以假充真,以次充好或者以不合格产品冒充合格产品,销售金额五万元以上不满二十万元的,处二年以下有期徒刑或者拘役,并处或者单处销售金额百分之五十以上二倍以下罚金;销售金额二十万元以上不满五十万元的,处二年以上七年以下有期徒刑,并处销售金额百分之五十以上二倍以下罚金;销售金额五十万元以上不满二百万元的,处七年以上有期徒刑,并处销售金额百分之五十以上二倍以下罚金;销售金额二百万元以上的,处十五年有期徒刑或者无期徒刑,并处销售金额百分之五十以上二倍以下罚金或者没收财产"。第230条规定了逃避商检罪,即"违反进出口商品检验法的规定,逃避商品检验,将必须经商检机构检验的进口商品未报经检验而擅自销售、使用,或者将必须经商检机构检验的出口商品未报经检验合格而擅自出口,情节严重的,处三年以下有期徒刑或者拘役,并处或者单处罚金"。第139条之一规定了不报、谎报安全事故罪,即"在安全事故发生后,负有报告职责的人员不报或者谎报事故情况,贻误事故抢救,情节严重的,处三年以下有期徒刑或者拘役;情节特别严重的,处三年以上七年以下有期徒刑"。从这三个犯罪的法条规定来看,它们的对象包括食品,但不纯粹是食品，因此，这三个罪名都是不纯正的危害食品质量安全犯罪，也是非典型的危害食品安全犯罪。

2. 危害食品供应安全的食品犯罪

危害食品供应安全的食品犯罪主要包括以下罪名：非法经营罪，走私普通货物、物品罪，走私珍贵动物制品罪，走私国家禁止进出口的货物、物品罪，非法捕捞水产品罪，非法狩猎罪，生产销售伪劣农药、兽药、化肥、种子罪，虚假广告罪，损害商业信誉、商品声誉罪等犯罪。危害食品供应安全犯罪的立法体系包括纯正的危害食品供应安全犯罪和不纯正的危害食品供应安全犯罪。纯正的危害食品供应安全犯罪危害的客体是纯粹的食品安全；而不纯正的危害食品供应安全犯罪危害的客体不纯粹是食品安全，只有当它侵犯的对象是食品来源的时候，它才是一个危害食品供应安全的犯罪。

（1）纯正的危害食品供应安全犯罪

纯正的危害食品供应安全犯罪包括两个罪名：非法捕捞水产品罪和非法狩猎罪。《刑法》第340条规定了非法捕捞水产品罪，即"违反保护水产资源法规，在禁渔区、禁渔期或者使用禁用的工具、方法捕捞水产品，情节严重的，处三年以下有期徒刑、拘役、管制或者罚金"。第341条第2款规定了非法狩猎罪，即"违反狩猎法规，在禁猎区、禁猎期或者使用禁用的工具、方法进行狩猎，破坏野生动物资源，情节严重的，处三年以下有期徒刑、拘役、管制或者罚金"。从法条的规定来看，这两个犯罪是纯正的危害食品供应安全犯罪，也是典型的危害食品供应安全犯罪，但不是典型的危害食品安全犯罪。

（2）不纯正的危害食品供应安全犯罪

不纯正的危害食品供应安全犯罪包括非法经营罪，走私普通货物、物品罪，走私珍贵动物制品罪，走私国家禁止进出口的货物物品罪，生产、销售伪劣农药兽药、化肥、种子罪，虚假广告罪，逃避商检罪，损害商业信誉、商品声誉罪等犯罪。《刑法》第225条规定了非法经营罪，即"违反国家规定，有下列非法经营行为之一，扰乱市场秩序，情节严重的，处五年以下有期徒刑或者拘役，并处或者单处违法所得一倍以上五倍以下罚金；情节特别严重的，处五年以上有期徒刑，并处违法所得一倍以上五倍以下罚金或者没收财产：（一）未经许可经营法律、行政法规规定的专营、专卖物品或者其他限制买卖的物品的；（二）买卖进出口许可证、进出口原产地证明以及其他法律、行政法规规定的经营许可证或者批准文件的；（三）未经国家有关主管部门批准非法经营证券、期货、保险业务的，或者非法从事资金支付结算业务的；（四）其他严重扰乱市场秩序的非法经营行为"。第153条规定了走私普通货物、物品罪，即"走私本法第一百五十一条、第一百五十二条、第三百四十七条规定以外的货物、物品的,根据情节轻重,分别依照下列规定处罚"。第 151 条第 2 款规定了走私珍贵动物制品罪,即"走私国家禁止进出口的珍贵动物及其制品的,处五年以上十年以下有期徒刑,并处罚金;情节特别严重的,处十年以上有期徒刑或者无期徒刑,并处没收财产;情节较轻的,处五年以下有期徒刑,并处罚金。第 151 条第 3 款规定了走私国家禁止进出口的货物、物品罪,即"走私珍稀植物及其制品等国家禁止进出口的其他货物、物品的,处五年以下有期徒刑或者拘役,并处或者单处罚金;情节严重的,处五年以上有期徒刑,并处罚金。单位犯本条规定之罪的,对单位判处罚金,并对其直接负责的主管人员和其他直接责任人员,依照本条各款的规定处罚"。第 147 条规定了生产、销售伪劣农药、兽药、化肥、种子罪,即"生产假农药、假兽药、假化肥,销售明知是假的或者失去使用效能的农药、兽药、化肥、种子,或者生产者、销售者以不合格的农药、兽药、化肥、种子冒充合格的农药、兽药、化肥、种子,使生产遭受较大损失的,处三年以下有期徒刑或者拘役,并处或者单处销售金额百分之五十以上二倍以下罚金;使生产遭受重大损失的,处三年以上七年以下有期徒刑,并处销售金额百分之五十以上二倍以下罚金;使生产遭受特别重大损失的,处七年以上有期徒刑或者无期徒刑,并处销售金额百分之五十以上二倍以下罚金或者没收财产"。第 222 条规定了虚假广告罪,即"广告主、广告经营者、广告发布者违反国家规定,利用广告对商品或者服务作虚假宣传,情节严重的,处二年以下有期徒刑或者拘役,并处或者单处罚金"。第 221 条规定了损害商业信誉、商品声誉罪,即"捏造并散布虚伪事实,损害他人的商业信誉、商品声誉,给他人造成重大损失或者有其他严重情节的,处二年以下有期徒刑或者拘役,并处或者单处罚金"。这几个犯罪都是不纯正的危害食品安全犯罪,只有在犯罪对象是食材,危害了食品供应安全时,才会构成危害食品供应安全犯罪。不纯正的危害食品安全犯罪是非典型的危害食品安全犯罪。

(二) 食品安全执法渎职犯罪的立法体系

食品安全执法渎职犯罪的立法体系包括纯正的食品安全执法渎职犯罪和不纯正的食品安全执法渎职犯罪。纯正的食品安全执法渎职犯罪危害的客体是纯粹的食品安全执法;而不纯正的食品安全执法渎职犯罪危害的客体并不总是食品安全执法,只有当它危害的客体是食品安全执法的时候,它才是一个食品安全执法渎职犯罪。

1. 纯正的食品安全执法渎职犯罪

食品监管渎职罪是一个纯正的食品安全执法渎职犯罪。2011 年 2 月 25

日,中华人民共和国第十一届全国人民代表大会常务委员会第十九次会议通过了《中华人民共和国刑法修正案(八)》,并于2011年5月1日起施行。《刑法修正案(八)》在《刑法》第408条之后,增加一条,作为第408条之一规定:"负有食品安全监督管理职责的国家机关工作人员,滥用职权或者玩忽职守,导致发生重大食品安全事故或者造成其他严重后果的,处五年以下有期徒刑或者拘役;造成特别严重后果的,处五年以上十年以下有期徒刑。徇私舞弊犯前款罪的,从重处罚。"食品监管渎职罪是纯正的食品安全执法渎职犯罪,纯正的食品安全执法渎职犯罪是纯正的食品犯罪,也是典型的食品犯罪。

2. 不纯正的食品安全执法渎职犯罪

不纯正的食品安全执法渎职犯罪主要包括放纵制售伪劣商品犯罪行为罪、放纵走私罪、徇私舞弊不移交刑事案件罪、商检徇私舞弊罪、商检失职罪、动植物检疫徇私舞弊罪、动植物检疫失职罪、食监类滥用职权罪、食监类玩忽职守罪等犯罪。《刑法》第414条规定了放纵制售伪劣商品犯罪行为罪,即"对生产、销售伪劣商品犯罪行为负有追究责任的国家机关工作人员,徇私舞弊,不履行法律规定的追究职责,情节严重的,处五年以下有期徒刑或者拘役"。第411条规定了放纵走私罪,即"海关工作人员徇私舞弊,放纵走私,情节严重的,处五年以下有期徒刑或者拘役;情节特别严重的,处五年以上有期徒刑"。第402条规定了徇私舞弊不移交刑事案件罪,即"行政执法人员徇私舞弊,对依法应当移交司法机关追究刑事责任的不移交,情节严重的,处三年以下有期徒刑或者拘役;造成严重后果的,处三年以上七年以下有期徒刑"。第412条第1款规定了商检徇私舞弊罪,即"国家商检部门、商检机构的工作人员徇私舞弊,伪造检验结果的,处五年以下有期徒刑或者拘役;造成严重后果的,处五年以上十年以下有期徒刑"。第412条第2款规定了商检失职罪,即"前款所列人员严重不负责任,对应当检验的物品不检验,或者延误检验出证、错误出证,致使国家利益遭受重大损失的,处三年以下有期徒刑或者拘役"。第413条第1款规定了动植物检疫徇私舞弊罪,即"动植物检疫机关的检疫人员徇私舞弊,伪造检疫结果的,处五年以下有期徒刑或者拘役;造成严重后果的,处五年以上十年以下有期徒刑"。第413条第2款规定了动植物检疫失职罪,即"前款所列人员严重不负责任,对应当检疫的检疫物不检疫,或者延误检疫出证、错误出证,致使国家利益遭受重大损失的,处三年以下有期徒刑或者拘役"。第397条规定了滥用职权罪和玩忽职守罪,即"国家机关工作人员滥用职权或者玩忽职守,致使公共财产、国家和人民利益遭受重大损失的,处三年以下有期徒刑或者拘役;情节特别严重的,处三年以上七年以下有期徒刑。本法另有规定的，依照规定。国家机关工作人员徇私舞弊，犯前款罪的，处五年以下有期徒刑或者拘役；情节特别严重的，处五年以上十年以下有期徒刑。本法另有规定的，依照规定"。前述几个犯罪都是不纯正的食品安全执法渎职犯罪，危害的客体并不都是食品安全执法，只有当它们的渎职行为危害了食品安全执法时，才构成不纯正的食品安全执法渎职犯罪。

二、食品犯罪刑事立法的发展趋势

（一）食品犯罪刑事立法的动态变化

1. 扩大了食品犯罪的犯罪圈

对于犯罪圈的设立，学界一般从犯罪圈的范围边界和犯罪圈的程度边界两方面加以界定，所谓范围边界，主要讨论什么性质的行为应该犯罪化；所谓程度边界，则讨论达到什么程度的行为应该犯罪化。[①] 狭义的犯罪圈专指犯罪行为的范围，此处的犯罪圈即指狭义的犯罪圈。犯罪圈的变化与社会治安状况有关，也与统治阶级治国理政的政策等因素有关。例如，乱世用重典反映了统治阶级对社会治安状况的回应，"宁可错杀一千不让一人漏网"的做法也是统治阶级治理国家的手段。我国当前对待食品犯罪是"严而且重"的刑事立法政策，因此，扩大食品犯罪的犯罪圈是理所当然的事情。

《刑法修正案（八）》颁布之前，我国刑法规定了两个典型的危害食品安全犯罪，即生产、销售有毒、有害食品罪和生产、销售不符合卫生标准的食品罪。《刑法修正案（八）》颁布后，在《刑法》第408条后增加一条，即食品监管渎职罪，指负有食品安全监督管理职责的卫生行政、农业行政、质量监督、工商行政管理、食品药品监督管理等部门的国家机关工作人员，滥用职权或者玩忽职守，导致发生重大食品安全事故或者造成其他严重后果的行为。增加新罪名，扩大食品犯罪的行为类型，是典型的犯罪圈扩大。

2. 降低了食品犯罪的入罪门槛

入罪门槛指危害社会行为犯罪化的条件，如数额较大、情节严重、情节恶劣、严重后果等。入罪门槛是广义犯罪圈的重要内容，降低入罪门槛扩大了犯罪圈，抬高了入罪门槛就缩小了犯罪圈。例如，2018年，最高人民法院、最

[①] 参见熊永明：《犯罪圈的界定及其关系处理》，载《河南省政法管理干部学院学报》2007年第5期。

高人民检察院公布的《关于修改〈关于办理妨害信用卡管理刑事案件具体应用法律若干问题的解释〉的决定》，明确了恶意透支信用卡数额在 5 万元以上不满 50 万元的，将被认定为刑法规定的恶意透支信用卡"数额较大"，适用"五年以下有期徒刑或者拘役，并处 2 万元以上 20 万元以下罚金"的处罚。在之前相关的司法解释中，恶意透支"数额较大"的范围则处于 1 万元至 10 万元之间。① 这就是一个抬高入罪门槛而缩小犯罪圈的事例。

我国当前针对食品犯罪是"严而且重"的刑事立法政策，所以自然会扩大食品犯罪的犯罪圈，降低食品犯罪的入罪门槛也就在情理之中了。为了使刑法与食品安全法行刑衔接，《刑法修正案（八）》将《刑法》第 143 条和第 144 条中的"不符合卫生标准的食品"修改为"不符合安全标准的食品"。依据《食品安全法》第 26 条规定，食品安全标准应当包括下列内容：（1）食品、食品添加剂、食品相关产品中的致病性微生物，农药残留、兽药残留、生物毒素、重金属等污染物质以及其他危害人体健康物质的限量规定；（2）食品添加剂的品种、使用范围、用量；（3）专供婴幼儿和其他特定人群的主辅食品的营养成分要求；（4）对与卫生、营养等食品安全要求有关的标签、标志、说明书的要求；（5）食品生产经营过程的卫生要求；（6）与食品安全有关的质量要求；（7）与食品安全有关的食品检验方法与规程；（8）其他需要制定为食品安全标准的内容。② 可见，食品卫生标准只是食品安全标准之五的内容，因此，不符合食品安全标准食品的范围明显大于不符合卫生标准的食品，这充分表明，《刑法修正案（八）》扩大了食品犯罪的犯罪圈，降低了危害食品安全行为入罪的标准。

3. 增强了食品犯罪的刑罚力度

刑罚力度指刑事处罚的强度。刑罚力度就其强弱而言，可分为绝对的刑罚力度和相对的刑罚力度。绝对的刑罚力度强弱，是就刑罚种类自身的比较。这种比较主要发生在立法领域，一般而言，死刑的刑罚力度强于无期徒刑，无期徒刑的刑罚力度强于有期徒刑，长期有期徒刑的刑罚力度强于短期无期徒刑，短期无期徒刑的刑罚力度强于拘役，而拘役的刑罚力度强于管制，主刑的刑罚力度强于罚金刑，没收财产的刑罚力度强于罚金。比如对同一种犯罪的死刑存废，反映了对该犯罪刑罚力度的变化。相对的刑罚力度强弱，是就刑罚在司法适用中的相互比较，这种比较因比较的对象而异。通常有对同类犯罪刑罚

---

① 参见最高人民法院、最高人民检察院《关于修改〈关于办理妨害信用卡管理刑事案件具体应用法律若干问题的解释〉的决定》（法释〔2018〕19 号）。

② 参见《中华人民共和国食品安全法》第 26 条。

力度的比较，比如在不同时期，对某一种犯罪适用刑种比例的变化，这一变化就反映了不同时期司法机关对某一种犯罪的不同的刑罚力度；以及对不同犯罪主体刑罚力度的比较，比如对盗窃罪与盗窃型贪污罪刑罚力度的比较，对诈骗罪与诈骗型贪污罪刑罚力度的比较，对侵占罪与侵占型贪污罪刑罚力度的比较。

从近期刑事立法的动态来看，我国增强了对食品犯罪的刑罚力度。在法定刑配置方面，2011年《刑法修正案（八）》加重了对食品安全犯罪的刑罚，将生产、销售有毒、有害食品罪的起刑点从拘役提高到有期徒刑；增加规定加重法定刑的情节；将食品安全犯罪"单处罚金或并处"的规定，改为一律"并处罚金"，将罚金的数额由倍比罚金改为无限额罚金；对食品监管渎职罪配置的法定刑高于一般滥用职权罪和玩忽职守罪的刑期。

（二）食品犯罪刑事立法的域外借鉴

1. 域外危害食品安全行为的犯罪圈

域外对危害食品安全行为监管特别严厉，从农田到餐桌全程监管，对危害食品安全犯罪零容忍。张招兴指出，美国食品和药物管理局在2013年1月4日发布的《农产品安全标准条例》和《食品预防控制措施条例》，甚至把食品安全的监管触角延伸到田间和生产商。[①] 美国食品安全立法调控范围极为严密，不仅表现在对犯罪对象的广泛覆盖，同时对犯罪行为的规定也非常周密。美国《联邦食品药品化妆品法》是美国食品安全的综合性立法，第301条对多达31项食品安全犯罪行为进行了全面规定，禁止行为包括：人为改变或者冒牌食品的运输行为，人为改变或者冒牌食品的接收行为，对在售商品的标签的全部或者部分的改变、切除、损毁、涂销等行为，不建立或保持食品生产、加工、包装、运输、派送、接收、持有、进口记录、未能按规定注册食品生产设备等信息，承运人未能遵循食品药品管理局有关运输卫生的规定，伪造膳食补充剂严重问题事件的报告等。[②] 同时，第331条明确禁止推广、运输和销售掺假、冒牌食品；接受掺假、冒牌食品；未经授权伪造或虚假表示任何食品标识、标签或其他识别装置食品。其他针对特定对象的立法也规定了相应的禁止行为。此外，美国还存在大量的解释性立法，对人为改变、部分改变、包装、

---

① 参见张玉荣：《全国人大代表建议——加重食品安全犯罪刑罚力度》，载《小康》2015年第8期。

② 参见王恒：《美国食品安全犯罪立法之简介》，载《人民法院报》2015年2月27日。

推广等犯罪行为分别进行详细解释。①

域外对犯罪治理多实行不区分违法行为和犯罪行为的一元治理体系，在这一体系下，违法行为和犯罪行为无缝衔接，工作机制没有人为割裂，对违法犯罪的治理具有一致性，不存在行刑衔接不畅的问题。

2. 域外危害食品安全行为的责任追究

域外对危害食品安全的行为零容忍，一旦发现严厉处罚。英国《食品安全法》则更加严厉，餐馆一道菜出问题就有可能被罚倒闭。一般违法行为根据具体情节处以 5000 英镑的罚款或 3 个月以内的监禁。法国商店卖过期食品就得吊销营业执照。②日本对食品犯罪的处罚注重罚金刑的运用，其食品犯罪主体包括自然人和法人，对法人的处罚更重。意大利对于食品犯罪的行为人规定了禁止其在一定期限内再从事相关职业的资格刑。③

基于当前域外"严而不重"刑事立法政策，对食品犯罪有刑罚轻缓化的趋势。域外食品犯罪的自由刑刑期较低，基本没有生命刑。大部分国家对食品犯罪的自由刑规定在 5 年以下，如美国《联邦肉类检查法》规定了凡违反本法要求，宰杀用作食物的牲畜，或者出售或运输假冒伪劣食品，或者假冒或掺假制造食品；经营病残或将死的牲畜或非经屠宰的死牲畜的行为均构成犯罪，应被处以 1 年以下监禁或 1000 美元以下罚金，或者并处。但是如果怀有欺诈意图实施上述行为或者销售掺假的肉类，则应被处以 3 年以下监禁或 1 万美元以下罚金或者并处。④日本旧刑法典第 146 条对于严重危害食品安全，致人死亡的犯罪，规定了死刑的法定刑。⑤新刑法典第 209 条则对于严重危害食品安全，致人死亡的，取消了死刑的法定刑。⑥

第四节　食品犯罪刑事立法改进

刑事立法是对刑法规范的制定、修改和废止等立法工作，而刑法规范主要

---

① 参见梁莎莎：《中美食品安全刑事立法犯罪行为的比较研究》，载《科教导刊》2018 年第 2 期。

② 参见张玉荣：《全国人大代表建议——加重食品安全犯罪刑罚力度》，载《小康》2015 年第 8 期。

③ 参见蒋冰冰：《食品犯罪立法问题研究》，上海社会科学院 2009 年硕士学位论文。

④ 参见周密主编：《美国经济犯罪和经济刑法研究》，北京大学出版社 1993 年版，第 416～418 页。

⑤ 参见《日本刑法典》，张明楷译，法律出版社 1998 年版，第 47 页。

⑥ 参见《日本刑法典》，张明楷译，法律出版社 1998 年版，第 160～161 页。

包含两个方面的内容,即罪状和法定刑。因此,从内容上来说,食品犯罪刑事立法的改进,主要包括两个方面的内容,即罪之改进和刑之完善。刑事立法的与时俱进是必要的,因为我国是罪刑法定国家,如果罪状的描述脱离了现实情况,按照罪刑法定原则就不能定罪了;而如果法定刑的规定与犯罪的情况不相匹配,就违背了罪刑相适应的原则,不能有效惩罚和预防犯罪。

一、罪之改进

笔者将食品犯罪刑事立法改进的首要任务界定为罪状的改进,为什么不界定为对犯罪规定的改进呢?这是因为罪状与犯罪是不同的,罪状规定的是犯罪构成要件。所谓犯罪构成,它不是犯罪行为本身,而是犯罪成立必须具备的要件,犯罪构成包括犯罪主体要件、主观要件、客体要件和客观要件。构成要件是认定犯罪的标准,完整的罪状包括犯罪构成的四个要件。犯罪行为本身的要件仅包括犯罪主观要件和犯罪客观要件,犯罪行为只是犯罪构成要件中的主观要件和客观要件。犯罪构成是认定犯罪的思维模式,其中的犯罪主体要件是犯罪行为的载体,犯罪客体要件是犯罪行为的对象,而作为犯罪客观要件危害行为的对象是犯罪客体的载体。应注意区分犯罪对象与危害行为对象,它们是两个概念,比如抢夺罪的犯罪对象是财物,而抢夺行为的对象是人。为全面落实我国"严而且重"的刑事立法政策,食品犯罪刑事立法的罪状改进实质是罪状的扩容。

(一)犯罪主体要件规定的改进

1. 种植业、养殖业存在危害食品安全行为

种植业是危害食品安全的一个重要源头。种植业过量使用农药,农药残留危害了食品安全。据统计,我国农药的年施用量已高达132万吨,其中高毒农药占70%。中国在占世界9%的耕地上,消耗着占世界20%的农药。① 大量的农药不仅对土壤和地下水造成了严重的污染,其产生的农药残留问题更是直接危害着人类的身体健康。喷洒的农药除部分落到农作物或杂草上,大部分落到了土壤或地表水中。这些残留在土壤中的农药成为水和土壤的污染源,有的还可能对后茬作物产生药害。如磺酰脲和咪哩啉酮类除草剂在土壤中残留时间很长,有的品种可达3年,若连年施用会在土壤中积累,极易对后茬敏感作物产

---

① 参见杨丹:《为什么"农药残留"问题如此触目惊心?》,载《中国食品》2015年第7期。

生药害。当消费者食用了含有农药残留的食品，特别是喷洒了高毒农药不久的食品时会引起急性中毒，而长期食用农药残留量较高的食品，农药会在人体内逐渐蓄积，结果就是致畸、致癌、致突变及退发性神经系统中毒。据国家有关部门统计，近年来，在食物中毒事件中，由农药残留引起的中毒死亡人数占总中毒死亡人数的20%左右。特别是，近年来农民患癌症及其他疾病的概率不断增加，农民作为施药者主体，缺乏自我保护意识，再加上落后的施药器械使其经常面临急性中毒的危险，甚至丧失生命。①

　　养殖业是危害食品安全的另一个源头。历数近年危害食品安全十大案件，养殖业占了三席。（1）2005年海鲜产品体内含有"孔雀石绿"。2005年6月，《河南商报》记者对湖北、河南等地的养鱼场和水产品批发市场进行调查，《华商晨报》记者对辽宁的养殖场和鱼药商店的调查结果均表明：在水产品的养殖过程中，很多渔民仍然用孔雀石绿来预防鱼的水霉病、鳃霉病、小瓜虫病等；在运输过程中，为了使鳞受损的鱼延长生命，鱼贩也常使用孔雀石绿。至于卖孔雀石绿的鱼药商店，由于孔雀石绿市场的存在，仍然在买卖孔雀石绿。孔雀石绿具有高残留的副作用。据专家介绍，孔雀石绿一经使用，养殖动物体内终身残留。虽然在后期的养殖过程中添加维生素类和微量元素可以减少一些，但至今仍无法完全消除。孔雀石绿具有三致作用。孔雀石绿进入人类或动物机体后，可以通过生物转化，还原代谢成脂溶性的无色孔雀石绿，具有高毒素、高残留和致癌、致畸、致突变作用，严重威胁人类身体健康。（2）2006年苏丹红鸭蛋惹祸端。据央视《每周质量报告》2006年11月12日报道，在北京市场上，一些打着白洋淀"红心"旗号的鸭蛋宣称是在白洋淀水边散养的鸭子吃了小鱼小虾后生成的。但当地养鸭户却表示，这种红心鸭蛋并不是出自白洋淀，正宗白洋淀产的鸭蛋心根本不红，而是呈橘黄色，主要吃玉米饲料。据央视随后调查，石家庄平山县、井陉县的一些养鸭户和养鸭基地，在鸭子吃的饲料里添加了一种"红药"，这样生出来的鸭蛋呈现鲜艳的红心，而且加得越多，蛋心就越红。当地人都把这种加了红药的蛋叫"药蛋"，自己从来不吃。经中国检验检疫科学院食品安全研究所检测，发现这些鸭蛋样品里含有偶氮染料苏丹红Ⅳ号，含量最高达到了0.137mg/kg，相当于每千克鸭蛋里含有0.137毫克。苏丹红分为Ⅰ、Ⅱ、Ⅲ、Ⅳ号，都是工业染料，有致癌性。苏丹红Ⅳ号颜色更加红艳，常被用来做鞋油、油漆等工业色素，毒性也更大。国际癌症研究机构将苏丹红Ⅳ号列为三类致癌物。（3）2011年"瘦肉精"事件

---

① 参见《食品安全问题屡见不鲜"农药残留"问题日益严重》，载中国农药网，http://www.agrichem.cn/n/2017/09/25/113910373250.shtml，访问日期：2019年5月12日。

致使公众对肉制品需求的减少。2011年3月15日,央视3·15特别节目曝光,双汇宣称"十八道检验、十八个放心",但猪肉检测出"瘦肉精"。河南孟州等地添加"瘦肉精"养殖的有毒生猪,顺利卖到双汇集团旗下公司。该公司采购部业务主管承认,他们厂的确在收购添加"瘦肉精"养殖的所谓"加精"猪。遭曝光后,流入含有"瘦肉精"生猪的济源双汇食品有限公司被停产整顿,紧急召回涉案的肉制品和冷鲜肉,估计全部直接和间接损失将会超过100亿元,甚至可能接近200亿元。相关涉案人员也受到了法律制裁。"瘦肉精"属于肾上腺类神经兴奋剂。把"瘦肉精"添加到饲料中,可以增加动物的瘦肉量。国内外的相关科学研究表明,食用含有"瘦肉精"的肉会对人体产生危害。瘦肉精的主要添加成分盐酸克仑特罗属于非蛋白质激素,耐热,使用后会在猪体组织中形成残留,尤其是在猪的肝脏等内脏器官残留较高,食用后直接危害人体健康。其主要危害是:出现肌肉震颤、心慌、战栗、头疼、恶心、呕吐等症状,特别是对高血压、心脏病、甲亢和前列腺肥大等疾病患者危害更大,严重的可导致死亡。人类食用含"瘦肉精"的猪肝0.25kg以上者,常见有恶心、头晕、四肢无力、手颤等中毒症状,含"瘦肉精"的食品对心脏病、高血压患者、老年人的危害更大。①

2. 种植业、养殖业从业人员应成为食品犯罪的主体

种植业、养殖业存在典型的危害食品质量安全的行为,而且危害后果很严重,但是因为典型的危害食品质量安全犯罪的犯罪主体不包括种植业、养殖业从业人员,所以只能以其他罪名定罪,但在理论上有些牵强附会。例如,被告人季某某为谋取利益,2009年3月至2011年9月期间,多次向范某(已判刑)的农业银行账户存款购买盐酸克仑特罗(俗称"瘦肉精")与一定的石粉混合加工成的袋装肉用动物饲料添加剂,后加价销售给利津县盐窝镇部分肉羊养殖户,至2011年9月,被告人季某某共从范某处购进1364900元的上述饲料添加剂。被告人季某某曾于2012年6月11日到公安机关投案,并供述了其自2009年起,存款到范某农业银行账户约四五十万元购买瘦肉精饲料添加剂用以销售的事实,但其在被取保候审期间潜逃。2016年3月16日被告人季某某再次到公安机关投案,称其仅从范某处购买了8万余元的瘦肉精饲料添加剂。利津县人民法院认为,被告人季某某违反国家规定,非法销售含有盐酸克仑特罗的动物饲料添加剂,非法经营数额1364900元,属情节特别严重,其行

---

① 参见《盘点近年来被曝光的十大食品安全事件》,载搜狐网,http://www.sohu.com/a/211009220_100075870,访问日期:2019年5月12日。

为构成非法经营罪。① 被告人季某某的行为被认定为非法经营罪并不算错误，但是被告人的行为不仅扰乱了市场秩序，也危害了食品质量安全，显然，这是一个想象竞合犯，相比而言，危害食品质量安全的犯罪更严重一些，所以应当按照危害食品安全犯罪来定罪，但囿于生产、销售有毒、有害食品罪和生产、销售不符合安全标准的食品罪这两个典型的危害食品安全犯罪的犯罪主体不包括种植业、养殖业从业人员，所以不能以危害食品安全犯罪定罪。还有种植蔬菜因过量使用农药而追究危险物品肇事罪刑事责任的案例。② 其实种植蔬菜过量使用农药主要涉嫌危害食品安全，而不是危害公共安全，以危害公共安全罪定罪处罚，略显牵强附会。凡此种种，均表明了不将种植业、养殖业从业人员增设为危害食品安全犯罪的主体，有损食品犯罪刑事立法的科学性。因此，应增设种植业、养殖业从业人员为危害食品安全犯罪的主体。

（二）犯罪主观要件规定的改进

食品犯罪主观要件规定的改进主要应在三个方面着手：第一，应将危害食品安全犯罪的主观要件从故意拓展到过失；第二，明确食品监管渎职罪的罪过形式；第三，应将食品安全执法渎职犯罪的主观要件从监督过失拓展到监督故意。

1. 适当增加过失的危害食品安全犯罪

我国刑法规定了4个纯正的危害食品安全犯罪：生产、销售不符合安全标准的食品罪，生产、销售有毒、有害食品罪，非法捕捞水产品罪和非法狩猎罪，其主观要件均是故意。即使将危害食品安全犯罪推广到全部的危害食品安全犯罪，即7个危害食品质量安全犯罪和7种危害食品供应安全犯罪，危害食品安全犯罪的主观要件也均是故意。例如某地发生一起严重幼儿园集体食物中毒事件，造成140余名儿童高烧不退，伴有腹痛、腹泻、呕吐等症状，甚至昏迷。最终查明是幼儿园晚餐中的炒饭感染沙门氏菌引起的食物中毒，家长强烈要求严惩事故责任人。但根据现行刑法的规定，构成危害食品安全犯罪的犯罪嫌疑人主观上只能是故意，过失不能构成此类罪。该地幼儿园食物中毒事件虽然造成了严重的后果，但是因为刑法中没有规定过失行为可以构成犯罪，故无

---

① 参见利津县人民法院（2016）鲁0522刑初123号刑事判决书。
② 参见赵令蔚：《女青年误食喷药白菜中毒死亡肇事菜农被判2年徒刑》，载新浪网，http://news.sina.com.cn/o/2004-12-15/11274530329s.shtml，访问日期：2019年5月15日。

法追究责任人的刑事责任。① 因此，为改进食品犯罪的刑事立法，应当将危害食品安全犯罪的主观要件拓展到过失。

2. 明确食品监管渎职罪的罪过形式

食品监管渎职罪是一个典型的食品安全执法渎职犯罪，关于食品监管渎职罪的犯罪性质，学界一直认为其既包括故意，也包括过失。② 其中玩忽职守是过失，而滥用职权、徇私舞弊则是故意。③ 笔者认为，食品监管渎职罪的性质值得研究，需要明确。

（1）罪过是对犯罪客体危害情况的认可态度

因为行为人对于行为可能发生的危害结果存在知、情、意三种心理过程，所以罪过心理也就是知、情、意这三种因素的综合体现。罪过的本质是行为人在行为过程中认可危害结果发生的心理态度。换言之，作为罪过的心理活动的对象是危害结果的发生。对罪过的评价以行为人对危害结果的心理态度为标准，是我国《刑法》第14条、第15条的规定。

如前所述，危害结果是对犯罪客体的危害情况，而食品监管渎职罪的犯罪客体是对食品安全的监管，那么，食品监管渎职罪的危害结果就是食品安全监管所受到的危害情况。刑法规定表明，"重大食品安全事故或者其他严重后果"是食品安全监管所受危害的具体情况和具体表现。因此，食品监管渎职罪的危害结果是重大食品安全事故或者其他严重后果。

有一点需要注意，就是"重大食品安全事故或者其他严重后果"是相对于食品监管人员的危害行为和过失心理而言的。被监管者危害食品安全的违法犯罪行为性质尽可以是故意或者过失。我国多数学者认为，被监管行为仅限于过失行为，④ 这是笔者与部分学者认识的一个不同之处。

（2）食品监管渎职罪只能是疏忽大意过失犯罪

将滥用职权罪归于故意犯罪，与将玩忽职守罪归于过失犯罪是理论界和实务界流行的观点。⑤ 由于故意和过失反映的主观恶性大小不同，所以对于相同客体的故意犯罪与过失犯罪不能规定相同的刑罚。刑法对滥用职权罪和玩忽职

---

① 参见范玉才、贾玉欣：《论危害食品安全过失犯罪之刑法规制》，载《法制与社会》2015年第11期。

② 参见张明楷：《刑法学》，法律出版社2011年版，第1113页。

③ 参见梅传强、刁雪云：《中国食品安全犯罪的刑事政策研究》，载《安全与检测》2017年第2期。

④ 参见李蕤宏：《监督过失理论研究》，载陈兴良主编：《刑事法评论（第23卷）》，北京大学出版社2008年版。

⑤ 参见赵秉志等：《刑法学》，北京师范大学出版社2010年版，第855页。

守罪规定了相同的法定刑，按照流行的观点，这在理论上和实践中令人困惑，将罪过类型不相同的犯罪处以同样档次的法定刑似有不妥，因为这样势必与罪刑相适应的原则相冲突。这种似乎矛盾的立法规定在食品监管渎职罪中出现，揭示了流行观点与立法规定的矛盾。

依笔者之见，滥用职权罪与玩忽职守罪本来具有同样的罪过形式，故而不存在不同类型的罪过而适用同样档次法定刑的问题。[①]《刑法修正案（八）》在新增的食品监管渎职罪中，将滥用职权与玩忽职守合并规定在食品监管渎职罪一个罪名之下，表明拙见与立法的一致。换言之，刑法对滥用职权罪和玩忽职守罪规定相同法定刑的理论解释，在于它们实质上是相同性质的犯罪，以及《刑法修正案（八）》在新增的食品监管渎职罪中，将滥用职权与玩忽职守两种行为合并规定在一个罪名之下，适用同样的法定刑，则是立法对滥用职权与玩忽职守具有相同罪过形式的再一次确认。

食品监管渎职罪具有四个特点：（1）在重大食品安全事故或者其他严重后果发生之前，食品监管人员的行为即便被执法机关稽查或发现，也只能定性为违法行为；（2）只有在重大食品安全事故或者其他严重后果发生之时或之后才能被认定为犯罪行为，但监管人对此种严重的危害结果没有故意心理，因为事故的含义就是意料之外的灾害；（3）食品监管渎职行为存续之时，重大食品安全事故或者其他严重后果的发生处于行为人的控制之外，而由他人危害食品安全违法犯罪的情况而定；（4）在刑罚上，相对于直接造成他人伤害或财产损失而言，对食品监管渎职罪的处刑较轻。从这四点来看，食品监管渎职罪符合了事故型犯罪的四个条件和形式特征，[②]因而，食品监管渎职罪是一个由《刑法修正案（八）》规定的事故型犯罪。

事故型犯罪的罪过心理是"对行为违法有认识，对严重危害结果的发生没有认识或认为不会发生；对行为违法持希望或放任的意志态度，对严重危害结果的发生没有意志；对行为违法持冷漠的情感态度，对严重危害结果的发生持漠不关心的情感态度。而在这些心理活动或过程中，能够表明行为人认可危害结果发生的心理因素和态度，并对分析行为人罪过心理有价值的是且仅是：对严重危害结果的发生持漠不关心的情感态度"。[③]因此，食品监管渎职罪的罪过心理是对重大食品安全事故或者其他严重后果的发生持有的漠不关心的情

---

① 参见温建辉：《事故型犯罪的罪过形式》，载《刑法论丛》2010年第3期。
② 参见温建辉：《事故型犯罪的罪过形式》，载《刑法论丛》2010年第3期。
③ 参见温建辉：《事故型犯罪的罪过形式》，载《刑法论丛》2010年第3期。

感态度，其罪过形式也就是疏忽大意的过失。①

3. 食品安全执法渎职犯罪的主观要件向监督故意拓展

严密刑事法网，正确揭示犯罪的罪过形式，对于准确认定犯罪性质、有效惩罚犯罪有着重大的现实意义，其中监督犯罪的罪过形式就是一个具有重大理论意义和实践价值的问题。食品安全执法渎职犯罪属于监督犯罪，监督犯罪包括监督故意犯罪和监督过失犯罪，监督犯罪的主观要件包括监督故意和监督过失。监督故意是监督故意犯罪的罪过心理，是具有监护、监督和管理责任的人员不履行或者不积极履行监督责任，放任被监督者危害社会的心理态度。对监督故意的研究既有实践的需要，也是填补理论研究的空白。

（1）实践需要理论解释

监督故意犯罪不容忽视。例如，2013 年 4 月初的一天，朱某香向邵阳市工商局双清分局申请办理"双清区某某饲料油加工厂"，经营范围为饲料油加工销售，该申请由蒋某受理，经核准后，邵阳市工商局双清分局准予设立核准登记。但朱某香的丈夫李某旗（已判刑）与唐某某（已判刑）却超出营业执照核准登记的经营范围，在该厂使用工业松香对猪头、猪脚进行脱毛加工并销售。2013 年 6 月初的一天，被告人蒋某、马某和蒋某华三人一同到双清区某某饲料油加工厂进行执法检查。在检查过程中，蒋某发现工厂最里面的厂房内正在用工业松香对猪头和猪脚进行脱毛，当场将熬工业松香的铁锅打烂，并指示马某制作现场笔录。随后，朱某香和李某某先后赶到工厂，请求蒋某帮忙不要对其进行处罚，保证今后不再使用工业松香，蒋某不同意。李某旗见状便去附近的商店买烟，途中遇见李某雄（已判刑）。李某雄得知此事后，表示和蒋某熟识，于是前往加工厂为李某旗说情，蒋某遂同意当天不对该厂进行处罚，并当场让朱某香在现场笔录上签名后离去。离开时，李某旗递给蒋某、马某和蒋某华一人一包香烟。第二天，朱某香前往工业街工商所接受调查。在一楼办证大厅，由蒋某询问，马某做笔录，向朱某香核实了双清区某某饲料厂用工业松香对猪头、猪脚进行脱毛一事。做完笔录后，蒋某和朱某香去了二楼办公室，因为朱某香向蒋某说情，于是蒋某决定对该案不予立案处罚。下楼后，在马某在场的情况下，蒋某向朱某香口头宣布了罚款 3000 元的决定（未立案）。2013 年端午节的前一天，为感谢蒋某的关照，朱某香送了 1000 元和几个猪肚子给蒋某。蒋某将这 1000 元分了 300 元给马某，几个猪肚子由工商所人员均分。2013 年端午节后至 2014 年 7 月期间，双清区某某饲料油加工厂销售使用工业松香进行脱毛的猪头、猪脚共计 70 余吨。被告人马某犯放纵制售伪劣商

---

① 参见温建辉：《罪过情感研究》，人民出版社 2013 年版，第 79 页。

品犯罪行为罪,免除刑事处罚;被告人蒋某犯放纵制售伪劣商品犯罪行为罪,判处有期徒刑1年,缓期2年。① 放纵制售伪劣商品犯罪行为罪是典型的监督故意犯罪,它与一般的故意犯罪有所不同,如何对其解释说明,传统的犯罪构成主观要件理论已经不适用。

(2) 填补理论空白

监督故意与一般故意存在显著区别。根据《刑法》第14条规定,明知自己的行为会发生危害社会的结果,并且希望或者放任这种结果发生,因而构成犯罪的,是故意犯罪。从《刑法》第14条的规定可以看出一般故意和监督故意的区别:一般故意是认识到"自己"的行为会发生危害社会的结果;而监督故意是认识到"他人"即被监督人的行为会发生危害社会的结果。两者的这种区别是我们研究监督故意的出发点。监督故意与一般故意的区别有刑法的规定,而从理论上对此问题的关注可使我们正确认识到监督故意犯罪的特殊性,从而将监督故意犯罪与一般故意犯罪区别开来。

第一,监督故意犯罪与间接正犯的区别。间接正犯亦称间接实行犯,是指把他人作为工具利用的情况,利用者与被利用者不成立共同犯罪。教唆、组织不负刑事责任能力人、无刑事责任能力人从事违法犯罪活动,可以构成间接正犯。例如,《刑法》第262条之二规定:"组织未成年人进行盗窃、诈骗、抢夺、敲诈勒索等违反治安管理活动的,处三年以下有期徒刑或者拘役,并处罚金;情节严重的,处三年以上七年以下有期徒刑,并处罚金。"监督故意犯罪与间接正犯的区别主要有两点:其一,间接正犯危害社会是在间接正犯行为人意志支配下实施的,是间接正犯行为人主观追求的结果;而监督故意犯罪对社会的危害不是在监督故意行为人意志支配下实施的,也不是监督故意犯罪人主观追求的结果。其二,间接正犯中犯罪主体只有一个,即间接正犯行为人,具体实施危害行为的不负刑事责任能力人、无刑事责任能力人只能认为是犯罪的工具;而监督故意犯罪中犯罪主体不限于监督故意行为人,被监督者也可以是犯罪主体。将监督故意犯罪与间接正犯区分开来,一是有利于对犯罪的科学分类,这样,犯罪就可以分为单独犯罪、共同犯罪和监督犯罪三个类别。二是有利于说明监督故意的独立性。

第二,监督故意犯罪与不作为犯罪的区别。不作为犯罪与监督故意犯罪非常相像,都是不作为的社会表现形式。它们最大的区别是:不作为犯罪的不作为是危害结果发生的直接原因,而监督故意的犯罪行为不是危害结果发生的直接原因。例如,奶企发现生产、销售的奶粉有毒有害,却没有召回有毒有害奶

---

① 参见邵阳市双清区人民法院(2018)湘0502刑再1号刑事判决书。

粉,这个案件是不作为犯罪的生产、销售有毒、有害食品罪。而市场监督管理工作人员放任奶企生产、销售有毒、有害奶粉,则该工作人员是监督故意犯罪的放纵制售伪劣商品犯罪行为罪。在没有提出监督犯罪、监督故意概念之前,对监督犯的处理要么于法无据而被放纵,要么按不作为犯定罪处理,所以,提出监督犯、监督故意的概念对于科学认识犯罪、严密刑事法网具有重要意义。

第三,监督故意犯罪与包庇罪、窝藏罪、帮助犯罪分子逃避处罚罪的区别。包庇罪、窝藏罪以及帮助犯罪分子逃避处罚罪和监督故意犯罪有相似之处,即都表现为对犯罪分子的放纵。其区别主要在于:监督故意犯罪是对正在实施犯罪行为的犯罪分子的放纵,而包庇罪和窝藏罪是对已经完成犯罪的犯罪分子的掩护和放纵。《刑法》第310条规定的包庇罪、窝藏罪与第362条规定的包庇罪不同。《刑法》第310条规定的包庇罪、窝藏罪是对已经完成或已经结束的犯罪活动的掩护和放纵,而第362条规定的包庇罪是对正在进行的违法犯罪活动进行的掩护和放纵。因此,第310条规定的包庇罪、窝藏罪不是监督故意犯罪,而第362条规定的包庇罪可以构成监督故意犯罪。

(3)食品安全执法渎职犯罪中的监督故意

在食品监管渎职罪中,行为人对重大食品安全事故或者其他严重后果的发生不能有认识或者行为人认为这种危害结果不会发生。因为如果行为人对违反食品监管法规可能造成的严重危害结果有认识,即行为人预见到重大食品安全事故或者其他严重后果发生的可能性,而其又坚持违反食品监管法规的行为,那么,行为人的意志因素就是对这个严重的危害结果持放任(或者希望)的态度。在对危害结果的发生有认识、对危害结果持放任的意志态度的情况下,行为人的罪过形式可能是间接故意或者轻信过失。间接故意的情感态度是对危害结果不排斥,即与意志过程不相抵触;而轻信过失的情感态度是对危害结果排斥,即与意志过程相抵触。① 外在表现就是:间接故意对行为没有节制;而轻信过失对行为有节制,并尽可能避免危害结果的发生。

在食品监管渎职罪中,如果行为人对行为有节制并尽可能避免严重危害结果的发生,就应当纠正或停止这种违反食品监管法规的行为,严重的危害结果也就不会发生。因为食品监管渎职罪中的违反食品监管法规行为是导致严重危害结果发生的必要条件,而且,由于行为人违反食品监管法规行为所导致的严重危害结果是否发生,在违反食品监管法规行为作出后,便为行为人所不能控制,所以想要避免严重危害结果的发生,行为人能做的只有纠正自己的渎职行

---

① 参见温建辉:《罪过情感研究》,人民出版社2013年版,第67页。

为或终止这种违反食品监管法规行为。如果行为人纠正或终止了这个违反食品监管法规行为，严重危害结果就能够避免，而事实上行为人没有纠正或终止这个违反食品监管法规行为。也就是说，食品监管渎职罪中行为人的情感因素与其意志过程并不抵触，而与其意志态度一致，那么，行为人在违反食品监管法规行为中的罪过心理就是监督故意。换言之，如果食品监管渎职罪中行为人对严重危害结果有认识，那么行为人对严重危害结果的心理态度就是监督故意，则行为人的违反食品监管法规行为构成故意犯罪。

明白这一点，对于避免放纵犯罪分子有着重要意义；反之，放纵犯罪分子就在所难免。例如，在食品监管渎职行为中，食品监管人员预见到滥用职权或玩忽职守可能发生重大食品安全事故或者其他严重后果，并且放任甚至希望这种危害结果发生的，实质上已经构成食品安全执法的监督故意犯罪，而一概认定构成食品监管渎职罪就会放纵犯罪分子。

食品监管渎职罪与食品安全执法监督故意犯罪的区别。实践中，食品监管渎职人员的滥用职权或玩忽职守与危害食品安全犯罪活动纠结在一起，当食品监管人员发现危害食品安全犯罪活动的时候，对危害食品安全犯罪活动"睁一只眼闭一只眼"，放任危害后果的发生，在这种情况下食品监管人员的行为就可以成立危害食品安全犯罪的片面共犯，而不是构成食品监管渎职罪。值得注意的是，此时食品监管渎职行为构成的犯罪是放纵危害食品安全犯罪行为的犯罪，是监督故意犯罪。食品监管渎职罪的罪过形式是监督过失，而放纵危害食品安全犯罪行为的犯罪的罪过形式是监督故意，这是这两种犯罪的显著区别。

食品安全执法渎职行为可能触犯危害食品安全犯罪，但没有合适的匹配罪名。在食品安全执法渎职行为中，食品监管人员由于具有监管食品安全的职责，发现他人危害食品安全的犯罪行为而放任不管，是一种不作为的犯罪行为。这种不作为相对于危害食品安全犯罪行为来讲，又是一种片面帮助的行为，所以，危害食品安全犯罪的食品监管人员放任这种行为危害后果发生的，可以构成危害食品安全犯罪的片面共犯。具体来讲，由于危害食品安全犯罪活动可能触犯以危险方法危害公共安全罪，生产、销售不符合安全标准的食品罪，生产、销售有毒、有害食品罪，生产、销售伪劣产品罪等罪名，所以，当食品监管人员发现危害食品安全犯罪行为可能发生危害人民群众的后果，并且放任这种危害后果的时候，可以构成相应的故意犯罪。但这种监督故意犯罪毕竟与危害食品安全犯罪不同，对它们的刑事处罚也应不同，所以应当另立罪名，配置适刑。笔者想到的一个比较合适的罪名是"放纵危害食品安全犯罪行为罪"。

(三) 犯罪客观要件规定的改进

1. 犯罪化的标准

一个危害社会的行为犯罪化需要符合三个条件：第一，这种行为的危害结果是不可恢复、不能补救，或者数额较大的危害，只能给予惩罚，如故意杀人，人死不能复生，那就是犯罪；又如，交通事故责任人没有能力赔偿，数额超过了 30 万元也会构成交通肇事罪。而民事制裁主要是恢复原状、赔偿损失的法律责任方式，行政责任主要是更正行为、给予赔偿的法律责任方式，它们显然不足以解决犯罪的法律后果。第二，犯罪行为与民事违法和行政违法具有区别，不具有像民事违法和行政违法那样明确的主体身份，有承担责任的主体。犯罪人行为时是不与相对人协商的，犯罪后逃避责任，这也是民事责任和行政责任无以应对的。即使有犯罪者犯罪后在犯罪现场书写犯罪符号，或者留下标志性印痕，但这些都是不可顶替犯罪人的符号，犯罪人基本不会留下来承担责任，最常见的就是犯罪通常发生在"月黑风高夜，杀人越货时"，选择这样的时机就是为了逃避刑事责任。第三，对于触犯法律、危害社会屡教不改的犯罪者，不给以刑罚制裁，无以防止危害结果的发生。如多次盗窃，尽管数额较小，仍可构成盗窃罪。① 如果一个行为不符合这三个条件之一，就没必要定罪处罚。

2. 应予犯罪化的危害食品安全行为

（1）拒不召回或者停止经营不符合安全标准食品行为的入罪

《食品安全法》第 124 条第 1 款第 9 项规定，"食品生产经营者在食品安全监督管理部门责令其召回或者停止经营后，仍拒不召回或者停止经营……" 食品安全监督管理部门责令食品生产经营者召回或者停止经营的食品肯定是不符合安全标准食品，甚至是有毒、有害食品，食品生产经营者拒不召回或者停止经营，其社会危害性与生产、销售不符合安全标准的食品罪一样，所以应当定罪处罚。拒不停止经营不符合安全标准食品，也就是继续经营不符合安全标准食品的行为可以按照生产、销售不符合安全标准的食品罪定罪处罚；而拒不召回不符合安全标准食品的行为系不作为，与生产、销售不符合安全标准的食品罪的作为，相比较而言，拒不召回不符合安全标准食品的行为主观恶性稍低，不宜与生产、销售不符合安全标准的食品罪作相同处罚。因此，对于拒不召回不符合安全标准食品的行为应当另行规定法定刑，即另行入罪处罚，这是食品犯罪客观要件扩容的内容之一。至于拒不召回或者停止经营有毒、有害

---

① 参见温建辉：《罪过情感研究》，人民出版社 2013 年版，第 112 页。

食品的行为，其在社会危害性方面与生产、销售有毒、有害食品罪无异，在主观恶性方面，由于认可的危害后果非常严重，与生产、销售有毒、有害食品罪的主观恶性相比毫不逊色，所以，对拒不召回或者停止经营有毒有害食品的行为，按照生产、销售有毒、有害食品罪定罪量刑即可，无须另外设置新罪名处罚。

（2）将食品经营行为全面纳入食品犯罪

我国刑法规定的两个典型的危害食品质量安全的犯罪，其客观方面都是"生产"和"销售"，没有覆盖从农田到餐桌的食品全流程，似有遗漏犯罪之嫌。在"严而且重"刑事立法政策的指导下，也为了与食品安全法衔接，应当将危害食品质量安全犯罪中的"生产、销售"扩展为"生产经营"，扩大食品犯罪客观要件的范围，以实现刑法上的刑法适用人人平等的原则。

（3）将多次生产经营不符合安全标准食品行为纳入食品犯罪

对于食品生产经营者多次违反食品安全法规定，生产经营不符合安全标准食品的行为，应当规定为犯罪，以刑罚进行制裁。此处的"多次"，可以参照盗窃罪、逃税罪等司法解释的规定，即 2 年内受到 2 次以上食品相关行政处罚，又生产经营不符合安全标准食品的行为。这样的行为属于应当犯罪化的屡教不改的违法行为。

（四）犯罪客体要件规定的改进

1. 食品犯罪是否属于危害公共安全罪的聚讼

学界素有将食品犯罪纳入危害公共安全罪的类罪名之下的观点。有学者指出，无论是生产、销售不符合安全标准的食品罪还是生产、销售有毒、有害食品罪，抑或是食品安全监管渎职罪，其危害的并不是特定的有限的公众的生命健康安全，而是不特定公众的生命健康安全，亦即直接对公共安全造成了严重的威胁，实质上同《刑法》第 115 条第 1 款规定的以其他危险方式危害公共安全的行为没有任何区别。① 笔者不赞成这种观点，且不说食品犯罪包括危害食品质量安全犯罪、危害食品供应安全犯罪和食品安全执法渎职犯罪，即便与危害公共安全罪最相接近的危害食品质量安全犯罪，也与危害公共安全罪在主客观两方面存在显著的不同。

第一，主观罪过不同。像放火、爆炸、投毒等危害公共安全犯罪，犯罪行为人的主观罪过通常是直接故意，追求或者希望危害结果的发生。它的表现通

---

① 参见梅传强、刁雪云：《中国食品安全犯罪的刑事政策研究》，载《安全与检测》2017 年第 2 期。

常是直接的追求。而危害食品质量安全犯罪的主观方面通常是追求伪劣食品的高额利润,对于可能造成的他人人身伤害是放任的心理,也就是间接故意;危害食品质量安全犯罪为了实现稳定的高额利润,它们通常不希望致人伤亡的后果,那样的话,事情败露,反倒不能实现稳定盈利。

第二,危害结果常态的区别。像放火、爆炸、投毒等危害公共安全犯罪,造成的危害结果的常态是"直接地,或者立竿见影地""致人重伤、死亡或者使公私财产遭受重大损失"。而生产、销售有毒、有害食品罪造成的危害结果的常态是对人身有一定伤害,但通常不会致人重伤或者死亡,而且致人重伤或者死亡也不是直接的,或者不是立竿见影。

2. 加大对危害特殊食品安全犯罪的刑罚力度

特殊食品是为了特定用途以较高的食品质量标准向特定人群供应的食品。例如,2010年初,广州亚运会蔬菜供应商广州忠实公司曾到元谋县进行实地考察,最终选定元谋一家公司的基地作为亚运会蔬菜供应大番茄的种植基地,并顺利通过亚运会组委会审查最终认定。在亚运会期间,元谋县将供应20吨~30吨番茄。为保证此次广州亚运会大番茄能够按质按量足额供给,基地共种植亚运会蔬菜特殊大番茄3.3 hm^2,在种植过程中,严格按照绿色食品生产标准进行生产种植,病虫害防治都使用物理防治法进行,保证所供应番茄无农残、绝对安全。①

《食品安全法》第74条规定,国家对保健食品、特殊医学用途配方食品和婴幼儿配方食品等特殊食品实行严格监督管理。但刑法没有反映对特殊食品的安全保护,当前刑法对食品安全"一刀切"的保护模式不利于维护食品安全治理的法治统一。

特殊食品安全包括特殊食品的质量安全和特殊食品的供应安全,对特殊食品安全的危害分为危害特殊食品质量安全和危害特殊食品供应安全,危害特殊食品安全犯罪行为亦应分为危害特殊食品质量安全犯罪行为和危害特殊食品供应安全犯罪行为。由于特殊食品不仅承担了满足人类日常生活能量供应的需要,而且承担了为特定社会发展事业提供消费品物质保障的重要功能,所以在危害特殊食品质量安全、供应安全的情况下,它的危害更甚于生产、销售不符合安全标准的食品罪,也要大于一般的危害食品供应安全犯罪。因此,应当对危害特殊食品安全的行为单独设置罪名或者单独配置法定刑,以做到罪刑相适应,有效惩罚犯罪。

---

① 参见《元谋番茄被选为亚运会专供食品将上亚运餐桌》,载《长江蔬菜》2010年第23期。

二、刑之完善

（一）食品犯罪财产刑的完善

《食品安全法》第 122 条至第 125 条规定了若干危害食品安全的行为，不难看出，对这些危害食品安全的违法行为，行政处罚都是"没收违法所得和违法生产经营的食品，并可以没收用于违法生产经营的工具、设备、原料等物品"和"并处货值金额十倍以上二十倍以下罚款""并处货值金额十五倍以上三十倍以下罚款""并处货值金额十倍以上二十倍以下罚款""并处货值金额五倍以上十倍以下罚款"。而对于危害后果更严重的食品犯罪，最高人民法院、最高人民检察院《关于办理危害食品安全刑事案件适用法律若干问题的解释》第 17 条规定，犯生产、销售不符合安全标准的食品罪，生产、销售有毒、有害食品罪，一般应当依法判处生产、销售金额 2 倍以上的罚金。

比较发现，在法定刑的配置上，刑法对食品犯罪规定的罚金刑与食品安全法规定的罚款处罚不衔接，罚金刑还没有行政处罚的罚款高。我们知道，犯罪的社会危害性高于违法的社会危害性，所以在处罚上，对犯罪的处罚应比对违法行为的处罚严厉一些，表现在立法上，对犯罪配置的刑罚应当比对违法行为规定的行政处罚重一些；对牟利性质的违法犯罪的处罚而言，对犯罪配置的财产刑也应当比对违法行为规定的罚款要重一些。笔者亦认为，食品犯罪是以牟利为目的的经济犯罪，对于以牟利为目的的犯罪，应当施以财产刑。因此，笔者建议，对食品犯罪的处罚应当加重财产刑的配置，加以刑法明确规定，对生产经营不符合安全标准食品、有毒有害食品犯罪配置货值 10 倍以上的罚金，对于应当判处 7 年以上有期徒刑的食品犯罪，配置并处没收财产。

（二）食品犯罪职业禁止配置

对食品犯罪人员配置"职业禁止"分刑事上的职业禁止规定和行政上的从业禁止处罚，本部分从资格刑配置的角度谈食品犯罪的职业禁止。食品犯罪应当配置"职业禁止"的资格刑。我国关于食品犯罪职业禁止的配置仍存不足，主要包括法律依据散乱、适用范围有限和宣告机关不统一等问题。这些问题在食品犯罪刑罚改进上需要考虑。

1. 职业禁止令的法律依据不统一

我国对食品犯罪实施职业禁止的法律依据包括刑法依据和行政法依据，其中，刑法依据包括3条，行政法依据即《食品安全法》第135条第2款的规定。

对食品犯罪实施职业禁止的刑法依据。（1）《刑法》第38条第2款规定："判处管制，可以根据犯罪情况，同时禁止犯罪分子在执行期间从事特定活动，进入特定区域、场所，接触特定的人。"（2）第72条第2款规定："宣告缓刑，可以根据犯罪情况，同时禁止犯罪分子在缓刑考验期限内从事特定活动，进入特定区域、场所，接触特定的人。"（3）《刑法》第37条之一规定："因利用职业便利实施犯罪，或者实施违背职业要求的特定义务的犯罪被判处刑罚的，人民法院可以根据犯罪情况和预防再犯罪的需要，禁止其自刑罚执行完毕之日或者假释之日起从事相关职业，期限为三年至五年。被禁止从事相关职业的人违反人民法院依照前款规定作出的决定的，由公安机关依法给予处罚；情节严重的，依照本法第三百一十三条的规定定罪处罚。其他法律、行政法规对其从事相关职业另有禁止或者限制性规定的，从其规定。"

对食品犯罪实施职业禁止的行政法依据。《食品安全法》第135条第2款规定："因食品安全犯罪被判处有期徒刑以上刑罚的，终身不得从事食品生产经营管理工作，也不得担任食品生产经营企业食品安全管理人员。"

可见，对食品犯罪施用职业禁止的依据不仅包括刑法，还包括行政法，而对不同性质的法律，执法和司法的机关是不同的，这种立法体例会造成法治的不统一。

2. 职业禁止令适用范围不统一

最高人民法院、最高人民检察院《关于办理危害食品安全刑事案件适用法律若干问题的解释》第19条规定，单位实施本解释规定的犯罪的，依照本解释规定的定罪量刑标准处罚。可见，对食品犯罪被判处管制和缓刑的犯罪分子施加的刑事禁止令，不仅包括自然人，也包括单位。但是被判处了拘役和假释的食品犯罪分子，依据《刑法》第三十七条之一规定的职业禁止，被职业禁止的主体仅限于自然人；而对于被判处了有期徒刑以上刑罚的食品犯罪分子，依据《食品安全法》第135条第2款的规定，被职业禁止的主体也仅限于自然人。

3. 职业禁止禁令宣告机关不统一

我国当前能够作出职业禁止的国家机关包括人民法院、市场监督管理局，以及其他行政执法机关。这种现象形成的原因是职业禁止的法律依据的"政出多门"，造成了对食品犯罪分子职业禁止的主体不一、职业禁止裁决性质不一、被施加对象不一等问题。因此，在食品犯罪职业禁止的规定统一后、在食品犯罪职业禁止适用范围统一后，进一步规定统一的食品犯罪职业禁止令的制作机关和宣告机关，对食品犯罪职业禁止步入行刑衔接的良好局面意义重大。

第二章
食品犯罪严格执法研究

食品安全事关广大人民群众身体健康和生命安全，是重大的民生工程、民心工程。习近平总书记指出，要用最严谨的标准、最严格的监管、最严厉的处罚、最严肃的问责，确保广大人民群众"舌尖上的安全"。我国在犯罪治理上实行区分违法与犯罪的二元治理体系。在食品犯罪的治理上，行政执法工作不仅可以对食品犯罪防患于未然，也能将危害食品安全的行为及早绳之以法，将危害食品安全的违法犯罪消灭在萌芽状态。

第一节　食品犯罪执法研究综述

一、食品犯罪执法国内研究综述

民以食为天，我国历来重视对食品安全的监管执法。"1952年2月20日，轻工业部发出通知，要求切实执行《军用食品检查办法》，彻底揭露不法奸商和贪污分子在承制军用食品及其他军需品中的暗害行为，以保障中国人民志愿军和中国人民解放军的健康。"[①] 严格执法将违法犯罪消灭在萌芽状态，可以有效地减少违法犯罪的发生，并能够及时将违法犯罪者绳之以法，为此，我国对食品犯罪执法的研究不乏其例。对行刑衔接的研究重点涵盖食品安全警察的设立、食品溯源追责、行刑衔接机制等多个方面，且在行刑衔接机制的协调运行等方面的研究成果颇多。

关于食品安全治理队伍建设方面的研究，理论探索比较丰富，例如，

---

① 参见《轻工业部通知各地切实执行"军用食品检查办法"》，载《人民日报》1952年2月24日，转引自宋华琳：《中国食品安全标准法律制度研究》，载《公共行政评论》2011年第2期。

唐洪、魏琴在《"食药（安全）警察"培养模式探索》一文中具体探讨了食药安全警察的培养模式。① 董纯朴在《食品安全警察权介入问题研究》中阐释了食品警察介入食品犯罪的时间节点和衔接等问题。② 也有一些借鉴域外食品警察治理经验的研究，如许成磊、李春雷主编的《防控与侦办：食品药品犯罪案件实证研究》，总结了德国警察在治理食品安全犯罪中的作用。③

关于食品追诉追责方面的研究。食品追溯是企业在生产食品时，在包装上印有二维码等编码，消费者用手机扫描就能获得食物的全部生产流程，也能了解到生产厂家的详细信息，它也为食品安全的责任承担提供了证据支持。在食品安全溯源追责问题的研究上，国内学者主要侧重于溯源技术的研究，例如，李明佳等在《基于区块链的食品安全溯源体系设计》一文中，基于区块链的食品安全溯源系统通过技术架构的分析，提出将区块链恰当植入食品溯源体系的方案，即区块链技术应用于系统的数据库层与通信层，并对采用方案后的食品溯源体系的运行机制进行分析，结合具体应用场景与实际案例来论证设计方案的有效性。④ 同时也研究了食品召回制度，例如尚清、关嘉义在《食品召回法律制度的中外比较及启示》一文中运用文献分析法、比较分析法，基于中外对比的视角，总结中国食品召回法律制度存在的问题和不足，分析美国、加拿大、日本食品召回法律制度的有益经验，为中国食品召回制度的完善提供相应的指导和建议。⑤ 对于食品安全溯源追责的问题，如禄永峰在《食品追溯还需配套看得见的监管》一文中指出，只有市场监管、行政执法等部门执法力量一起联合执法，从源头上扫除滋生食品安全犯罪的环境条件，对相关责任人依法追究刑责，食品安全才会得到真正有效的保障。⑥

---

① 参见唐洪、魏琴：《"食药（安全）警察"培养模式探索》，载《湖北警官学院学报》2017年第1期。

② 参见董纯朴：《食品安全警察权介入问题研究》，载《公安研究》2013年第7期。

③ 参见许成磊、李春雷主编：《防控与侦办：食品药品犯罪案件实证研究》，群众出版社2015年版，第3~4页。

④ 参见李明佳等：《基于区块链的食品安全溯源体系设计》，载《食品科学》2019年第3期。

⑤ 参见尚清、关嘉义：《食品召回法律制度的中外比较及启示》，载《食品与机械》2018年第10期。

⑥ 参见禄永峰：《食品追溯还需配套看得见的监管》，载《人民公安报》2015年6月25日第3版。

关于食品犯罪行刑衔接方面的研究。陈尚龙在《食品安全行政执法与刑事司法衔接机制实证研究》一文中指出，食品安全行刑衔接在实际运行中仍面临着案件移送标准不明确、证据规则和要求不统一、信息平台作用参差不齐等现实困境。① 陈新言在《食品安全立法中的行刑衔接问题探讨》一文中从刑事立法方面讨论解决行刑衔接的问题。② 徐信贵、康勇在《食品安全领域行刑衔接问题研究》一文中提出食品安全行刑衔接的特殊性以及进一步完善的意见。③ 刘仁琦、舒洪水、姚剑等人在《危害食品安全犯罪程序精要与证据研究》一书中分析了危害食品安全犯罪涉案证据的特性，从而提出"行刑衔接"机制中证据转化的必要性、可能性和具体的转化方式。④

我国在食品犯罪行政执法方面的研究，尤其是在执法队伍建设、溯源追责、职业禁止等方面的研究走在了实践的前面，发挥了理论的指引作用；在食品犯罪行刑衔接方面成果颇多、理论丰硕。但也有一些不足，一是研究侧重于对危害食品质量安全执法的研究，忽略了对危害食品供应安全执法的研究，或者说对危害食品供应安全执法的研究重视不足；二是研究偏重于对行刑衔接方面的研究，对食品安全执法中渎职犯罪的研究深度和广度不够；三是对食品安全渎职犯罪的研究没有上升到监督犯罪的理论高度，对监督犯罪中因果关系的研究鲜有论及。

二、食品犯罪执法域外研究综述

域外多数国家对危害社会的行为不区分为行政违法行为和刑事犯罪行为，所以这些国家对危害食品安全的行为实行的是一元化的处罚，负责查处的机关多由专业机构实施，即食品安全警察负责查处危害食品安全的违法犯罪活动，也不存在行刑衔接的问题。但域外食品犯罪的监管执法也存在各种各样的问题，如在英国很少有关于食品犯罪的起诉，部分原因是食品安全监管执法范式

---

① 参见陈尚龙：《食品安全行政执法与刑事司法衔接机制实证研究》，载《中共陕西省委党校学报》2016年第6期。

② 参见陈新言：《食品安全立法中的行刑衔接问题探讨》，载《重庆科技学院学报（社会科学版）》2016年第2期。

③ 参见徐信贵、康勇：《食品安全领域行刑衔接问题研究》，载《广西社会科学》2015年第3期。

④ 参见刘仁琦、舒洪水、姚剑：《危害食品安全犯罪程序精要与证据研究》，中国政法大学出版社2016年版，第59~81页。

不适于对有组织食品犯罪的监管，研究指出，这缘于 1990 年食品安全法及其实施所形成的对食品生产商、批发商和零售商非常尊崇的风气。① 西方国家对食品犯罪执法的研究侧重于政府监管不力导致食品犯罪的发生，如 Paul Leighton 在《美国花生公司的大规模沙门氏菌中毒：涉及食品安全的国内公司犯罪》一文中指出，行政监管的薄弱和缺陷促成了这种公司的食品犯罪，并讨论了食品犯罪受害人在导致食品犯罪中的作用。② John Pointing 和 Yunes Teinaz 在《英国的肉类和食品犯罪》一文中指出，英国和世界其他地区的监管体系在控制有组织的食品犯罪方面不够充分。非法肉类贸易为国内外企业家提供了非法赚取大量金钱的机会，但被抓获和起诉的可能性很小。这种类型的犯罪为食品犯罪者带来了巨额利润，并造成严重的食物中毒爆发和其他对公共健康的威胁。③

域外对食品安全犯罪的执法研究，对于我国有效治理食品犯罪具有启发作用。如域外对食品犯罪的一元化治理，对我国完善行刑衔接的重要性、机制建设等方面有着重要的启发；域外的地方自治、相对独立造成食品犯罪治理上的相互掣肘现象，又反衬我国在食品犯罪治理上，坚持中央统一领导有利于实现法治统一。

第二节　食品犯罪行政执法研究

国家机关之间并非相互隔离和孤立，它们的工作是内在联系、相互衔接的。对食品安全的行政执法通常属于行政执法的性质，但当作为执法对象的危害食品安全行为涉嫌犯罪的时候，此时的严格执法对于控制食品犯罪、追究其刑事责任和维护食品行业的安全就具有了重要的意义。

食品犯罪行政执法包括建设食品警察队伍、食品犯罪溯源追责、食品犯罪行刑衔接和食品犯罪终身禁入等制度和领域。

---

①　See R. Malcolm & J. Pointing, Food Safety Enforcement (London: Chartered Institute of Environmental Health, 2004) for an analysis of this legislation.

②　Paul Leighton. Mass Salmonella Poisoning by the Peanut Corporation of America: State-Corporate Crime Involving Food Safety. Critical Criminology (2016) 24 (1), 75–91.

③　John Pointing and Yunes Teinaz. HALAL MEAT AND FOOD CRIME IN THE UK. Paper Presented for the International Halal Food seminar, Islamic University College of Malaysia, September 2004.

一、食品安全警察

（一）食品安全警察队伍建设的必要性

食品安全警察队伍的建设具有很强的现实必要性。首先，鉴于近年的食品安全状况，现行的食品监管模式有监管不力之嫌。在 2018 年 4 月 10 日国家市场监督管理总局组建挂牌之前，建设一支统一的执法严明、权威高效的食品安全执法警察队伍一度成为人们的期待。其次，原先的食品安全行政执法，一般是由食品药品监督管理局、工商局等单位先进行行政调查，认为违法行为已经满足刑事立案标准的，再将案件材料移送给公安机关追究刑事责任。但在实践中，一些食品药品监督管理局、工商局等部门的工作人员，由于专业背景等原因，往往"以罚代刑"，对危害食品安全的犯罪做行政处罚，而不移交案件给公安处理，这就导致了放纵危害食品安全的犯罪，危害公众的食品安全。鉴于食品安全犯罪这样的执法状况，社会广泛呼吁建立一支执法严明、权威高效、专门打击危害食品安全犯罪的警察队伍；一支兼具食品安全执法和犯罪侦查功能于一身的食品安全警察队伍。

（二）食品安全警察队伍建设的历程

专门的食品违法犯罪侦查办案人员，被形象地称作"食品警察"。针对我国食品安全问题严峻的形势，建立专门打击食品安全违法犯罪的食品安全警察机构势在必行。2011 年 5 月 9 日，重庆市沙坪坝区公安分局成立"食品药品犯罪侦缉支队"，这是中国第一支专门打击危害食品药品安全犯罪行为的专业警种。食品安全警察在中国重庆市首次出现。随后，食品安全警察在各地相继组建，以山东为例，2012 年 8 月 31 日，山东省公安厅正式组建了食品药品犯罪侦查总队，专司打击食品药品犯罪；2013 年初，山东省公安厅食品药品犯罪侦查总队更名为山东省公安厅食品药品与环境犯罪侦查总队；截至目前，山东省 17 个设区市中，已有 16 个市的公安局设立了食品药品与环境犯罪侦查支队；与此同时，青岛、淄博、东营、烟台、泰安、临沂、菏泽等市的 57 个县级公安机关也已批复成立食品药品与环境侦查大队，基本形成了省、市、县三级专业化打击体系和全省统一、规范、有序的打击食品药品与环境犯罪工作模式。① 2014 年 3 月 28 日，在国家食药监管总局和公安部的联合发布会上，时任公安部治安管理局副局长的华敬锋称，国家将专设"食品药品违法侦查局"，以加强打击食品药品犯罪的力量。2019 年公安部已成立食品药品犯罪侦查局。

（三）食品安全警察队伍建设的意义

首先，改变食品犯罪治理上的不利局面。"食品安全警察"的设立是国家在食品安全监管方面进行的重大改革举措，是政府监管与公安司法机关对食品违法犯罪形成打击合力的重要体现。其次，是食品犯罪治理行刑衔接的重要纽带。组建"食品安全警察"，不仅可以加强打击食品安全犯罪，也可以加强对行政执法机关的监督；食品安全警察提前介入食品犯罪案件，可有效杜绝执法单位不移交食品犯罪案件的发生；从司法取证角度看，因为食品药品监督管理局、工商局等单位没有法律授予的限制人身自由等强制措施权力，他们前期的行政执法取证会"打草惊蛇"，导致后期警方进行侦查时，可能人赃难获。而"食品安全警察"有望从体制上彻底扭转这一法治被动局面，通过逐步建立食品安全警察与市场监督管理局的信息共享、联合执法、日常巡查等长效工作机制，让食品安全领域的行政执法与后续的刑事司法完美衔接并保留证据。

二、食品溯源追责

食品溯源通过连接生产、检验、监管、消费各个环节，借助科技手段，建立食品安全信息数据库，保证食品源头安全，控制食品流通过程中的质量安全，对食品进行全程检验，让消费者了解食品质量以及食品生产和流通过程，对危害食品安全环节全程追责，让食品犯罪行为无处遁迹。

（一）食品溯源追责制度建设阶段

我国食品安全追溯制度始于 1995 年《中华人民共和国食品卫生法》的颁布实施，该法规定了包装食品必须在包装上标识相关信息。2014 年，财政部、商务部《关于开展肉类蔬菜及中药材流通追溯体系建设有关问题的通知》决定继续支持在部分地区开展肉类蔬菜及中药材流通追溯体系建设。《食品安全法》第 42 条规定国家建立食品安全全程追溯制度，食品生产经营者应当依照

---

① 参见李霞：《食品安全警察：以守护"食为天"为己任》，载中国警察网，http://zg.cpd.com.cn/n231217/c21677296/content.html，访问日期：2019 年 1 月 1 日。

本法的规定，建立食品安全追溯体系，保证食品可追溯；国家鼓励食品生产经营者采用信息化手段采集、留存生产经营信息，建立食品安全追溯体系；国务院食品安全监督管理部门会同国务院农业行政等有关部门，建立食品安全全程追溯协作机制。2015年12月，国务院办公厅颁发《关于加快推进重要产品追溯体系建设的意见》，应用物联网、云计算等技术建设追溯体系，实现产品来源可查、去向可追、责任可究，是强化全过程质量安全管理与风险控制的有效措施，对于提升企业质量管理能力、促进监管方式创新、保障消费安全等方面具有非常重要的意义。要按照国务院决策部署，坚持以落实企业追溯管理责任为基础，以推进信息化追溯为方向，加强统筹规划，健全标准规范，创新推进模式，强化互通共享，加快建设覆盖全国、先进适用的重要产品追溯体系。①

（二）食品溯源追责平台建设阶段

2016年6月，农业部《关于加快推进农产品质量安全追溯体系建设的意见》提出，建立全国统一的追溯管理信息平台、制度规范和技术标准。2016年9月，国家食品药品监督管理总局印发《关于推动食品药品生产经营者完善追溯体系的意见》，要求食品生产者、药品生产企业等按照相应法规进行数据记录，以保证可追溯。2016年，国务院"十三五"规划将食品安全追溯体系建设列为我国的一项重要战略工程，要求提升企业质量管理能力，促进监管方式创新，保障消费安全。2017年2月，商务部等七部委联合颁发《关于推进重要产品信息化追溯体系建设的指导意见》，文件规定了建立目录追溯管理制度，完善追溯体系标准，推进溯源体系互联互通等基本任务。2017年10月，随着各级政策文件的陆续出台，为响应国家号召，实现食品的安全可追溯，去向可查询，责任可追究，上海市正式实施《上海市食品安全信息追溯管理办法》，要求对粮食及其制品、畜产品及其制品、禽及其产品等在内的十类产品，在本市内生产、流通以及餐饮服务环节实施信息追溯管理，并建立了食品安全信息追溯平台。② 目前已经形成国家食品溯源平台与商业溯源平台并行、统一溯源平台与专业溯源平台同在的局面。

---

① 参见国务院办公厅《关于加快推进重要产品追溯体系建设的意见》（国办发〔2015〕95号）。

② 参见《食品溯源的前世今生与未来》，载凤凰网，http：//wemedia.ifeng.com/80636155/wemedia.shtml，访问日期：2019年5月1日。

（三）食品溯源追责机制建设阶段

2019年5月9日，中共中央、国务院《关于深化改革加强食品安全工作的意见》第22条提出，建立食品安全追溯体系。食用农产品生产经营主体和食品生产企业对其产品追溯负责，依法建立食品安全追溯体系，确保记录真实完整，确保产品来源可查、去向可追。国家建立统一的食用农产品追溯平台，建立食用农产品和食品安全追溯标准和规范，完善全程追溯协作机制。加强全程追溯的示范推广，逐步实现企业信息化追溯体系与政府部门监管平台、重要产品追溯管理平台对接，接受政府监督，互通互享信息。①

1. 建立食品安全追溯体系

自20世纪90年代开始，许多国家和地区通过建立追溯制度来推进食品质量安全管理，美国、日本和欧盟是较早开展食品追溯标准化工作的国家和地区，已经建立起了法律法规健全，组织执行机构配套，以预防、控制和追溯为特征的食品质量安全追溯监管体系，使得食品安全生产受到全程监控。② 域外在食品安全追溯体系建设方面比我国要早，我们可以借鉴域外经验，在食品溯源执行机构、食品追溯标准化建设等方面加以完善。

2. 国家食品溯源重点建设平台

国家农业农村部已经建成国家农产品质量安全追溯管理信息平台，包括追溯、监管、检测和执法四大系统。国家发改委亦建设了国家食品安全追溯平台，系国家重点食品质量安全追溯物联网应用示范工程，主要面向全国食品生产企业，实现食品追溯、防伪及监管，由中国物品编码中心建设及运行维护，政府、企业、消费者、第三方机构均可使用。国家平台接收31个省级平台上传的质量监管与追溯数据；完善并整合条码基础数据库、QS、监督抽查数据库等质检系统内部现有资源（分散存储、互联互通）；通过对食品企业质量安全数据的分析与处理，实现信息公示、公众查询、诊断预警、质量投诉等功能。③ 追溯平台已经建成，后续的工作就是宣传推广，让广大人民群众知道、会用，并形成食品安全溯源追责的使用和依靠工具。

---

① 参见2019年5月9日中共中央、国务院《关于深化改革加强食品安全工作的意见》。

② 赵荣、陈绍志、乔娟：《美国、欧盟、日本食品质量安全追溯监管体系及对中国的启示》，载《世界农业》2012年第3期。

③ 国家食品安全追溯平台，http://www.chinatrace.org/about.html。

3. 食品溯源追究刑事责任问题

食品溯源是为了维护食品质量安全，维护食品质量安全必须有法律做保障，其中刑法的保障是根本。食品溯源追责以民事案件和行政案件居多，刑事案件虽然少，但它对于维护食品安全的意义更大。追究刑事责任需要证据，食品溯源在追究食品犯罪的刑事责任上，发挥了重要的作用。刑事案件的破解，刑事责任的承担，离不开食品溯源系统的支持，食品溯源提供的证据成为犯罪人承担职责的关键。现实生活中，违法犯罪人员为了规避法律，隐匿罪证，常常故意弃用食品溯源系统，这就需要根据具体情况分析认定涉案人的主观意图，推定涉案人的主观罪责。

例如，被告人马某某从 2007 年左右开始从事酒类的销售，至案发约七八年时间，对行业内的相关规则、酒类商品常识均具备了一定的了解，被告人马某某在公安机关的供述及庭审调查均证实其明知根据商务部酒类流通管理办法的规定，酒类流通实行经营者备案登记制度和溯源制度，即酒类的销售应随货有酒类流通随附单以备追溯酒的来源。而汾酒、五粮液属于高档酒系列，被告人马某某经销此类酒品，却不向供货商索要酒类流通随附单，这与常理不符。此外，汾酒、五粮液属国家注册商标的名酒，有正规、严格的进货渠道，而且被告人马某某经营的公司在太原市鑫美可贸易公司进行了备案，其进货应从该公司购进，但被告人马某某有意采取不正当的进货渠道，加盟店也多次向其索要酒类流通随附单，但被告人马某某以各种理由推脱。案发后，被告人马某某无法提供其公司酒类流通随附单证明假酒的来源，也无法提供其进货价格是与市场的进货价格基本相当的证据来证明其主观上是不知情的。综合以上因素，可以认定被告人马某某对其销售假冒注册商标的商品主观上是应当并且能够知道的。山西省阳曲县人民法院认为，被告人涉嫌销售假冒注册商标的商品罪罪名成立。①

三、食品犯罪行刑衔接

犯罪行为都是违法的行为，从违法到犯罪是一个渐进的过程，因此，违法行为和犯罪行为通常呈现为前后相继的两个阶段、两种性质。我国在犯罪治理上实行区分违法与犯罪的二元治理体系，那么，在对犯罪实行二元治理的环境下，在行为的违法阶段就需要阻止和预防其发展为犯罪，防患于未然；而在犯罪萌芽阶段和初期阶段，应及时将犯罪交予司法机关进行惩治。可见，行政执

---

① 参见阳曲县人民法院（2015）阳刑初字第 10 号刑事判决书。

法与司法活动具有内在的联系,行刑衔接的问题不可避免。

(一) 食品犯罪行刑衔接的依据

为了应对假冒伪劣商品泛滥的情况,2001年7月,国务院制定并颁布了《行政执法机关移送涉嫌犯罪案件的规定》(以下简称《规定》),标志着行政执法与刑事司法的衔接工作机制开始形成。2001年9月,最高人民检察院颁布《人民检察院办理行政执法机关移送涉嫌犯罪案件的规定》。2003年4月,党中央首次提出要创建"两法衔接"工作机制,提出"进一步解决行政执法与刑事司法的衔接问题,加强案件移送和监督检查,不得以罚代刑"的要求,并且把食品专项整治工作放在首位。2006年1月,最高人民检察院、全国整顿和规范市场经济秩序领导小组办公室、公安部、监察部联合下发《关于在行政执法中及时移送涉嫌犯罪案件的意见》。[①]

我国《国民经济和社会发展第十二个五年规划纲要》对食品药品的安全问题提出了明确要求,制定和完善食品药品安全标准;建立食品药品质量追溯制度,形成来源可追溯、去向可查证、责任可追究的安全责任链;健全食品药品安全应急体系,强化快速通报和快速反应机制;加强食品药品安全风险监测评估预警和监管执法,提高监管的有效性和公信力;继续实施食品药品监管基础设施建设工程;加强检验检测、认证检查和不良反应监测等食品药品安全技术支撑能力建设;加强基层快速检测能力建设,整合社会检测资源,构建社会公共检测服务平台;强化基本药物监管,确保用药安全。并且提出,要完善行政执法与刑事司法衔接机制,推进依法行政、公正廉洁执法。[②]

2011年,国务院法制办等部门制定并下发《关于加强行政执法与刑事司法衔接工作的意见》。2014年10月,十八届四中全会提出,健全行政执法和刑事司法衔接机制,完善案件移送标准和程序,建立行政执法机关、公安机关、检察机关、审判机关信息共享、案情通报、案件移送制度,坚决克服有案不移、有案难移、以罚代刑现象,实现行政处罚和刑事处罚无缝对接。2015年12月22日,国家食品药品监管总局、公安部、最高人民法院、最高人民检察院、国务院食品安全办联合印发了《食品药品行政执法与刑事司法衔接工作办法》(以下简称《办法》)。《办法》规定,食药部门在进行食品药品违法案件查处时,一旦发现案件涉嫌构成刑事犯罪,应在作出移送决定之日起24

---

① 参见皱俊:《食品药品视域下行政执法与刑事司法衔接机制的完善》,载《智库时代》2018年第41期。

② 参见《国民经济和社会发展第十二个五年规划纲要》。

小时内，将卷宗材料移交给公安机关，人民检察院依法监督。

（二）食品犯罪行刑衔接的现状

1. 食品犯罪行刑衔接现状

食品犯罪行刑衔接是依法治理危害食品安全犯罪的关键环节。为进一步健全食品药品行政执法与刑事司法衔接工作机制，加大对食品药品领域违法犯罪行为打击力度，切实维护人民群众生命安全和身体健康，按照中央深化改革相关工作部署，2015年12月，国家食品药品监督管理总局、公安部、最高人民法院、最高人民检察院、国务院食品安全办联合制定了《食品药品行政执法与刑事司法衔接工作办法》，① 这也是当前食品犯罪行刑衔接的法律依据。

当前，全国各地食品犯罪行刑衔接工作机制总体是成熟而运行稳健的，在治理危害食品安全违法犯罪方面成效显著。例如，陕西汉中市多部门推进联合办案，强化行刑衔接，重拳打击保健食品欺诈和虚假宣传等违法犯罪行为。2018年，陕西汉中市立案查处保健食品违法案件66件，移送司法机关案件2件，批捕3人，相继查办宣称具有治疗疾病和保健功能手表诈骗案、利用电话网络销售伪劣保健食品案等。对涉及保健食品违法犯罪的案件，做到查处一起，曝光一起，并在新闻媒体、社区（村）宣传栏、微信群等进行公开宣传。②

2. 食品犯罪行刑衔接存在的问题

（1）执法不严，以罚代刑

在食品生产经营领域，执法不严、以罚代刑的问题比较普遍和突出。有调研报告显示，2009年至2014年，共有135名负有食品安全监督管理职责的国家工作人员（卫生、农业、质量监管、食品药品监督管理、工商行政管理等部门人员）因食品监管渎职获罪。这些渎职犯罪案件的背后，是一些食品药品案件没有被及时从行政机关移送司法机关。可见，食品药品案件查处中"有案不移""以罚代刑""有案难移"等问题在很大程度上影响了对危害食品药品安全犯罪的打击力度。③ 例如，被告人曹某某作为某市盐业局稽查队队长，在查处盐业违法案件时，对经测试为无碘盐的案件，为了罚款后局里返还

---

① 国家食品药品监督管理总局、公安部、最高人民法院、最高人民检察院、国务院食品安全办《关于印发〈食品药品行政执法与刑事司法衔接工作办法〉的通知》（食药监稽〔2015〕271号）。

② 参见《群防群治推动整治由"治标"转向"治本"》，载中国市场监管网，http://www.cicn.com.cn/zggsb/2019-01/24/cms114741article.shtml，访问日期：2019年5月1日。

③ 陈磊：《"有案不移""有案难移""以罚代刑"问题突出》，载《法制日报》2015年4月16日。

执法人员能够得到奖金,以罚代刑,放纵犯罪嫌疑人继续从事违法活动,情节严重。被告人的行为已构成徇私舞弊不移交刑事案件罪。①

(2) 玩忽职守,有案不移

行政执法机关发现食品犯罪有案不移的,主要涉及放纵制售伪劣商品犯罪行为罪和徇私舞弊不移交刑事案件罪两个罪名。自 2014 年 1 月 1 日至 2018 年 12 月 31 日,我国放纵制售伪劣商品犯罪行为罪(不符合安全标准的食品)判决数量 11 例。徇私舞弊不移交刑事案件罪虽然数量较少,但食品安全关系国计民生,不容忽视。例如,河南省某市人民法院认为,被告人张某某、李某某违反国家食品卫生管理法规,在经营饭店过程中,使用不合格加碘食用盐加工食品并予以销售,足以造成食源性疾病,其行为已构成生产、销售不符合安全标准的食品罪。被告人王某某作为某市盐业局局长,在盐业局稽查队查处违法用盐案件时,徇私情指使稽查人员隐瞒、毁灭证据,伪造材料,对依法应当移交司法机关追究刑事责任的案件不移交,情节严重。被告人的行为已构成徇私舞弊不移交刑事案件罪。②

(3) 信息不畅,标准不一

食品犯罪行刑衔接信息不畅的问题主要表现在三个方面:第一,行政执法部门之间的信息不畅,如工商部门与质检部门之间沟通的不畅,可能造成食品质量状况难以认定;第二,执法部门对跨区域食品犯罪的交流不足,导致食品犯罪后果的认定不统一;第三,行政执法机关与司法机关之间的信息传递耽搁。

食品犯罪行刑衔接标准不一的问题主要表现为,食品安全执法单位与司法机关认定犯罪的标准不一致。因为行政执法单位从事行政执法和行政事务,其对认定是否构成犯罪、构成何种犯罪的标准掌握不足,或者与司法机关认定的标准不一致,进而引起食品犯罪行刑衔接的问题。

(三) 食品犯罪行刑衔接的渠道

在食品犯罪治理上,行刑衔接具有战略性意义。行刑衔接是否顺畅决定了食品犯罪治理的成效。食品犯罪的行刑衔接主要通过三个渠道得以实现。

1. 以司法机关为目标的行刑衔接

行政执法机关向司法机关移交犯罪案件是行刑衔接的重要渠道。这是以司法机关为目标,从行政执法机关到司法机关的衔接。这种衔接是重要和必要的,因为我国实行的是二元犯罪治理模式,行政执法机关和司法机关相对独

---

① 参见河南省舞钢市人民法院 (2016) 豫 0481 刑初 148 号刑事判决书。
② 参见河南省舞钢市人民法院 (2016) 豫 0481 刑初 148 号刑事判决书。

立，各司其职。食品犯罪首先违反了食品安全法等与食品相关的行政法规，在食品安全执法活动中，在罪与非罪之间，需要行政执法机关进行判断，并将涉嫌危害食品安全的犯罪行为移交给司法机关追究刑事责任，所以，食品犯罪的治理，行刑衔接不可逾越。这样的行刑衔接是行政执法机关向司法机关移交案件的过程。

2. 食品犯罪治理的一体化纽带

域外一元化犯罪治理模式有其优势，但我国在二元犯罪治理模式下，也存在犯罪治理的一体化纽带。如前所述，我国在食品犯罪治理上，组建了食品安全警察队伍，他们与食品安全执法人员协同执法；同时也建设了食品安全溯源追责体系，它们让食品安全发生问题的环节昭然若揭。所有这些食品犯罪治理的一体化工作机制，打通了食品安全行政执法与食品犯罪刑事司法之间的隔阂，成为食品犯罪治理的一体化纽带。

3. 以执法机关为目标的行刑衔接

在食品犯罪行刑衔接的渠道中，也有以食品安全执法机关为目标，从司法机关到行政执法机关的行刑衔接，这就是检察建议和司法建议，它们是行刑衔接的另一个重要渠道。检察建议和司法建议虽然在司法实践中适用已久，但一直没有上升到行刑衔接的制度高度，也没有纳入行刑衔接的理论视野。

（1）检察建议和司法建议的适用情况

检察建议和司法建议是行刑衔接的直通车，有效地实现了从司法机关到行政执法机关的行刑衔接。例如，2016年初，白某见市场上蟹钳生意火爆，遂产生了加工蟹钳销售的想法。但委托正规厂家生产成本太高，白某便动起了歪脑筋。白某以个人名义租用普陀区某地的冷库，随后，在未取得食品安全许可证的情况下，招聘连健康证都不具备的工人，在冷库空地内违法生产加工蟹钳与醉蟹钳，并速冻于冷库内准备销售。当年7月，舟山市市场监督管理局普陀山分局对冷库进行检查，当场查获蟹钳制品2634箱、醉蟹钳制品1569箱，共计价值5余万元。经检验，上述制品不符合《腌制生食动物性水产品卫生标准》的规定。普陀区人民法院以生产不符合安全标准的食品罪判处白某有期徒刑4年，并处罚金。又如，袁某是一家药店的经营者。2016年，袁某通过电话订购了保健食品"美国金根软胶囊"，在未取得该货品的相关经营许可证等证明文件的情况下，将货品上架销售，共销售205盒。经鉴定，"美国金根软胶囊"中检出西地那非成分，该成分严禁在保健品中添加。2017年，袁某被普陀区人民法院以销售有毒、有害食品罪判处有期徒刑6个月，并处罚金。根据食品安全法规定，因食品安全犯罪被判处有期徒刑以上刑罚的，终身不得从事食品生产经营管理工作，也不得担任食品生产经营企业食品安全管理人员。可以说，这项规定是食药涉罪人员从业的"最严禁止令"。普陀区人民检察院民行检察部在梳理历年来相关刑事案件裁判文书时，发现市场监督管理部门未对白某、袁某实行"最严禁止令"，致使公共利益受损。该院向市场监督管理部门制发了检察建议，将白某、袁某纳入"黑名单"管理，杜绝食品涉罪人员再次销售有毒、有害食品的可能。下一步，该院将密切关注市场监督管理部门，对问题解决情况进行后续追踪。①

（2）检察建议和司法建议在食品犯罪治理中的作用

我国人民法院对刑事案件作出处理的方式有判决、裁定和决定三种。刑事判决是人民法院对案件中定罪和量刑的裁判；刑事裁定是对刑事诉讼程序问题或部分刑事实体问题的裁判；刑事决定是对刑事诉讼中特定程序事项的裁判。而刑事禁止令无关定罪和量刑，也无关刑事诉讼程序问题，因此，刑事禁止令不应以判决书、裁定书或者决定书的方式呈现。刑事禁止令就是一个命令，一个刑事裁判文书附带的刑事命令，它的制作应当是命令的文书形式。因"职业禁止"是《刑法修正案（九）》第1条增设规定，比较2017年和2018年人民法院判决的生产、销售有毒、有害食品罪并作出的刑事禁止令的数据，可以看出：第一，在刑事案件中判处刑事禁止令的比例很低；第二，刑事禁止令在刑事案件中判处的比例有增长的趋势。2017年判处刑事禁止令的比例是1.77%，2018年判处刑事禁止令的比例是11.59%，2017年和2018年平均判处刑事禁止令的比例是5.43%。如下图所示：

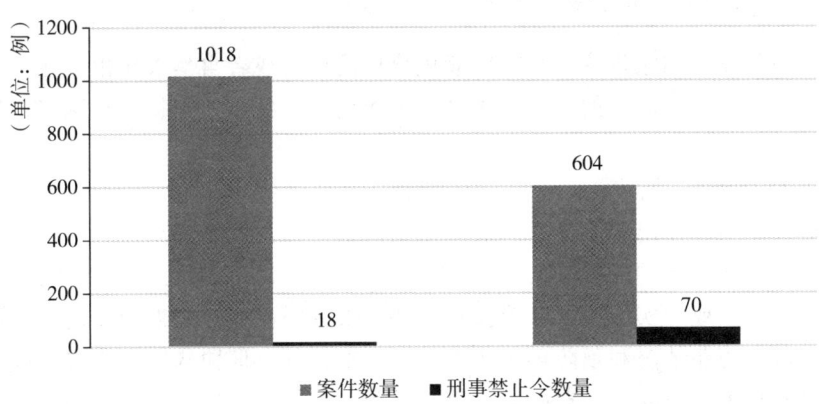

---

① 范跃红：《曾因食品安全犯罪获刑却未被"从业禁止"检察机关不答应》，载新浪网，http://news.sina.com.cn/c/2019-04-19/doc-ihvhiewr7015259.shtml，访问日期：2019年5月16日。

由上可知，人民法院对食品犯罪宣告职业禁止令的数量和比例都很低，其主要原因是被判处有期徒刑的食品犯罪人员的主体多元，且由于各种各样的原因，如行刑之间衔接不畅等，这就导致被判处有期徒刑的犯罪人员不能悉数受到职业禁止的行政处罚的局面，此种情形下，人民检察院的检察建议和人民法院的司法建议可以发挥作用。由人民法院向当地市场监督管理局发出司法建议，并向当地人民检察院报备，由地方市场监督管理局作出职业禁止的行政处罚，之后向当地人民法院和人民检察院反馈执法处理结果，整个过程由人民检察院进行法律监督并对违法情况给予检察建议。如此一来，被判处有期徒刑的食品犯罪分子在职业禁止的行刑衔接方面，就能做到畅通无阻和严格执法。

四、食品犯罪职业禁止

"职业禁止"的性质属于保安处分。保安处分，是指国家为了防卫社会目的，对实施了刑法意义上的违法行为且欠缺传统刑罚适应性的特定行为人，单独科处或与传统刑罚同时并处的刑事制裁措施。① "职业禁止"没有被刑法规定为刑罚种类，所以，它不属于刑罚；其与行政法规中规定的诸多"职业禁止"在内容上相同，但它的决定主体是人民法院，所以，它又不同于行政处罚，就像"罚金"的性质不同于"罚款"一样。

（一）食品犯罪职业禁止的根据

职业禁止是国家机关对具有职业危险性的单位或者自然人作出的在一定期限内禁止从事特定职业的裁决。国家机关作出职业禁止的根据包括法律依据和事实根据。

1. 法律依据

对食品犯罪作出职业禁止的法律依据包括刑法和食品安全法。人民法院对食品犯罪职业禁止的依据是刑法。《刑法》第37条之一规定，"因利用职业便利实施犯罪，或者实施违背职业要求的特定义务的犯罪被判处刑罚的，人民法院可以根据犯罪情况和预防再犯罪的需要，禁止其自刑罚执行完毕之日或者假释之日起从事相关职业，期限为三年至五年。被禁止从事相关职业的人违反人民法院依照前款规定作出的决定的，由公安机关依法给予处罚；情节严重的，依照本法第三百一十三条的规定定罪处罚。其他法律、行政法规对其从事相关

---

① 参见梁根林：《刑罚结构论》，北京大学出版社1998年版，第271页。

职业另有禁止或者限制性规定的，从其规定"。另外，《刑法》第 38 条第 2 款规定和第 72 条第 2 款规定的刑事禁止令，在适用于食品犯罪职业人员时，也是一种职业禁止。

食品安全执法机关作出食品犯罪职业禁止的依据是食品安全法。《食品安全法》第 135 条第 2 款规定，"因食品安全犯罪被判处有期徒刑以上刑罚，终身不得从事食品生产经营管理工作，也不得担任食品生产经营企业食品安全管理人员"。

2. 事实根据

职业禁止的事实根据是犯罪行为人的犯罪情况和预防再犯罪的需要，易言之，也就是通过犯罪情况反映出来的再犯罪可能性。

再犯罪可能性的载体是已然的犯罪情况，所谓犯罪情况，是指"利用职业便利实施犯罪，或者实施违背职业要求的特定义务的犯罪"。首先，职业便利包括职务便利和业务便利，行政人员有职务便利，工作人员有业务便利；与此相对应，职业要求的特定义务，包括职务要求的特定业务和业务要求的特定业务，行政人员有职务要求的特定业务，工作人员有业务要求的特定业务。其次，需要界定"利用职业便利"和"违背职业要求的特定义务"。"利用职业便利"和"违背职业要求的特定义务"是犯罪的必要条件，倘若犯罪没有"利用职业便利"和"违背职业要求的特定义务"，便不能对该罪犯处以职业禁止令或者禁止从业的行政处罚。例如，养殖业从业人员在饲料中添加瘦肉精等有毒有害添加剂，是"利用职业便利"和"违背职业要求的特定义务"的行为，而养殖业从业人员与他人打架斗殴，则不是"利用职业便利"和"违背职业要求的特定义务"的行为。

只有有了再犯罪的可能性，才有预防犯罪的需要。那么，如何辨别是否具有再犯罪的可能性呢？第一，看所犯罪行是否既遂，如果既遂再考察其有没有悔罪表现。犯罪既遂后没有悔罪表现的，以及犯罪未遂的，一般具有再犯罪可能性。第二，看犯罪行为是否已经终止，如果已经终止犯罪再考察是否有接续犯罪的意图。如果犯罪终止后仍然有接续犯罪的意图，以及被迫中止犯罪的，一般有再犯罪的可能性。例如，2017 年 4 月 7 日晚上 10 时许，为通过捕鱼出售谋取利益，被告人陈某明知禁渔期，仍自行划船到梨香溪涪陵段水域使用六张虾笼用于捕捞，虾笼为禁止使用的密眼网（网孔不大于 1.5cm），捕获小龙虾、鲶鱼共计 5.6 千克。2017 年 4 月 8 日凌晨，被告人陈某在捕鱼期间被涪陵渔政、涪陵区公安局水上警察支队查获，4 月 13 日被告人陈某到案后如实供述其犯罪事实。2017 年 5 月 16 日，被告人陈某主动向重庆市涪陵区人民检察院缴纳生态司法修复金人民币 3000 元。另查明，重庆市人民政府办公厅、重庆市农业局按照国家农业部规定,重庆市江河流域的禁渔期为每年3月1日0时至6月30日24时,重庆市天然水域均为禁渔期的禁渔区。本案中,被告人是在非法捕捞水产品的过程中被查获的,属于被迫中止的犯罪行为,因此,重庆市涪陵区人民法院认为,被告人陈某违反国家保护水产资源法规,在禁渔期、禁渔区内采用禁用方法捕捞水产品,情节严重,其行为已构成非法捕捞水产品罪。鉴于被告人陈某作为渔民违背职业要求的特定义务,为预防再犯罪的需要,禁止其自刑罚执行完毕之日起从事捕鱼作业,期限为3年。①

(二) 食品犯罪职业禁止实施状况

1. 适用对象

经查询中国裁判文书网、市场监督管理局(包括食品药品监督管理局)公布的信息以及向司法人员调查等多方面调查了解,当前因食品安全犯罪禁止从业的人员限于食品生产经营人员,不包括食品监管渎职的国家机关工作人员,也没有单位主体。

目前,食品安全犯罪禁止从业不适用于食品监管渎职的国家机关工作人员。对此笔者认为,之所以要对食品犯罪作出职业禁止,是因为这些人对人民群众的生命健康漠不关心,所以应当对其职业禁止;但食品监管渎职的国家机关工作人员的罪行也表明了这些人对人民群众生命健康的漠不关心,所以对食品监管渎职的国家机关工作人员在其服刑期满后,也应当予以职业禁止。

刑事禁止令"职业禁止"适用的对象也应当包括单位。既然"职业禁止"是为了预防利用特定的职业危害社会,而单位是承担职业的最主要的载体,舍弃了单位,"职业禁止"的意义就会严重缩水;对单位"职业禁止"也无须有解散单位会让单位破产等顾虑,因为"职业禁止"是有期限的,在效果上与行政处罚上的停业整顿是一样的。

2. 适用犯罪

《刑法》第38条第2款和第72条规定的宣告的刑事禁止令,涵盖了刑法规定的各种危害食品安全犯罪;《食品安全法》第135条第2款规定施加的职业禁止行政处罚也包括从田间地头到餐桌舌尖的各种危害食品安全行为;《刑法》第37条之一规定宣告的职业禁止,也可以涵盖所有的危害食品安全犯罪。经查询中国裁判文书网、市场监督管理局(包括食品药品监督管理局)公布的信息以及向司法人员的调查等多方面调查了解,职业禁止人员所犯罪行主要涉嫌生产、销售有毒、有害食品罪和生产、销售不符合安全标准的食品罪

---

① 参见重庆市涪陵区人民法院(2017)渝0102刑初336号刑事判决书。

这两个罪名。

对此笔者认为，触犯生产、销售有毒、有害食品罪和生产、销售不符合安全标准的食品罪属于危害食品质量安全犯罪，应当职业禁止。其他的涉嫌以危险方法危害公共安全罪，生产、销售伪劣产品罪，逃避商检罪，不报、谎报安全事故罪等危害食品质量安全的犯罪；涉嫌非法经营罪，走私普通货物、物品罪，走私珍贵动物制品罪，走私国家禁止进出口的货物、物品罪，非法捕捞水产品罪，非法狩猎犯罪，生产、销售伪劣农药、兽药、化肥、种子罪，虚假广告罪，损害商业信用、商品声誉罪等危害食品供应安全犯罪；以及食品监管渎职罪、放纵制售伪劣商品犯罪行为罪、放纵走私罪、徇私舞弊不移交刑事案件罪、商检徇私舞弊罪、商检失职罪、动植物检疫徇私舞弊罪、动植物检疫失职罪、食监类滥用职权罪、玩忽职守罪等危害食品安全执法的渎职犯罪，这些犯罪从不同层面、不同角度危害了食品安全，为严密刑事法网，贯彻"从严从重"的刑事司法政策，也应当将其纳入职业禁止的犯罪范围。

3. 适用特征

我国对食品犯罪适用职业禁止的情况总体上呈现三大特征：第一，对于判处缓刑、管制的犯罪人员绝大多数被人民法院判处了刑事禁止令，个别被人民法院宣告 3~5 年的职业禁止令；第二，被判处拘役的犯罪人员被人民法院宣告 3~5 年的职业禁止令，但比例不高；第三，被判处有期徒刑的犯罪人员的职业禁止大多数是行政执法机关作出的行政处罚，个别是由人民法院直接宣判职业禁止。

食品犯罪职业禁止状况的第一个特征缘起于三项法律规定。第一项是《刑法》第 38 条第 2 款和第 72 条第 2 款规定的刑事禁止令。第二项是 2013 年 5 月 2 日最高人民法院、最高人民检察院《关于办理危害食品安全刑事案件适用法律若干问题的解释》第 18 条的规定，对实施本解释规定之犯罪的犯罪分子，对于符合刑法规定的缓刑适用条件的犯罪分子，可以适用缓刑，但是应当同时宣告禁止令，禁止其在缓刑考验期限内从事食品生产、销售及相关活动。① 由于司法解释明确规定，对危害食品安全犯罪在适用缓刑时必须宣告禁止令。第三项是《刑法》第 37 条之一规定的职业禁止。

食品犯罪职业禁止状况的第二个特征缘起于我国《刑法》第 37 条之一规定的职业禁止。然而，被判处拘役的绝大多数同时被宣告缓刑，所以，实践中，适用《刑法》第 37 条之一规定的职业禁止的判决很少。2015 年 9 月 19

---

① 参见 2013 年 5 月 2 日最高人民法院、最高人民检察院《关于办理危害食品安全刑事案件适用法律若干问题的解释》（法释〔2013〕12 号）。

日，被告人张某私自在他处购进散装熟牛肉51斤，且在未落实食品质量进货查验制度、未索要并留存供货者的许可证、食品合格证的证明文件等，未建立健全食品进销货台账的情况下进行销售。2015年9月15日至2015年9月23日，被告人张某共销售散装熟牛肉21斤，取得销售款735元，获利21元。2015年9月23日，获嘉县食品药品监督管理局在市场监督检查中，对被告人张某销售的散装酱牛肉抽样检查。后经新乡市质量技术监督检验测试中心检验：亚硝酸盐（以亚硝酸钠计）为97mg/kg，超出GB2760-2014《食品安全国家标准、食品添加剂使用标准》中"酱卤肉制品类"亚硝酸盐残留量≤30mg/kg的国家标准要求。河南省获嘉县人民法院依法判决如下：（1）被告人张某犯销售不符合安全标准的食品罪，判处拘役3个月，并处罚金人民币1000元。（2）被告人张某违法所得人民币21元予以追缴，上缴国库。（3）禁止被告人张某自刑罚执行完毕之日起3年内从事经营卤肉加工、销售活动。①

食品犯罪职业禁止状况的第三个特征缘起于《食品安全法》第135条第2款规定的因食品安全犯罪被判处有期徒刑以上刑罚者终身禁止食品职业。食品安全法属于行政法，因而食品安全法规定的职业禁止应当由食品药品安全监督管理局（现为市场监督管理局）适用，是为了确保国家机关的法治分工；也有个别案件是由人民法院直接宣判职业禁止。例如，被告人田某甲、田某乙在潜江合伙经营餐馆期间，为提升火锅口感、增加客源，田某甲于2017年底向他人购得罂粟壳后磨成粉末，让田某乙在烹饪牛肉火锅时进行添加，提供给顾客食用，后被顾客发现并举报。立案侦查阶段，二被告人主动到公安机关投案自首，并如实交代了犯罪事实。潜江市人民法院认为，二被告人违反国家食品卫生管理法规，在生产、销售的食品中掺入有毒、有害的非食品原料，其行为已构成生产、销售有毒、有害食品罪。潜江市人民法院当庭作出以下判决：（1）被告人田某甲犯生产、销售有毒、有害食品罪，判处有期徒刑7个月，并处罚金40000元；（2）被告人田某乙犯生产、销售有毒、有害食品罪，判处有期徒刑7个月，并处罚金40000元；（3）终身禁止被告人田某甲、田某乙从事食品生产经营管理工作，担任食品生产经营企业食品安全管理人员。②

---

① 参见河南省获嘉县人民法院（2017）豫0724刑初40号刑事判决书。
② 参见徐娟：《潜江首个食品行业"从业禁止令"，剑指食品添加罂粟壳粉末！》，载湖北省人民检察院官网，http://www.hbjc.gov.cn/fzyf/201904/t20190418_1408512.shtml，访问日期：2019年6月1日。

第三节 食品安全执法渎职犯罪研究

2016年8月3日,最高人民检察院原反贪污贿赂总局下发《关于严肃查办和积极预防食品药品监管领域职务犯罪的通知》,该通知强调,各级检察机关重点查办六类职务犯罪案件:一是人民群众反映强烈,党委政府关注,新闻媒体曝光,损失后果严重以及社会影响恶劣的危害食品药品安全的渎职犯罪案件;二是食品药品安全恶性事件涉及的渎职犯罪案件;三是负有食品药品安全监管职责的国家机关工作人员对辖区内存在的食品药品行业"潜规则"不闻不问,致使国家和人民利益遭受重大损失的渎职犯罪案件;四是以罚代刑,对依法应当移交司法机关处理的危害食品药品安全的刑事犯罪案件不移交的渎职犯罪案件;五是徇私舞弊,伪造食品检验结果及动植物检疫结果,或对应当检验检疫的不检验检疫以及延误出证、错误出证的渎职犯罪案件;六是国家工作人员索贿受贿、充当"保护伞"的犯罪和食品药品生产经营者为谋取不正当利益而拉拢腐蚀围猎国家工作人员的行贿犯罪。

一、食品安全执法渎职犯罪的构成要件

(一)食品安全执法渎职犯罪的主体要件

依据食品安全法和农产品质量安全法等法规的规定,我国食品安全监督管理部门包括食药、农业、卫生、质检、工商、工信、商务、环保等对食品安全具有监督管理职责的部门,这些执法部门工作人员,在履行对食品安全的监督管理职责时,亵渎职责,就可能涉嫌渎职犯罪。食品安全执法渎职犯罪的主体为特殊主体,即具有食品安全行政执法职权的国家机关工作人员;食品安全执法渎职犯罪的主体为自然人主体,国家机关不能成为食品安全执法渎职犯罪的主体。

1. 国务院食品安全委员会和地方政府食品安全的工作人员

为贯彻落实食品安全法,切实加强对食品安全工作的领导,2010年2月6日设立国务院食品安全委员会,作为国务院食品安全工作的高层次议事协调机构。国务院食品安全委员会的主要职责是分析食品安全形势,研究部署、统筹指导食品安全工作;提出食品安全监管的重大政策措施;督促落实食品安全监管责任。县级以上地方人民政府设置食品安全监督协调机构,负责食品安全综合监督管理和组织协调工作。

2. 国家市场监督管理局和地方市场监督管理局的工作人员

依据 2018 年 3 月第十三届全国人民代表大会第一次会议批准的国务院机构改革方案，组建国家市场监督管理总局，作为国务院直属机构之一。食品安全监督管理的综合协调工作由新组建的国家市场监督管理总局负责，具体工作由食品安全协调司、食品生产安全监督管理司、食品经营安全监督管理司、特殊食品安全监督管理司及食品安全抽检监测司等内设机构负责。国家市场监督管理局官宣总局 17 项职责，其中 11 项职责涉及食品质量安全或者食品供应安全，即：

（1）负责市场综合监督管理。起草市场监督管理有关法律法规草案，制定有关规章、政策、标准，组织实施质量强国战略、食品安全战略和标准化战略，拟订并组织实施有关规划，规范和维护市场秩序，营造诚实守信、公平竞争的市场环境。

（2）负责组织和指导市场监管综合执法工作。指导地方市场监管综合执法队伍整合和建设，推动实行统一的市场监管。组织查处重大违法案件。规范市场监管行政执法行为。

（3）负责反垄断统一执法。统筹推进竞争政策实施，指导实施公平竞争审查制度。依法对经营者集中行为进行反垄断审查，负责垄断协议、滥用市场支配地位和滥用行政权力排除、限制竞争等反垄断执法工作。指导企业在国外的反垄断应诉工作。承担国务院反垄断委员会日常工作。

（4）负责监督管理市场秩序。依法监督管理市场交易、网络商品交易及有关服务的行为。组织指导查处价格收费违法违规、不正当竞争、违法直销、传销、侵犯商标专利知识产权和制售假冒伪劣行为。指导广告业发展，监督管理广告活动。指导查处无照生产经营和相关无证生产经营行为。指导中国消费者协会开展消费维权工作。

（5）负责宏观质量管理。拟订并实施质量发展的制度措施。统筹国家质量基础设施建设与应用，会同有关部门组织实施重大工程设备质量监理制度，组织重大质量事故调查，建立并统一实施缺陷产品召回制度，监督管理产品防伪工作。

（6）负责产品质量安全监督管理。管理产品质量安全风险监控、国家监督抽查工作。建立并组织实施质量分级制度、质量安全追溯制度。指导工业产品生产许可管理。负责纤维质量监督工作。

（7）负责食品安全监督管理综合协调。组织制定食品安全重大政策并组织实施。负责食品安全应急体系建设，组织指导重大食品安全事件应急处置和调查处理工作。建立健全食品安全重要信息直报制度。承担国务院食品安全委员会日常工作。

（8）负责食品安全监督管理。建立覆盖食品生产、流通、消费全过程的监督检查制度和隐患排查治理机制并组织实施，防范区域性、系统性食品安全风险。推动建立食品生产经营者落实主体责任的机制，健全食品安全追溯体系。组织开展食品安全监督抽检、风险监测、核查处置和风险预警、风险交流工作。组织实施特殊食品注册、备案和监督管理。

（9）负责统一管理标准化工作。依法承担强制性国家标准的立项、编号、对外通报和授权批准发布工作。制定推荐性国家标准。依法协调指导和监督行业标准、地方标准、团体标准制定工作。组织开展标准化国际合作和参与制定、采用国际标准工作。

（10）负责统一管理检验检测工作。推进检验检测机构改革，规范检验检测市场，完善检验检测体系，指导协调检验检测行业发展。

（11）负责统一管理、监督和综合协调全国认证认可工作。建立并组织实施国家统一的认证认可和合格评定监督管理制度。①

国家市场监督管理总局在2018年挂牌成立，地方机构改革的步伐亦紧密跟进，但目前各地的改革步伐不一，所以有的地方仍然存在食品药品监督管理局、工商局、质监局等单位。鉴于此，目前地方政府的食品药品监督管理局的工作人员、地方质量监督检验检疫单位的工作人员、地方工商行政管理部门等国家机关的工作人员，仍然是食品安全执法渎职犯罪的主体。

3. 国家卫生健康委员会和地方卫生健康委员会的工作人员

国家卫生健康委员会和地方卫生健康委员会具有食品安全监管和执法职责。中华人民共和国国家卫生健康委员会2018年成立。《国家卫生健康委员会职能配置、内设机构和人员编制规定》第3条第1款第5项规定，国家卫生健康委员会的职能包括：组织开展食品安全风险监测评估，依法制定并公布食品安全标准。第3条第1款第14项第4目规定了与国家市场监督管理总局的有关职责分工：国家卫生健康委员会负责食品安全风险评估工作，会同国家市场监督管理总局等部门制定、实施食品安全风险监测计划；国家卫生健康委员会对通过食品安全风险监测或者接到举报发现食品可能存在安全隐患的，应当立即组织进行检验和食品安全风险评估，并及时向国家市场监督管理总局等部门通报食品安全风险评估结果，对得出不安全结论的食品，国家市场监督管理总局等部门应当立即采取措施；国家市场监督管理总局等部门在监督管理工作中

---

① 参见《国家市场监督管理总局职责》，载国家市场监督管理总局官网，http：//www.samr.gov.cn/jg/#zjzz，访问日期：2019年5月1日。

发现需要进行食品安全风险评估的，应当及时向国家卫生健康委员会提出建议。第 4 条第 1 款第 14 项规定了食品安全标准与监测评估司的职责：组织拟订食品安全国家标准，开展食品安全风险监测、评估和交流，承担新食品原料、食品添加剂新品种、食品相关产品新品种的安全性审查。地方卫生健康委员会目前正在相续组建中。既然国家卫生健康委员会和地方卫生健康委员会具有食品安全监管和执法职责，那么它们的工作人员在食品安全执法工作中，懈怠渎职的，即可构成食品安全执法渎职犯罪。

4. 农业部门的农产品质量安全监管部门的工作人员

我国法律规定了农业部门的工作人员可以构成食品安全执法渎职犯罪。《农业法》第 87 条规定，县级以上人民政府应当采取措施逐步完善适应社会主义市场经济发展要求的农业行政管理体制。县级以上人民政府农业行政主管部门和有关行政主管部门应当加强规划、指导、管理、协调、监督、服务职责，依法行政，公正执法。县级以上地方人民政府农业行政主管部门应当在其职责范围内健全行政执法队伍，实行综合执法，提高执法效率和水平。第 97 条规定，县级以上人民政府农业行政主管部门的工作人员违反本法规定参与和从事农业生产经营活动的，依法给予行政处分；构成犯罪的，依法追究刑事责任。

5. 工业和信息化部和工业与信息化局的工作人员

我国工业和信息化部具有食品安全行政执法的职责。工业和信息化部消费品工业司的职责为：承担轻工、纺织、食品、医药、家电等的行业管理工作；拟订卷烟、食盐和糖精的生产计划；承担盐业和国家储备盐行政管理、中药材生产扶持项目管理、国家药品储备管理工作。地方的工业与信息化局相应地包含了同类的机构职能。工业和信息化部和工业与信息化局的工作人员在履行食品安全执法职责时，滥用职权、玩忽职守或者徇私舞弊的，应当追究渎职犯罪的刑事责任。

6. 商务部门的工作人员

我国商务部具有食品安全行政执法的职责。《商务部市场秩序司主要职能》第 3 条规定，牵头全国整顿和规范市场经济秩序的相关工作，建立健全督查督办和评估考核体系，组织开展专项整治，打击扰乱市场秩序的行为；第 4 条规定，维护公平竞争秩序，清除市场壁垒，牵头消除地区封锁、打破行业垄断的有关工作，推动建立统一开放、竞争有序的现代市场体系；第 6 条规定，承担流通领域食品安全相关工作，推动追溯体系建设，按职责分工管理药品流通并牵头综合工作；第 7 条规定，推进商务行政执法，开展执法检查和重大案件督办，建设和管理市场秩序举报投诉服务网络；第 8 条规定，规范商贸企业交易行为，推动各类无店铺销售规范发展，负责直销管理及内资直销企业的市场准入。地方商务部门也具有相应的行政职能。商务部门的工作人员在履行食品安全执法职责时，滥用职权、玩忽职守或者徇私舞弊的，也应当追究渎职犯罪的刑事责任。

（二）食品安全执法渎职犯罪的主观要件

食品安全执法机关工作人员因不正当行使监督管理职权而构成的犯罪，即食品安全执法渎职犯罪。食品安全执法渎职犯罪属于监督犯罪。监督犯罪包括监督故意犯罪和监督过失犯罪。监督犯罪的主观要件包括监督故意和监督过失。

1. 食品安全执法渎职犯罪的监督故意

（1）监督故意罪过心理分析

①监督故意名不副实。首先，监督故意不是直接故意。如前所述，我国刑法规定对"自己的行为"会发生危害社会的结果明知的，才符合故意的法律规定构成故意犯罪。这样规定是因为只有对"自己的行为"会发生危害社会结果的明知，才能够追求或放任这种结果。监督故意不是对"自己的行为"会发生危害社会结果的明知，而是对"他人的行为"会发生危害社会结果的明知，如放纵制售伪劣商品犯罪行为罪是明知"他人制售伪劣商品犯罪行为"，并且放纵"他人制售伪劣商品犯罪行为"。不是自己的行为，那么监督行为人就不能追求行为的危害结果。因此，监督故意不能是直接故意。其次，监督故意也不是间接故意。监督故意因其行为特点不能是直接故意，那么，它能是间接故意吗？严格地说，监督故意行为人自己没有实施危害社会的行为，而意志是在行为过程中确立目的、实现目的的心理活动，所以监督故意行为人没有对危害结果发生的意志，即监督故意行为人对他人危害社会行为的放任不属于间接故意的放任心理，如放纵制售伪劣商品犯罪行为罪的行为人自己没有实施"制售伪劣商品犯罪行为"，所以，放纵制售伪劣商品犯罪行为罪的行为人对他人的"制售伪劣商品犯罪行为"的态度不属于间接故意的放任。在此，需要特别指出，理解监督故意罪过心理时，必须要注意，支配行为人危害行为意志中的放任与对非出于己行为的放任是不同的，前者是对自己行为造成危害结果的放任，后者是对他人行为造成危害结果的放任，这是理解监督故意罪过心理的奥秘所在。因此，监督故意也不同于间接故意。

②监督故意实质是冷漠以待的罪过情感。上述是在阙如情感因素的传统罪过理论语境中对监督故意的认识，也显见在知意二因素罪过理论中，监督故意没有容身之地，而现实的犯罪不会对传统罪过理论削足适履。如何突破传统罪过理论的缺陷，确立监督故意在理论上的容身之地并给予其合理的解释，是一个摆在司法实务部门面前的重大课题，并为刑法理论界指出了一片处女地。笔

者认为，罪过心理包括知、情、意三个基本要素。意志过程只能存在于行为人自己的心理活动中，而不能对他人的行为具有意志心理。与意志过程不同，情感活动却可以对他人的行为和结果产生态度体验。在监督故意心理中，监督故意人认识到他人的行为会发生危害社会的结果，而对他人行为对社会的危害既无追求也无放任的意志心理，其对他人行为危害社会的结果持冷漠以待的情感态度。正是因为监督故意人对危害结果持有冷漠以待的情感态度，才导致监督故意人的不作为，其冷漠以待的情感态度是唯一值得谴责的罪过心理因素。这种以冷漠以待情感态度占据心理主导方面的罪过心理，属于冷漠型情感罪过。以放纵制售伪劣商品犯罪行为罪为例，犯罪人认识到了他人制售伪劣商品犯罪行为，在情感上对他人制售伪劣商品犯罪行为持冷漠以待的态度。

③监督故意是一种过渡的称呼。监督故意不同于传统意义上的故意，其实质是冷漠以待的罪过情感，即冷漠型情感罪过。但在刑法没有修改故意和过失这两种罪过形式之前，为了法律的统一适用，笔者仍然建议使用监督故意的称呼。在刑法对罪过形式没有修改之前，继续使用监督故意的称呼并不是说我们的研究没有意义，它仍然具有重要的意义。第一，它为我们目前司法实践中准确认定放纵制售伪劣商品犯罪行为罪等监督故意犯罪提供了理论指导；第二，它为日后刑事立法修改放纵制售伪劣商品犯罪行为罪等监督故意犯罪的罪过形式提供了理论支撑；第三，它使我们从思想上对放纵制售伪劣商品犯罪行为罪等监督故意有了正确认识，对监督故意犯罪的罪过实质有了正确把握。

④监督故意具有独立性。与监督过失罪过心理一样，笔者主张监督故意的独立性。① 监督故意的独立性认为，监督人的监督故意与被监督人主观心理各自独立，而且被监督人的罪过心理不限于故意或过失，也可能是无罪过事件，这样的观点是监督故意独立性说。例如，河南省林州市畜牧兽医管理局综合执法大队的主要职责是执行畜产品市场准入制度，保障畜产品质量安全；依法对辖区内屠宰加工的动物、动物产品实行监督；依法对市场冻库和流动环节的动物、动物产品实行监督检疫。被告人赵某于2012年11月2日至2014年3月18日担任林州市畜牧兽医管理局综合执法大队副队长，负责畜牧兽医综合执法工作，其间，收受民生屠宰场负责人申某的好处，在明知民生屠宰场有病死猪后，没有采取有效措施予以制止。2013年三四月份，被告人赵某在民生屠宰场查到谭某甲（已判决）屠宰病死猪后，经谭某丙说情没有立案处理该案；在查处岳某从民生屠宰场购进病死猪肉案、侯某从民生屠宰场购进病死猪肉案、秦某从民生屠宰场购进病死猪肉案、呼某在民生屠宰场屠宰病死猪案、申

---

① 参见温建辉：《监督过失罪过心理分析》，载《公民与法》2012年第10期。

某屠宰病死猪案、李某朝在民生屠宰场屠宰病死猪案、周某往民生屠宰场运输病死猪案及韩某经营、储藏病死猪案时,应对民生屠宰场进行处罚而不处罚,应将案件移送公安机关而不移送,致使民生屠宰场 2012 年 11 月至 2013 年 4 月持续屠宰、销售不符合安全标准的猪肉 11.6 余万斤,价值 52.5 余万元,给人民的生命财产造成了巨大损失,社会影响极其恶劣。被告人赵某犯放纵制售伪劣商品犯罪行为罪,判处有期徒刑 2 年。① 从案件可知,被告人赵某构成犯罪是基于其放纵的一系列的违法和犯罪的总和后果,这一系列的行为既包括违法行为,也包括犯罪行为。

(2) 监督故意犯罪义务的来源

监督故意构成的犯罪不同于一般的故意犯罪,既不是间接正犯,也不是不作为犯。监督故意犯罪的成立,以监督义务的存在为前提。监督故意犯罪监督义务的来源可分为三类:

①职务或处境要求的监督义务。从事某项工作的人,其职务或业务本身赋予了其特定的监督义务。我国刑法特别规定的职务或业务领域的监督故意犯罪有 14 条 16 个罪名:a. 第 294 条第 3 款规定的包庇、纵容黑社会性质组织罪;b. 第 330 条第 1 款第 3 项规定的妨害传染病防治罪;c. 第 349 条第 2 款规定的包庇毒品犯罪分子罪;d. 第 354 条规定的容留他人吸毒罪;e. 第 359 条规定的容留卖淫罪;f. 第 362 条规定的包庇罪;g. 第 402 条规定的徇私舞弊不移交刑事案件罪;h. 第 404 条规定的徇私舞弊不征、少征税款罪;i. 第 411 条规定的放纵走私罪;j. 第 412 条第 1 款规定了商检徇私舞弊罪;k. 第 413 条第 1 款规定了动植物检疫徇私舞弊罪;l. 第 414 条规定的放纵制售伪劣商品犯罪行为罪;m. 第 415 条规定的办理偷越国(边)境人员出入境证件罪和放行偷越国(边)境人员罪;n. 第 416 条规定的不解救被拐卖、绑架妇女、儿童罪和阻碍解救被拐卖、绑架妇女、儿童罪。

②法律明文规定的监督义务。法律明文规定的监督义务是监督义务的来源之一,也是罪刑法定原则的必然要求。这里的法律规定只能理解为刑法明文规定或者由其他法律规定而经刑法予以认可。不履行法律规定的监督义务构成犯罪,必须以刑法的明文规定为依据。例如,婚姻法规定的对未成年家属、精神病患者家属具有的监护义务是监护犯监督义务的法定来源。

③法律行为引起的监督义务。法律行为,是指在法律上能够引起一定的权利和义务的行为。法律行为在实践中主要表现为合同行为。例如,建设工程委托监理合同中监理单位因接受工程建设单位聘请而产生对工程项目进行管理的监

---

① 参见河南省林州市人民法院 (2015) 林刑初字第 349 号刑事判决书。

督义务；会计师事务所接受委托为上市公司进行财务审计，出具财务审计报告的监督义务。需要注意的是，审计局的审计属于因职务而生的监督义务，而会计师事务所的审计是受委托即因法律行为而引起的监督义务。

（3）监督故意的种类

监督故意的分类附属于对监督故意犯罪的分类，所以对监督故意的分类也需通过对监督故意犯罪的分类来实现，换言之，对监督故意的分类毋宁说是对监督故意犯罪的分类。

①按监督的类型划分。广义的监督包括狭义的监督、管理和监护，而传统一般意义上将狭义的监督和管理统称为监督，因此，按照一般意义上的词义分类，监督故意可划分为监督犯的监督故意和监护犯的监督故意。

监督犯的监督故意。监督犯是因犯罪人不履行或不积极履行监督义务并导致社会危害后果而构成的犯罪。从犯罪主观方面分类，监督犯可分为监督故意和监督过失两种类型。因为已有很长研究历史的监督过失一直以来是监督过失和管理过失的统称，为沿袭传统与此相一致，监督故意也包括监督故意和管理故意。监督故意的主体并不局限于有特定身份的人，只要具有特定监督管理职责即可成为监督犯的主体，如市场监督管理局的工作人员、公司监事、单位直接负责的主管人员等。

监护犯的监督故意。首先，民法上规定了不履行监护职责或不积极履行监护职责而由被监护人造成他人损害的，监护人应承担民事责任。其次，监督过失可以构成犯罪，如食品监管渎职罪、失职致使在押人员脱逃罪、国家机关工作人员签订、履行合同失职被骗罪等，都是监督过失犯罪。既然监督过失都能构成犯罪，那么，与此相对应，主观罪过更为恶劣的监督故意没有理由构不成犯罪，监护犯自然也应当存在。对不负刑事责任年龄人、无刑事责任能力人、限制刑事责任能力人具有监护职责的监护人认识到被监护人正在从事危害社会的活动，而不履行监护职责，放任危害结果发生的是监督故意犯罪。

②按刑法有无规定的分类。按照刑法对监督故意犯罪有没有明确的规定，监督故意犯罪可以划分为刑法规定的监督故意犯罪和非特别规定的监督故意犯罪。做这样的划分，可使人们明确认识到监督故意犯罪不仅限于刑法的专门规定。

刑法规定的监督故意犯罪。在刑法对监督故意犯罪有明文规定的情况下，可依规定直接定罪处罚。如前述的我国刑法规定的16个监督故意犯罪的罪名。从刑法特别规定的监督故意犯罪来看，监督故意犯罪主要集中在渎职罪这一类罪名之下。刑法规定的监督故意犯罪按照放任的方式可划分为包庇类的监督故意犯罪和纵容类的监督故意犯罪。其中的包庇、纵容黑社会性质组织罪作为选择性罪名分属包庇类犯罪和纵容类犯罪。包庇类犯罪相比纵容类犯罪的主观恶性要大。包庇类监督故意犯罪包括：包庇黑社会性质组织罪，包庇罪，包庇毒品犯罪分子罪，徇私舞弊不移交刑事案件罪，徇私舞弊不征、少征税款罪，商检徇私舞弊罪，动植物检疫徇私舞弊罪，办理偷越国境人员出入证件罪，阻碍解救被拐卖绑架妇女、儿童罪等 10 个罪名；纵容类监督故意犯罪包括：纵容黑社会性质组织罪，妨害传染病防治罪，容留卖淫罪，放纵走私罪，放纵制售伪劣商品犯罪行为罪，放行偷越国境人员罪，不解救被拐卖绑架妇女、儿童罪等 7 个罪名。

非特别规定的监督故意犯罪。在刑法没有特别规定具体罪名的情况下，具有监督故意放任被监督者危害社会的，可以按刑法规定的一般故意犯罪定罪处罚。如前述某精神病患者打伤邻里，放任不管的患者监护人就涉嫌间接故意的故意伤害罪。在实际生活中，大量的监督故意犯罪还存在于危害公共安全罪之下的事故型犯罪中，这是司法实践中需要高度重视的。在事故型犯罪中，不仅有造成事故发生的直接责任人，还有履行监督义务的监督人，如果监督人认识到重大事故可能发生，那么，监督人的罪过心理就不是过失，而只能是故意①，也就是监督故意，其所构成的犯罪也就是监督故意犯罪。

2. 食品安全执法渎职犯罪的监督过失

（1）关于监督过失罪过形式的观点及其简评

监督过失与管理过失为同一种过失，前者基于对人的监督，后者面向对人和物的管理。学术交流时一般将两者统称为"监督、管理过失"，监督过失为其借代的指称。我国关于监督过失的学说来源于大陆法系，所以讨论监督过失的问题不能脱离大陆法系对我国监督过失学说的影响。对我国和大陆法系相关监督过失理论的解析，可发现它们的不足。

①我国关于监督过失罪过形式的观点。我国关于监督过失罪过形式的相关论述多数未予明谈，言下之意即包括过于自信过失和疏忽大意过失。也有少数学者明确提出监督过失包括过于自信过失和疏忽大意过失的观点。② 我国刑法理论认为罪过由认识和意志二因素构成，过于自信过失是有认识的过失，疏忽大意过失是无认识的过失。对于过于自信过失，刑法学主流的观点认为其罪过心理是认识到危害结果可能发生，意志上是不希望危害结果的发生，即认为利用行为时有利的主客观条件可以避免危害结果的发生，甚至于采取了一些避免危害结果发生的措施，但最后危害结果还是发生了的情况。笔者认为，这种否定危害结果发生的心理不应当成为罪过，因此发生的损害也只能是不可抗力或者

---

① 参见温建辉：《事故型犯罪的罪过形式》，载《刑法论丛》2010 年第 3 卷。

② 参见张明楷：《监督过失探讨》，载《中南政法学院学报》1992 年第 3 期。杨建军、周绍忠：《监督过失责任研究》，载《国家检察官学院学报》2010 年第 5 期。

意外事件。疏忽大意过失是无认识的过失，既然没有认识，也就没有意志，可见，在疏忽大意过失的罪过心理中，认识因素和意志因素都没有内容，那么，在传统的知意二因素的罪过理论语境下，疏忽大意过失还有什么罪过心理内容呢？没有罪过心理的任何内容，我们又怎么能说这是罪过呢？尽管论证的不合理不能证明论点的错误，但错误的论证不能证明论点的成立，也就是说，我国关于监督过失罪过形式的观点——过于自信过失和疏忽大意过失都难以成立。

②大陆法系关于监督过失有责性的学说。大陆法系关于罪过的分析一般定位于犯罪构成的第三个层次即有责性的评价，监督过失理论是其中的一个组成部分，对监督过失的具体讨论都是在相关的过失学说的框架下展开的。因此，了解大陆法系监督过失理论，可从了解其关于过失的学说着手。有责性理论对过失的见解大体分为三个阶段，依次是旧过失论、新过失论和新新过失论。旧过失论是大陆法系传统的过失理论，该理论认为过失是责任的一种形式，违反结果预见义务是过失犯的本质。在发生危害结果的情况下，如果行为人具有预见的可能性，就成立过失犯罪。过失犯的成立，需要行为人具有注意能力，在行为人具有该能力的基础上，行为人没有注意危险结果可能发生以至于造成危害结果的，就应当给以责任的非难。新过失论认为，对具体结果的预见仅仅是过失责任成立的基础条件，过失主要是违反了结果避免义务。认定过失的成立，应结合被允许的危险理论加以理解。倘若为社会进步所不可避免，风险的存在便成为合理，那么即使出现一定的危害结果，也不应苛责。在监督过失犯罪中，新过失论排除了部分预见到的但没有回避义务的犯罪成立。新新过失论又称为畏惧感说。该说认为，新过失论对过失犯罪的处罚范围偏窄。新新过失论认为，对于成立过失的预见可能性，行为人不必要有具体的预见，而以对危险的发生有模糊的不安全感或者是危惧感为已足。也就是在对监督过失犯罪中，不需要行为人预见到严重危害结果的发生，而只要行为时感到心情不安即可成立过失犯罪。

对于旧过失说、新过失说，笔者认为，所谓的注意能力、结果注意义务以及结果回避义务都只是外界对行为人的规范评价，而不是行为人心理事实本身。罪过首先是一种心理过程、心理事实，如果脱离基本的内容不谈，反顾左右而言他的讨论就只能不着边际，始终是不成熟的理论。对于畏惧感说，笔者认为，从实体上看，它违背了罪过是一种认可危害结果发生的心理态度。从程序上看，由于畏惧感因人而异，无从评定，特别是越没有责任心、缺乏内疚感的人对行为的危害越是麻木不仁，反倒因为畏惧感的缺乏而免责，这是适得其反的效果；而且由于畏惧感没有具体的可操作标准，因而极易发生擅断入罪的情形。

（2）监督过失罪过心理的特点

对监督过失罪过心理的分析需要解剖麻雀式的研究方法，为此，笔者选取食品监管渎职罪为其典型展开分析。①

①特点一：始于故意的过错，终于过失的罪过。

监督过失犯罪与一般过失犯罪不同，其显著特点就是，在法定的作为犯罪构成的危害结果发生之前，监督过失行为即使被查处，也只能定性为违法行为；而只有在危害结果发生之时或之后才能被认定为犯罪行为。我们以食品监管渎职罪为例进行剖析，刑法中的食品监管渎职罪规定，在重大食品安全事故或者其他严重后果发生之前，食品监管人员的行为即使被查处，也只能定性为违法行为；而只有在重大食品安全事故或者其他严重后果发生之时或之后才能被认定为犯罪行为，但监管人对此种严重的危害结果没有故意心理，因为事故的含义就是意料之外的灾害。可见，食品监管渎职行为表现为一个社会行为，但它又能够划分为两个法律行为，是从一个违法行为过渡到一个犯罪行为。行为人对于违法食品监管法规的心理是过错，行为人对于重大食品安全事故或者其他严重后果的心理是罪过。因此，食品监管渎职罪的心理是始于过错，而终于罪过。

在食品监管渎职罪中，行为人对于违反食品监管法规持故意的过错心理。首先，因为在重大食品安全事故或者其他严重后果发生之前，对监管渎职行为只能定性为违法而不是犯罪，所以只能说是过错而不是罪过；其次，食品监管人员对违反食品监管法规只能是故意心理。假设食品监管人员对违反食品监管法规持过失的过错心理，那么，会存在轻信的过失和疏忽大意过失两种情况，下面分而述之。

第一种假设，如果食品监管人员对违反食品监管法规持有轻信过失的过错心理。如果行为人对违法行为持轻信过失的心理态度，而轻信过失的心理认识因素是预见到危害结果的发生、意志因素是放任危害结果的发生、情感因素是排斥危害结果的发生，② 进而，食品监管人员对发生重大食品安全事故或者造成其他严重后果不能有认识，因为当食品监管人员对发生重大食品安全事故或者造成其他严重后果有认识时，其对违法行为的放任意志就会延续到对发生重大食品安全事故或者造成其他严重后果的意志倾向，而且食品监管人员对发生重大食品安全事故或者造成其他严重后果不可控，而又放任自流，那么，食品监管人员对发生重大食品安全事故或者造成其他严重后果是接受不排斥的情感态度。对轻危害排斥，而对重危害不排斥，这样的情感态度违反人之常情，所以说，这种情况不可能存在。因而其对重大食品安全事故或者其他严重后果是既

---

① 参见温建辉：《食品监管渎职罪的认定》，载《聊城大学学报（社会科学版）》2012年第3期。

② 参见温建辉：《罪过情感研究》，人民出版社2013年版，第67页。

没有认识也没有意志（没有对对象的认识当然没有对对象的意志），与对违反食品监管法规的情感态度相一致，其情感因素也是对重大食品安全事故或者其他严重后果的排斥。① 换言之，如果行为人对违反食品监管法规持轻信过失的过错心理，则行为人对作为犯罪构成要件的重大食品安全事故或者其他严重后果没有任何罪过心理。所以，行为人对违反食品监管法规的心理态度不能是轻信过失。

第二种假设，如果食品监管人员持疏忽大意的过错心理。如果食品监管人员对违反食品监管法规持疏忽大意的心理态度，即行为人没有认识到自己的行为违反食品监管法规，对违反食品监管法规也没有意志，但对是否违反食品监管法规持漠不关心的情感态度。行为人对重大食品安全事故或者其他严重后果的发生也是没有认识，自然也没有意志，但是却不是漠不关心的情感态度。因为即便行为人在违反食品监管法规的行为中不是漠不关心的情感态度，也只是会预见到违反食品监管法规，而不是一定会预见到重大食品安全事故或者其他严重后果的发生，即这种心理不符合对重大食品安全事故或者其他严重后果持有漠不关心的情感态度的心理。换言之，如果行为人对违反食品监管法规持疏忽大意的过错心理，则行为人对作为犯罪构成要件的重大食品安全事故或者其他严重后果没有任何罪过心理。所以，行为人对违反食品监管法规的心理态度不能是疏忽大意。

综上所述，在食品监管渎职罪中，行为人对于违反食品监管法规持故意的过错心理，而不是过失。换言之，如果食品监管人员对于违反食品监管法规持过失的心理，即使发生了重大食品安全事故或者其他严重后果，也不构成犯罪。对监督过失这一特性的理解，可以避免在司法实践中冤枉无辜。

②特点二：只能是疏忽大意的过失。

监督过失犯罪与一般过失犯罪不同，其另一个显著特点就是监督过失行为一旦实施，法定危害结果的发生便处于监督过失人行为人的控制之外，危害结果是否发生，就只能听凭被监督人意志而定了。

在食品监管渎职犯罪中，行为人对重大食品安全事故或者其他严重后果的发生没有认识或者行为人认为这种危害结果不会发生。换言之，如果食品监管渎职犯罪中行为人对严重危害结果有认识，那么行为人对严重危害结果的心理态度就是故意，行为人违反食品监管法规的行为就构成故意犯罪。对监督过失这一特性的理解，可以避免在司法实践中放纵犯罪。

---

① 温建辉：《罪过情感研究》，人民出版社2013年版，第157页。

(3) 监督过失的独立性

对于监督人监督过失与被监督人主观心理的关系，基本上可分为独立性说和从属性说。认为监督人的监督过失与被监督人主观心理各自成立，而且被监督人的罪过心理不限于过失，这样的观点是独立性说；认为监督人的监督过失和被监督人的罪过心理存在决定与被决定关系的观点，称为从属性说。

① 独立性说

认为监督过失和被监督人主观心理各自成立的观点是独立性说。独立性说具体来讲，大体可分为两种观点：第一种观点为完全心理形式说。该说认为，"在存在被监督者行为的情况下，既存在被监督者的不适当行为，也包括被监督者适法行为的情况下；在存在被监督者不适当行为的情况下，既存在被监督者的故意行为，也存在被监督者的过失行为"。① 第二种观点为部分心理形式说。该说认为，"在监督过失中，被监督者的行为既可以是故意犯罪行为，也可能是过失犯罪行为"。②

笔者认为第二类观点不太全面，赞成第一类观点的结论并认为，监督人玩忽职守、疏忽大意是发生危害社会结果的必要条件，如果监督人勤勉负责就能够发现危害结果的发生并防止危害结果的发生。无论被监督人出于故意，还是过失，抑或无过错行为，只要其行为会导致危害社会的结果，而监督人没有履行监督义务、没有主动制止这些行为，并因而导致危害结果的发生，那么，监督过失的行为便与危害结果的发生存在因果关系，都应当为此承担责任。例如，保姆看护小孩不慎致孩子从楼窗摔下而死，保姆是过失致人死亡的监督过失，而小孩子却没有任何的罪过或者过错。

② 从属性说

从属性说大体可分为两种观点：第一种观点为被监督过失从属性说。该说认为，被监督人过失心理从属于监督人的监督过失。第二种观点为监督过失从属性说。该说认为，监督过失的成立取决于被监督者的犯罪心理。

第一种被监督过失从属性说观点认为，被监督人过失心理由监督人的监督过失引起，并且认为被监督人的罪过心理只能是过失。我国学者认为，"被监督者的行为性质为过失的居多"。③ 典型的说法如，"监督过失中的注意义务，

---

① 韩玉胜、沈玉忠：《监督过失论略》，载《法学论坛》2007年第1期。

② 杨建军、周绍忠：《监督过失责任研究》，载《国家检察官学院学报》2010年第5期。

③ 李蕤宏：《监督过失理论研究》，载陈兴良主编：《刑事法评论》（第23卷），北京大学出版社2008年版，第398页。

不是预见由自己的行为直接发生危害结果，并采取措施避免该结果发生的义务，而是预见自己的行为将引起被监督人的过失行为并产生结果，为了避免结果应采取措施的义务"。① 笔者认为，从属性说可以较好地解释，既然监督行为和被监督行为共同造成危害结果的发生，但不认为它们构成共同犯罪的问题，因为被监督人是过失犯罪，监督人也是过失，所以，尽管监督人和被监督人的行为同是引起同一危害结果的原因，但他们不构成共同犯罪。但从属性说也存在认识的偏颇，因而难以成立。在林林总总错综复杂的犯罪现象中，在监督人持有过失心理的情况下，被监督人的行为也不是一个过失所能概括的，它们既有故意行为也有过失行为。例如，在食品监管渎职犯罪中，都存在监督对象即被监督的行为，然而被监督行为可能构成生产、销售有毒、有害食品罪或者生产、销售不符合安全标准的食品罪，而这两个犯罪都是故意犯罪。也就是说，在食品监管渎职犯罪中，被监督人的主观心理可以是故意。仅此一例，我们即可推翻被监督过失从属性说。

第二种监督过失从属性说观点认为，监督过失的成立取决于被监督者的犯罪心理，如果被监督者是故意的犯罪心理，则监督过失就不能成立。该观点认为，在监督人存在过失的场合，如果被监督者与危害结果之间存在故意的心理，由于被监督者对于结果的发生处于完全支配的地位，客观上中断了监督人原来过失行为的进程，监督人原来的过失行为就对结果的发生没有发挥支配作用，监督人就不应对危害结果负责。② 所以，在监督过失中，中介行为的性质排除故意，包括过失和无过失行为。③ 笔者认为，首先，如前所述，被监督行为应当包括合法行为以及违法和犯罪行为。其次，监督人的监督过失行为不是支配了危害结果的发生，它只是发生危害结果的必要条件，即没有监督过失行为就不会发生危害结果；而且由于监督人没有履行制止危害结果发生的义务，即监督人有制止危害结果发生的作为义务，但其不作为，这是造成危害结果发生的必要条件。最后，被监督行为也不是监督过失和严重危害结果之间的"中介行为"。因为监督过失行为和被监督行为是严重危害结果发生的共同原因，它们在危害结果的发生中共同发挥着原因作用。如果认为被监督行为仅仅是中介行为，就不能解释离开监督行为，被监督行为仍然能够独立造成严重危害社会的结果，

---

① 张爱艳：《论监督过失责任》，载《山东社会科学》2010年第5期。

② 谭淦：《监督过失的理论与实态》，载冯军主编：《比较刑法研究》，中国人民大学出版社2007年版，第196页。

③ 李蕤宏：《监督过失理论研究》，载陈兴良主编：《刑事法评论》（第23卷），北京大学出版社2008年版，第400页。

这种情况表明被监督行为具有独立性，它们也可以独立构成过失犯罪。

（三）食品安全执法渎职犯罪的客观要件

1. 食品安全执法渎职犯罪存在共同过失犯罪

共犯理论的通说持"共同＋故意犯罪＝共同犯罪"的成立模式，并以"共同＋过失犯罪≠共同过失犯罪"的观点刻画了共同过失犯罪成立的立法障碍，这使得共同过失犯罪的解释论毫无立锥之地。而将"共同过失犯罪"解释为"共同过失＋犯罪"，则解除了对共同过失犯罪成立条件的误读；将"共同故意犯罪"解释为"共同故意＋犯罪"，则洞察了共同过失犯罪成立的立法通道。[①] 共同过失犯罪不仅在理论上已经证成，在司法实际上也不断有共同过失犯罪司法判例的证明。食品安全执法渎职犯罪中也有过失犯罪，它们之中也存在共同过失犯罪。例如，江苏省盐城市中级人民法院认为，被告人张某某、谢某某身为公职人员，在联合执法检查工作中负有食品安全监督管理职责，在查处过程中，不认真履行自己的工作职责，造成严重后果，其行为均构成食品监管渎职罪。[②] 这个案件反映了行政执法机关的工作人员联合执法，共同故意违法，所以他们构成共同犯罪，对于造成的严重后果持过失心理态度。这即是一个典型的食品安全执法渎职犯罪的共同过失犯罪。

食品安全执法共同过失渎职犯罪通常是结果犯。例如，桃源县人民法院认为，被告人龙某、冯某某身为国家工作人员，不正确履行食品质量监督管理的法定职责，在日常监督检查中，履行职务不尽心、不得力，致使吴某甲等人生产加工"地沟油"900余吨并作为食用油销售200余吨，严重危害人们的身体健康，造成恶劣的社会影响，其行为均已构成食品监管渎职罪。[③] 该案中的共同过失渎职犯罪即共同过失犯罪的典型形态：共同故意违法，过失造成严重后果，后果通常也是物质性危害结果。

2. 食品安全执法渎职犯罪的因果关系

（1）食品安全执法渎职犯罪存在因果关系

食品安全执法渎职行为本身不造成食品安全事故等危害后果，那么，食品安全执法渎职行为与食品安全事故等危害后果之间是否具有因果关系呢？理论界对此鲜有讨论，但司法实践中的争论比较普遍，特别是被告人通常以食品安全执法渎职行为与食品安全事故等危害后果之间不具有因果关系为辩护借口。

[①] 温建辉：《非理性犯罪研究》，中国检察出版社2017年版，第59页。
[②] 参见江苏省盐城市中级人民法院（2016）苏09刑终420号刑事裁定书。
[③] 参见桃源县人民法院（2013）桃刑初字第196号刑事判决书。

例如，典型的措辞是这样的：被告人季某不具备食品监管渎职罪的主体资格，客观上没有实施渎职的行为，也没有渎职的主观故意，且被告人检疫环节盖章的行为与私屠乱宰和宰杀病死猪的现象并无因果关系。而公诉人和人民法院通常认为食品安全执法渎职行为与食品安全事故等危害后果之间具有因果关系，典型的措辞是这样的：对于辩护人提出的"被告人检疫环节盖章的行为与私屠乱宰和宰杀病死猪的现象并无因果关系"辩护观点，经审查认为，正是作为动物检疫员的二被告人违规到市场上进行检疫盖章，影响了工商管理等其他职能部门对私屠乱宰及出售未经正规检疫猪肉的查处工作，从而造成宋楼镇、大沙河镇等地私屠乱宰和宰杀病死猪现象长期普遍存在，致使大量未经检疫的猪肉在市场上销售。因此，该辩护观点与事实和证据不符，本院不予采纳。①辩护是可以理解的，但因果关系是客观的，食品安全执法渎职行为与食品安全事故等危害后果之间具有因果关系。

（2）食品安全执法渎职犯罪因果关系具有从属性

一般犯罪的因果关系中，犯罪行为引起危害结果都是独立的。如甲持刀砍死乙，甲的砍杀行为是乙死亡的原因，而且这种原因具有独立性，其是否存在不依附于其他条件。即使是存在介入因素的因果关系，其因果关系链条也是独立的，因果关系链条是否存在并不取决于其他条件是否存在。如甲持刀追杀乙，乙无处可逃，跳入河中淹死。甲追杀——乙跳河——乙淹死，这样的因果关系链条是独立的，它的成立不依附于其他条件是否存在。

但是，食品安全执法渎职犯罪中渎职行为与食品安全事故等危害后果之间的因果关系具有依附性。食品安全执法渎职犯罪中渎职行为与食品安全事故等危害后果之间的因果关系依附于危害食品安全犯罪的因果关系，没有危害食品安全犯罪因果关系的存在，食品安全执法渎职犯罪中渎职行为与食品安全事故等危害后果之间的因果关系就无从谈起。例如，江苏省江阴市人民法院认为，江阴市徐霞客镇食品药品安全委员会办公室出具的情况说明表明，被告人余某2011年6月起即担任江阴市徐霞客镇食品药品安全协管员，且综合全案证据判断，被告人余某担任江阴市徐霞客镇卫生助理、食品药品安全委员会办公室专职副主任职务，亦为江阴市徐霞客镇对食品小作坊的食品安全工作实行属地管理的具体负责人，其在工作中严重不负责任，不认真履行职责，致使辖区内羊肉加工小作坊使用狐狸肉、貂肉生产并销售假羊肉制品的现象长期存在，后在上述现象持续至他人负责监管时被查处，并最终造成恶劣的社会影响，后果严重，其玩忽职守行为与造成的严重后果之间存在因果关系，应当以食品监管

---

① 参见江苏省丰县人民法院（2013）丰刑初字第0545号刑事判决书。

渎职罪追究其刑事责任。①

（3）食品安全执法渎职犯罪因果关系具有确定性

任何行为构成犯罪都必然与危害结果之间具有因果关系，并且这种因果关系不是可有可无的因果关系，而是确定的无可置疑的因果关系。因此，食品安全执法渎职行为与食品安全事故等危害后果之间的因果关系也必须是确定的、无可置疑的因果关系。虽然食品安全执法渎职行为不能造成食品安全事故等危害后果，但是没有食品安全执法渎职行为，即如果食品安全执法不存在渎职行为，食品安全事故等危害后果就不会发生，可见，食品安全执法渎职行为是食品安全事故等危害后果发生的必要条件，食品安全执法渎职行为与食品安全事故等危害后果之间是确定的因果关系。例如，经查，上诉人杨某某作为泗洪动监所派驻永增公司的协检员，负责生猪宰前巡查工作，主要职责是监管待宰生猪有无注水及注入其他有害物质等情况发生。其在永增公司猪仓大门上锁的情形下，未按规定进行巡查，也未采取其他措施，使永增公司注射含有沙丁胺醇成分的混合药物和灌水有机可乘，致使大量注射含有沙丁胺醇成分的混合药物和灌水猪肉等流入市场，其行为符合玩忽职守罪的构成要件，故其上诉理由和辩护人意见不能成立。② 本案中，泗洪动监所派驻永增公司的协检员杨某某未按规定进行巡查，也未采取其他措施，使得永增公司注射含有沙丁胺醇成分的混合药物和灌水有机可乘，致使大量注射含有沙丁胺醇成分的混合药物和灌水猪肉等流入市场，可见，杨某某的玩忽职守是不符合安全标准的猪肉流入市场的必要条件。

3. 因受贿而渎职的处理

（1）法律依据

因受贿而渎职的犯罪，应当如何处理？2016年4月18日，最高人民法院、最高人民检察院《关于办理贪污贿赂刑事案件适用法律若干问题的解释》第17条规定："国家工作人员利用职务上的便利，收受他人财物，为他人谋取利益，同时构成受贿罪和刑法分则第三章第三节、第九章规定的渎职犯罪的，除刑法另有规定外，以受贿罪和渎职犯罪数罪并罚。"

（2）理论解释

《刑法》第408条之一第2款规定："徇私舞弊犯食品监管渎职罪的，从重处罚。"可见，立法将"徇私舞弊"规定为该罪的成立条件，而且应当是主

---

① 参见江苏省江阴市人民法院（2014）澄刑初字第0832号刑事判决书。
② 参见江苏省宿迁市中级人民法院（2013）宿中刑二终字第0027号刑事裁定书。

观要件内容,并配置了从重的刑罚。我国有学者认为此处的"徇私"是犯罪动机,因为它明显不属于犯罪目的。① 然而,犯罪动机成为犯罪的主观要件存在理论障碍,因为行为的动机与行为的善恶并不直接相关,而犯罪主观要件必须表明犯罪人的罪过,因而犯罪动机不能成为犯罪的主观要件。因此,笔者不赞成"徇私"的动机说,同时认为,"徇私"是食品监管渎职的目的,而"舞弊"是徇私的手段。"徇私"与"舞弊"是目的和手段的关系,表明徇私舞弊的食品监管渎职罪是一个目的犯。

关于"徇私"与"舞弊"的关系,还有学者认为,"徇私"是一种主观的超过要素,不存在与之对应的客观事实。② 对此笔者认为,如前所述,"徇私"作为食品监管渎职罪的犯罪目的,表明食品监管渎职罪是一个目的犯,而目的犯的目的不是主观超过要素,它属于故意的内容,目的犯的目的完全实现才能标志目的犯的既遂。认为目的犯的目的是超客观的主观要素的认识,存在一个假设的理论前提,即目的犯的既遂不以目的的实现为既遂标志。笔者不赞同这个理论前提。因为对于一个具有目的的犯罪而言,它的既遂标准就是犯罪目的的实现,犯罪目的没有实现,就不是犯罪既遂的形态。③

在食品监管活动中,因受贿进而渎职是"徇私舞弊"的通常表现,在受贿行为和食品监管渎职行为均构成犯罪的情形下,是按照牵连犯一罪处理还是按照数罪并罚,理论界和实务界并不统一。相关的立法和有权解释也似有冲突,如《刑法》第399条第4款规定,因受贿而徇私枉法、枉法裁判、执行判决裁定渎职的,依照处罚较重的规定定罪处罚;而1998年最高人民法院《关于审理挪用公款案件具体应用法律若干问题的解释》第7条第1款规定:"因挪用公款索取、收受贿赂构成犯罪的,依照数罪并罚的规定处理。"

对此,笔者认为,司法机关、仲裁机构的司法权、仲裁权相对于党政机关的权力具有时限性,只能一事一管,没有连续性;而党政机关具有职能的稳定性、管理的连贯性。因此,对司法机关、仲裁机构工作人员因受贿而引发的渎职犯罪按照牵连犯从一重处,而对党政机关工作人员因受贿而引发的渎职犯罪

---

① 参见苏彩霞:《徇私舞弊型犯罪共性问题研究》,载《云南大学学报(法学版)》2004年第2期。

② 参见贾宇:《食品监管渎职罪的认定及适用》,载《河南财经政法大学学报》2012年第2期。

③ 参见温建辉:《"超过要素"概念证伪》,载《西华师范大学学报》2012年第5期。

实行数罪并罚。唯一例外的是，按照《刑法》第294条第4款的规定，国家机关工作人员（包括司法工作人员）因受贿而又犯包庇、纵容黑社会性质组织罪的，应当数罪并罚，而这一例外实质上也符合笔者前面的分析。

(3) 案例参考

对于食品安全执法人员因受贿而引发的渎职犯罪，如果受贿行为也构成犯罪，应当将受贿罪和渎职犯罪数罪并罚。2014年2月20日，最高人民检察院《关于印发第四批指导性案例的通知》（检例第15号·胡林贵等人生产、销售有毒、有害食品，行贿；骆梅等人销售伪劣产品；朱伟全等人生产、销售伪劣产品；黎达文等人受贿，食品监管渎职案）指出，负有食品安全监督管理职责的国家机关工作人员，滥用职权，向生产、销售有毒、有害食品的犯罪分子通风报信，帮助逃避处罚的，应当认定为食品监管渎职罪；在渎职过程中受贿的，应当以食品监管渎职罪和受贿罪实行数罪并罚。《关于印发第四批指导性案例的通知》（检例第16号·赛跃、韩成武受贿、食品监管渎职案）亦指出，负有食品安全监督管理职责的国家机关工作人员，滥用职权或玩忽职守，导致发生重大食品安全事故或者造成其他严重后果的，应当认定为食品监管渎职罪。在渎职过程中受贿的，应当以食品监管渎职罪和受贿罪实行数罪并罚。①

（四）食品安全执法渎职犯罪的间接结果

1. 食品安全执法渎职犯罪多为结果犯

食品安全执法渎职犯罪主要包括食品监管渎职罪、放纵制售伪劣商品犯罪行为罪、放纵走私罪、徇私舞弊不移交刑事案件罪、商检徇私舞弊罪、商检失职罪、动植物检疫徇私舞弊罪、动植物检疫失职罪、滥用职权罪、玩忽职守罪等犯罪，从这些食品安全执法渎职犯罪的罪状规定和相关司法解释来看，它们主要是结果犯。

罪名	刑法对罪状的规定（结合相关司法解释）	犯罪形态
食品监管渎职罪	负有食品安全监督管理职责的国家机关工作人员，滥用职权或者玩忽职守，导致发生重大食品安全事故或者造成其他严重后果的。	结果犯

---

① 参见2014年2月20日最高人民检察院《关于印发第四批指导性案例的通知》（高检发研字〔2014〕2号）。

续表

罪名	刑法对罪状的规定（结合相关司法解释）	犯罪形态
放纵制售伪劣商品犯罪行为罪	对生产、销售伪劣商品犯罪行为负有追究责任的国家机关工作人员，徇私舞弊，不履行法律规定的追究职责，情节严重的。	结果犯、行为犯
放纵走私罪	徇私舞弊，放纵走私，情节严重的。	结果犯、行为犯
徇私舞弊不移交刑事案件罪	行政执法人员徇私舞弊，对依法应当移交司法机关追究刑事责任的不移交，情节严重的。	结果犯、行为犯
商检徇私舞弊罪	国家商检部门、商检机构的工作人员徇私舞弊，伪造检验结果的。	行为犯
商检失职罪	国家商检部门商检机构的工作人员严重不负责任，对应当检验的物品不检验，或者延误检验出证、错误出证，致使国家利益遭受重大损失的。	结果犯
动植物检疫徇私舞弊罪	动植物检疫机关的检疫人员徇私舞弊，伪造检疫结果的，处五年以下有期徒刑或者拘役；造成严重后果的，处五年以上十年以下有期徒刑。	结果犯、行为犯
动植物检疫失职罪	动植物检疫机关的检疫人员严重不负责任，对应当检疫的检疫物不检疫，或者延误检疫出证、错误出证，致使国家利益遭受重大损失的。	结果犯
滥用职权罪、玩忽职守罪	国家机关工作人员滥用职权或者玩忽职守，致使公共财产、国家和人民利益遭受重大损失的。	结果犯

2. 食品安全执法渎职犯罪的结果具有从属性

上述食品安全执法渎职犯罪本身不能引起食品安全事故等危害后果，而它们又多是结果犯，那么，这些食品安全执法渎职犯罪的结果是什么？

食品安全执法渎职犯罪中渎职行为与食品安全事故等危害后果之间的因果关系具有依附性。作为食品安全执法渎职犯罪中渎职行为危害后果的食品安全事故等危害后果，依附于危害食品安全犯罪造成的食品安全事故等危害后果，没有危害食品安全犯罪造成的食品安全事故等危害后果的存在，食品安全执法渎职犯罪中渎职行为的食品安全事故等危害后果就无从谈起。食品安全执法渎职犯罪中，渎职行为危害后果的食品安全事故等危害后果，相对于危害食品安全犯罪造成的食品安全事故等危害后果而言，既具有相对独立性，也具有依附性，因为食品安全执法渎职犯罪与危害食品安全犯罪不是共同犯罪，而是相对独立的案件，是分别认定处罚的；但它们实质上是同一的危害后果，表现为多因一果的关系，也是食品安全执法人员和食品生产经营人员共同造成的同一的危害后果。

二、食品安全执法渎职犯罪的个罪问题

在食品犯罪的治理上，不仅存在对食品安全的行政执法工作，也存在食品安全执法人员因渎职而构成的食品安全执法渎职犯罪，包括食品监管渎职罪、放纵制售伪劣商品犯罪行为罪、放纵走私罪、徇私舞弊不移交刑事案件罪、商检徇私舞弊罪、商检失职罪、动植物检疫徇私舞弊罪、动植物检疫失职罪、食监类滥用职权罪、玩忽职守罪等犯罪。对食品安全执法渎职犯罪的刑事审判，应当贯彻和落实"从严从重"的刑事司法政策。

（一）食品监管渎职罪

1. 食品监管渎职罪的现状

《刑法》第408条之一规定："负有食品安全监督管理职责的国家机关工作人员，滥用职权或者玩忽职守，导致发生重大食品安全事故或者造成其他严重后果的，处五年以下有期徒刑或者拘役；造成特别严重后果的，处五年以上十年以下有期徒刑。徇私舞弊犯前款罪的，从重处罚。"所谓食品监管渎职罪，是指负有食品安全监督管理职责的国家机关工作人员，在工作中滥用职权、玩忽职守或者徇私舞弊，导致发生重大食品安全事故或者造成其他严重后果的行为。例如，2011年至2013年9月，上诉人陈某某担任师宗县动物卫生监督所所长。2012年1月2日，陈某某未依法审查，为师宗县丹凤文华食品冷冻厂（法人代表：林某）换发了《动物防疫条件合格证》。2012年2月至2013年9月，师宗县丹凤文华食品冷冻厂将200余吨病死的牛肉、猪肉、马肉品销售到师宗县境外。其间，师宗县动物卫生监督所副所长孙某在检疫《动物产品检疫合格证》（产品B）超过有效期、物证不符的情况下，向师宗县丹凤文华食品冷冻厂出具了《动物产品检疫合格证》（产品A），在检疫过程中，孙某将检疫合格标志遗留在冷冻厂。案发后，公安机关从师宗县丹凤文

华食品冷冻厂提取检疫合格标志 334 枚。云南省曲靖市中级人民法院认为，上诉人陈某某作为师宗县动物卫生监督所所长，具有对动物、动物产品的检疫和有关动物防疫的监督管理职责，其在工作过程中，没有正确履行职责，疏于对师宗县丹凤文华食品冷冻厂进行检查和监督管理，导致不合格动物肉品流入市场，给社会造成隐患，其行为已构成食品监管渎职罪。① 食品监管渎职人员亵渎职责，导致有毒、有害食品、不符合安全标准食品流入市场危害人民群众，属于典型的监督过失犯罪。食品监管渎职罪也是行刑衔接不畅的重要表现之一。

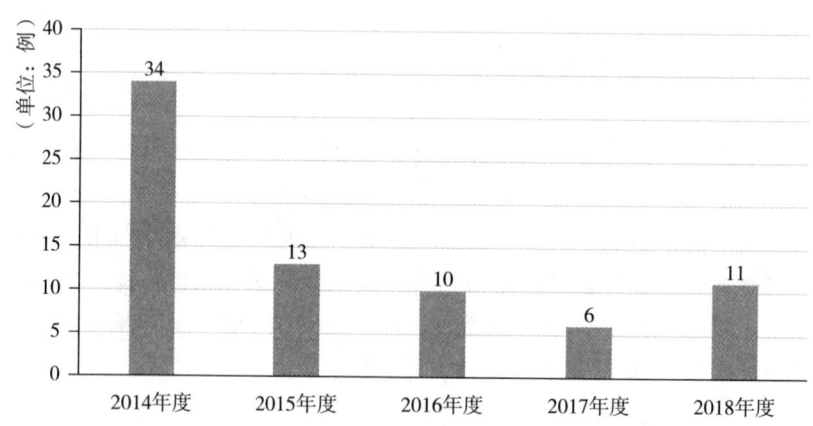

2014 年至 2018 年食品监管渎职罪有罪判决趋势图

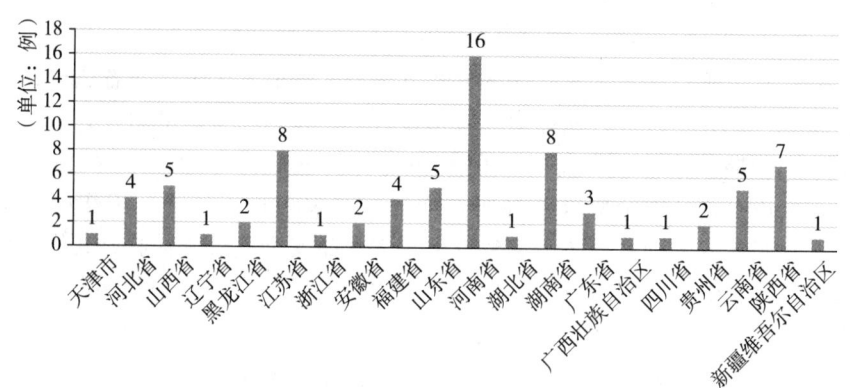

2014 年至 2018 年食品监管渎职罪地区分布图

---

① 参见云南省曲靖市中级人民法院（2015）曲中刑终字第 18 号刑事判决书。

2. 食品监管渎职罪的认定

(1) 食品监管渎职罪的司法依据

《刑法》第 408 条之一是追究食品监管渎职罪的刑法依据。最高人民法院、最高人民检察院《关于办理危害食品安全刑事案件适用法律若干问题的解释》第 16 条进一步明确："负有食品安全监督管理职责的国家机关工作人员，滥用职权或者玩忽职守，导致发生重大食品安全事故或者造成其他严重后果，同时构成食品监管渎职罪和徇私舞弊不移交刑事案件罪、商检徇私舞弊罪、动植物检疫徇私舞弊罪、放纵制售伪劣商品犯罪行为罪等其他渎职犯罪的，依照处罚较重的规定定罪处罚。负有食品安全监督管理职责的国家机关工作人员滥用职权或者玩忽职守，不构成食品监管渎职罪，但构成前款规定的其他渎职犯罪的，依照该其他犯罪定罪处罚。负有食品安全监督管理职责的国家机关工作人员与他人共谋，利用其职务行为帮助他人实施危害食品安全犯罪行为，同时构成渎职犯罪和危害食品安全犯罪共犯的，依照处罚较重的规定定罪处罚。"

(2) 食品监管渎职罪因果关系的认定

食品监管渎职罪与重大食品安全事故或者其他严重后果之间的关系具有特殊性，它与危害食品安全犯罪和重大食品安全事故或者其他严重后果之间的关系不同。危害食品安全犯罪能够直接引起重大食品安全事故或者其他严重后果，而食品监管渎职罪不是也不能直接引起重大食品安全事故或者其他严重后果，认识到食品监管渎职罪与重大食品安全事故或者其他严重后果之间因果关系的这种差别，是认识食品监管渎职罪中因果关系的前提。

由于食品监管渎职行为与重大食品安全事故或者其他严重后果之间这样的关系，于是就有了第一个问题，即食品监管渎职行为与重大食品安全事故或者其他严重后果之间是否具有因果关系。对于这个问题，目前鲜有论及。然而，食品监管渎职罪是一个结果犯，如果一个行为与危害结果没有关系，那么，我们又如何能说这个行为是犯罪呢？因此，食品监管渎职行为与重大食品安全事故或者其他严重后果之间必然存在因果关系，毋庸置疑。第二个问题，即食品监管渎职行为与重大食品安全事故或者其他严重后果之间究竟存在怎样的因果关系？目前学界主要持难以认定的观点。[①] 笔者不赞成这种观点，认为原因与结果之间的关系是确定的关系，没有确定性，就不能称得上因果关系，而且这

---

① 参见万志鹏：《"风险刑法"下食品监管渎职罪及适用困境》，载《湘潭大学学报（哲学社会科学版）》2013 年第 5 期。

种确定性表现为三种情形：第一，原因是结果的充分条件；第二，原因是结果的必要条件；第三，原因是结果的充分必要条件。根据刑法因果关系的逻辑分析学说，笔者认为，食品监管渎职行为是重大食品安全事故或者其他严重后果发生的必要条件。因为如果食品监管渎职行为人没有食品监管渎职行为，即如果食品监管渎职行为人认真履行环境监管职责，重大食品安全事故或者其他严重后果就不会发生。这种没有前者就没有后者的关系表明，食品监管渎职行为是重大食品安全事故或者其他严重后果的必要条件。而且，根据犯罪化罪责自负的逻辑要求，罪责自负的本质是反对刑及无辜，排斥非由行为自身引起的危害后果的责任承担，因此无故意和过失犯罪，它们都是危害结果的充分条件。① 也就是说，食品监管渎职行为是重大食品安全事故或者其他严重后果的充分条件。那么，食品监管渎职行为就是重大食品安全事故或者其他严重后果的充分必要条件。

食品监管渎职行为是重大食品安全事故或者其他严重后果的必要条件，不难理解，而食品监管渎职行为是重大食品安全事故或者其他严重后果的充分条件，令人费解，它是怎么实现的呢？这就需要结合食品安全执法渎职犯罪因果关系的从属性说来解释。如前所述，食品安全执法渎职犯罪中，渎职行为与重大食品安全事故等危害后果之间的因果关系不仅确定存在，而且依附于危害食品安全犯罪的因果关系，没有危害食品安全犯罪因果关系的存在，食品安全执法渎职犯罪中，渎职行为与重大食品安全事故等危害后果之间的因果关系就无从谈起。危害食品安全行为和食品监管渎职行为作为一个食品犯罪的组合，都是重大食品安全事故或者其他严重后果的充分必要条件。② 也就是说，在食品监管渎职罪的认定中，只有被监督管理的危害食品安全行为与重大食品安全事故等危害后果之间具有充分条件的因果关系，才能保证从属于它的食品监管渎职行为与重大食品安全事故等危害后果之间具有充分条件的因果关系。

（3）食品监管渎职罪法规竞合的法律适用

食品监管渎职罪与滥用职权罪、玩忽职守罪和放纵制售伪劣商品犯罪行为罪，以及危害食品安全等犯罪具有若干相似之处，正确认定食品监管渎职罪不仅需要认识其犯罪性质，还需要准确区分其与相关犯罪的不同之处。

---

① 参见温建辉：《非理性犯罪研究》，中国检察出版社 2017 年版，第 54 页。
② 参见温建辉：《罪过情感研究》，人民出版社 2013 年版，第 108 页。

①食品监管渎职行为因法规竞合所生罪名

食品监管渎职罪有两类行为：第一类是滥用职权导致发生重大食品安全事故或者造成其他严重后果的；第二类是玩忽职守导致发生重大食品安全事故或者造成其他严重后果的。其中，第一类因滥用职权导致发生重大食品安全事故或者造成其他严重后果的，可以同时构成食品监管渎职罪和滥用职权罪；而因玩忽职守导致发生重大食品安全事故或者造成其他严重后果的，可能同时构成食品监管渎职罪和玩忽职守罪；同时，这两种行为亦都可能触犯徇私舞弊不移交刑事案件罪、商检徇私舞弊罪、商检失职罪、动植物检疫徇私舞弊罪、动植物检疫失职罪、放纵制售伪劣商品犯罪行为罪等其他渎职犯罪。

②对食品监管渎职行为因法规竞合所生罪名的认定

对食品监管渎职犯罪追究责任时需注意处理法规竞合的情形，这有利于准确打击危害国计民生的食品监管渎职犯罪。例如，滥用职权罪和玩忽职守罪依法应处 3 年以下有期徒刑或者拘役；情节特别严重的，处 3 年以上 7 年以下有期徒刑。食品监管渎职罪依法应处 5 年以下有期徒刑或者拘役；造成特别严重后果的，处 5 年以上 10 年以下有期徒刑。

在特别法条与普通法条竞合时，采用特别法优于普通法的原则，应当适用特别法条。所以，对于负有食品安全监督管理职责的国家机关工作人员，滥用职权或者玩忽职守，导致发生重大食品安全事故或者造成其他严重后果的，应当一律认定为食品监管渎职罪，而不能认定为滥用职权罪、玩忽职守罪、徇私舞弊不移交刑事案件罪、商检徇私舞弊罪、商检失职罪、动植物检疫徇私舞弊罪、动植物检疫失职罪、放纵制售伪劣商品犯罪行为罪等犯罪。

在法条竞合的情形下，应当注意竞合不是罪名的简单竞合，在一条多款的情况下，法条竞合是特定款项的竞合。如果两个罪名在一定的款项范围内竞合，而在其他款项范围内不存在竞合，则应当适用具体款项规定的刑种和刑度。这种情况实质不属于法条竞合，但通常表现为食品监管渎职罪，同时涉嫌徇私舞弊不移交刑事案件罪、商检徇私舞弊罪、商检失职罪、动植物检疫徇私舞弊罪、动植物检疫失职罪、放纵制售伪劣商品犯罪行为罪等渎职犯罪，依照处罚较重的规定定罪处罚。例如，2014 年 1 月，被告人刘某在任邵东县范家山镇动物防疫检疫站站长期间，负责范家山镇动物和动物产品的检疫，在对某肉类加工厂检疫及日常监管中，严重不负责任，未按规定开具检疫证，致使死猪肉流入外地的严重后果，其行为同时构成食品监管渎职罪与动植物检疫失职罪，按照法律和司法解释规定，依据择一重罪处罚的原则，被告人刘某的行为应定食品监管渎职罪。①

(二) 放纵制售伪劣商品犯罪行为罪

1. 放纵危害食品安全犯罪行为的犯罪的现状

《刑法》第 414 条规定了放纵制售伪劣商品犯罪行为罪，即"对生产、销售伪劣商品犯罪行为负有追究责任的国家机关工作人员，徇私舞弊，不履行法律规定的追究职责，情节严重的，处五年以下有期徒刑或者拘役"。当放纵制售伪劣商品犯罪行为罪中的伪劣商品为伪劣食品时，这就是一个危害食品安全的犯罪。林州市畜牧兽医管理局综合执法大队的主要职责是执行畜产品市场准入制度，保障畜产品质量安全；依法对辖区内的屠宰加工的动物、动物产品实行监督；依法对市场冻库和流动环节的动物、动物产品实行监督检疫。被告人赵某甲于 2012 年 11 月 2 日至 2014 年 3 月 18 日担任林州市畜牧兽医管理局综合执法大队副队长，负责畜牧兽医综合执法工作期间，收受民生屠宰场负责人申某乙的好处，在明知民生屠宰场有病死猪后，没有采取有效措施予以制止。2013 年三四月份，被告人赵某甲在民生屠宰场查到谭某甲强（已判决）屠宰病死猪后，经谭某丙说情没有立案处理该案；在查处岳某某从民生屠宰场购进病死猪肉案、侯某甲从民生屠宰场购进病死猪肉案、秦某从民生屠宰场购进病死猪肉案、呼某某在民生屠宰场屠宰病死猪案、申某乙屠宰病死猪案、李某甲朝在民生屠宰场屠宰病死猪案、周某往民生屠宰场运输病死猪案及韩某经营、储藏病死猪案时，应对民生屠宰场进行处罚而不处罚，应移送公安机关的案件而不移送，致使民生屠宰场 2012 年 11 月至 2013 年 4 月持续屠宰、销售不符合安全标准的猪肉 11.6 万余斤，价值 52.5 万余元，给人民的生命财产造成了巨大损失，社会影响极其恶劣。河南省林州市人民法院认为，被告人赵某甲犯放纵制售伪劣商品犯罪行为罪，判处有期徒刑 2 年。② 放纵制售伪劣商品犯罪行为罪是行刑衔接不畅的重要表现之一。放纵危害食品安全犯罪行为的犯罪实质上是放任有毒有害食品、不符合安全标准食品祸害人民群众，属于典型的监督故意犯罪，关于监督故意犯罪的基本情况同样适用于放纵走私罪。

---

① 参见赵伟初、张吟丰、罗晓舞：《缜密侦查，挖出系列食品监管渎职窝案》，载《检察日报》2017 年 6 月 13 日。

② 参见湖南省株州市人民法院 (2015) 林刑初字第 349 号刑事判决书。

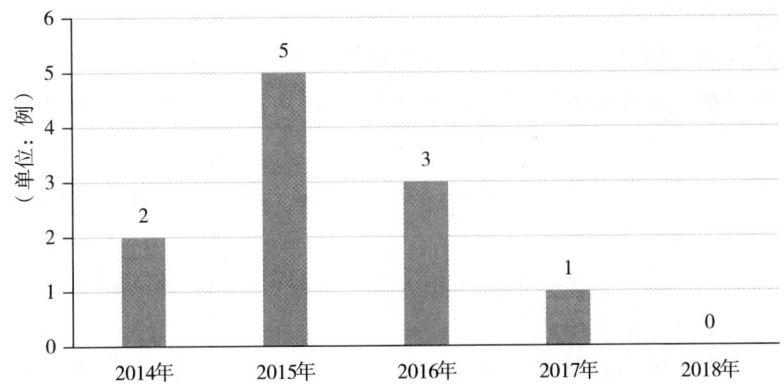

2014 年至 2018 年放纵危害食品安全犯罪行为有罪判决趋势图

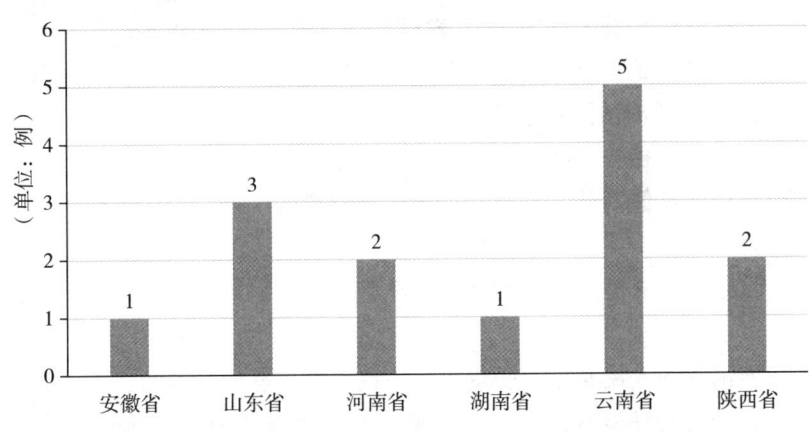

2014 年至 2018 年放纵危害食品安全犯罪地区分布图

2. 放纵危害食品安全犯罪行为的犯罪认定

（1）法律依据

《刑法》第 414 条是追究放纵危害食品安全犯罪行为的依据，而具体认定犯罪时需要掌握"情节严重"的情况，对此，最高人民法院最高人民检察院先后作出了三个解释。

第一，最高人民检察院《关于人民检察院直接受理立案侦查案件立案标准的规定（试行）》在渎职犯罪案件章节中，对放纵制售伪劣商品犯罪行为案作出规定，即放纵制售伪劣商品犯罪行为罪，是指对生产、销售伪劣商品犯罪行为负有追究责任的国家工商行政管理、质量技术监督等机关工作人员徇私舞弊，不履行法律规定的追究职责，情节严重的行为。具体涉嫌下列情形之一的，应予立案：

①放纵制售假药、有毒、有害食品犯罪行为的；

②放纵依法可能判处 3 年有期徒刑以上刑罚的生产、销售伪劣商品犯罪行为的；

③对生产、销售伪劣商品犯罪行为不履行追究职责，致使生产、销售伪劣商品犯罪行为得以继续的；

④对生产、销售伪劣商品犯罪行为不履行追究职责，致使国家和人民利益遭受重大损失或者造成恶劣影响的；

⑤3 次以上不履行追究职责，或者对 3 个以上有生产、销售伪劣商品犯罪行为单位或者个人不履行追究职责。①

第二，最高人民法院、最高人民检察院《关于办理生产、销售伪劣商品刑事案件具体应用法律若干问题的解释》第 8 条规定，国家机关工作人员徇私舞弊，对生产、销售伪劣商品犯罪不履行法律规定的查处职责，具有下列情形之一的，属于《刑法》第 414 条规定的"情节严重"：

①放纵生产、销售假药或者有毒、有害食品犯罪行为的；

②放纵依法可能判处二年有期徒刑以上刑罚的生产、销售、伪劣商品犯罪行为的；

③对三个以上有生产、销售伪劣商品犯罪行为的单位或者个人不履行追究职责的；

④致使国家和人民利益遭受重大损失或者造成恶劣影响的。②

第三，最高人民检察院《关于渎职侵权犯罪案件立案标准的规定》在放纵制售伪劣商品犯罪行为案中规定，放纵制售伪劣商品犯罪行为罪，是指对生产、销售伪劣商品犯罪行为负有追究责任的国家机关工作人员徇私舞弊，不履行法律规定的追究职责，情节严重的行为。具体涉嫌下列情形之一的，应予立案：

①放纵生产、销售假药或者有毒、有害食品犯罪行为的；

②放纵生产、销售伪劣农药、兽药、化肥、种子犯罪行为的；

③放纵依法可能判处三年有期徒刑以上刑罚的生产、销售伪劣商品犯罪行

---

① 参见最高人民检察院《关于人民检察院直接受理立案侦查案件立案标准的规定（试行）》（高检发释字〔1999〕2 号）。

② 参见最高人民法院、最高人民检察院《关于办理生产、销售伪劣商品刑事案件具体应用法律若干问题的解释》（法释〔2001〕10 号）。

为的；

④对生产、销售伪劣商品犯罪行为不履行追究职责，致使生产、销售伪劣商品犯罪行为得以继续的；

⑤3 次以上不履行追究职责，或者对 3 个以上有生产、销售伪劣商品犯罪行为的单位或者个人不履行追究职责的；

⑥其他情节严重的情形。①

（2）原案是否构成犯罪

对于放纵制售伪劣商品犯罪行为罪的原案是否构成犯罪的问题，主要有两种针锋相对的观点：第一种观点认为，原案事实行为应当构成犯罪。如有学者指出，刑事原案必须达到有罪的标准。② 这一观点符合 2006 年 7 月 26 日最高人民检察院《关于渎职侵权犯罪案件立案标准的规定》的精神，该《规定》规定："放纵制售伪劣商品犯罪行为罪是指对生产、销售伪劣商品犯罪行为负有追究责任的国家机关工作人员徇私舞弊，不履行法律规定的追究职责，情节严重的行为。涉嫌下列情形之一的，应予立案：1. 放纵生产、销售假药或者有毒、有害食品犯罪行为的；2. 放纵生产、销售伪劣农药、兽药、化肥、种子犯罪行为的；3. 放纵依法可能判处 3 年以上有期徒刑以上刑罚的生产、销售伪劣商品犯罪行为的；4. 对生产、销售伪劣商品犯罪行为不履行追究职责，致使生产、销售伪劣商品犯罪行为得以继续的；5.3 次以上不履行追究职责，或者 3 个以上有生产、销售伪劣商品犯罪行为的单位或者个人不履行追究职责的；6. 其他情节严重的情形。"③

第二种观点认为，原案事实行为不应当局限于犯罪行为。如有观点认为，为更有利于打击生产、销售伪劣商品行为，建议将该条文的限定词"犯罪"二字删去，修改为"对生产、销售伪劣商品行为负有追究责任的国家机关工作人员，徇私舞弊，不履行法律规定的追究职责，情节严重的，处五年以下有期徒刑或者拘役"，罪名也应修改为"放纵制售伪劣商品行为罪"。④

前述两种观点都是基于原案的客观性质形成的观点。笔者认为，"由于罪过是犯罪的本质，而且罪过反映了犯罪行为的全貌，所以认定犯罪的实质就是

---

① 参见最高人民检察院《关于渎职侵权犯罪案件立案标准的规定》（高检发释字〔2006〕2 号）。

② 参见金京：《渎职犯罪中"原案"问题探究》，华东政法大学 2010 年硕士学位论文。

③ 参见 2006 年 7 月 26 日最高人民检察院《关于渎职侵权犯罪案件立案标准的规定》。

④ 王琳玲：《放纵制售伪劣商品犯罪行为罪研究》，郑州大学 2012 年硕士学位论文。

认定犯罪的主观要件"。① 以犯罪的主观要件来认定，放纵制售伪劣商品犯罪行为罪的原案是否构成犯罪，也应当由本案的行为人的主观要件来认定。放纵制售伪劣商品犯罪行为的行为人应当认为所放纵的制售伪劣商品行为构成犯罪，这是刑法规定的应有内涵。如果放纵制售伪劣商品犯罪行为的行为人认为所放纵的制售伪劣商品行为不构成犯罪，那么，本案行为人的放纵行为就不能构成放纵制售伪劣商品犯罪行为罪。但是，人非圣贤孰能无过，放纵制售伪劣商品犯罪行为的行为人也会发生认识错误，当其将所放纵的尚不构成犯罪的制售伪劣商品行为当成制售伪劣商品犯罪行为时，其仍然构成犯罪，而其所放纵的行为不构成犯罪，即原案不构成犯罪是存在的。

（三）放纵走私罪

1. 放纵走私食品犯罪的现状

《刑法》第411条规定了放纵走私罪，即"海关工作人员徇私舞弊，放纵走私，情节严重的，处五年以下有期徒刑或者拘役；情节特别严重的，处五年以上有期徒刑"。当放纵走私罪放纵的对象是食品走私的时候，该放纵走私罪就成了一个危害食品安全犯罪。例如，被告人丁某于1981年7月进入二连海关工作，2010年12月任主任科员。2013年12月，二连浩特市某贸易有限公司法定代表人包某（另案处理）委托其公司员工陈某（已判刑）到蒙古国收购马肉，陈某到蒙古国乌兰巴托市后决定收购羊肚和马板肠。2014年2月5日，陈某将收购的羊肚和马板肠藏匿在四辆蒙古国籍货车的车厢底部夹层内，从蒙古国扎门乌德市申报空车从二连浩特市公路口岸报关入境。2014年2月5日上午，包某到丁某住宅楼下找到丁某，称4辆装有羊肚的车辆今日入境，请求其帮忙放行，丁某拒绝并告诉包某查车在进境磅房李某那儿，包某称"已经和缉私局的相关人员打好招呼了，那块儿你就别管了，事后会表示感谢"，丁某答应后包某将写有4个车号的小纸条给了丁某。当日，二连浩特市公路口岸货运通道值班人员有李某、张某、丁某，丁某系带班组长。中午11时许，丁某到二连浩特市公路口岸货运通道总卡口，让在总卡口值岗人员张某提前离岗，至当日下午进境磅房仅有李某（已判刑）一人在岗。当走私的两辆车通过进境磅房，到达总卡口时，被告人丁某没有复查便予以放行。被放行的两辆车行至汇通仓库南门时被二连海关缉私局情报科工作人员现场扣留，后情报科工作人员电话通知丁某将另两辆车扣留（告诉其车牌号），丁某便到汇通仓库门房将另两辆车扣留。经过磅，走私入境羊肚99080千克、马板肠8970千克。

---

① 温建辉：《罪过情感研究》，人民出版社2013年版，第109页。

另查明，2014 年 6 月 20 日，陈某因走私本案的涉案羊肚和马板肠被锡林郭勒盟中级人民法院判处有期徒刑 1 年，缓刑 2 年，并处罚金 14 万元。该案查明，涉案的羊肚 99080 千克、马板肠 8970 千克价值 597380.00 元。经二连海关核定，该批走私货物偷逃税款共计 136675.87 元。二连浩特市人民法院认为，被告人丁某身为海关工作人员，徇私舞弊，放任、纵容走私犯罪，其行为构成放纵走私罪。① 很明显，该罪放纵了食品走私，因此也是一个危害食品安全的犯罪。同时，放纵走私罪也是一个典型的监督故意犯罪，关于监督故意犯罪的基本情况同样适用于放纵走私罪。

放纵走私食品犯罪是一个典型的监督故意犯罪。放纵走私食品犯罪在亵渎公职构成放纵走私罪的同时，亦将人民群众的食品质量安全置于不受管控的地位，而且冲击了正常的食品供应秩序，为了广大人民群众的食品安全，必须对放纵走私食品的犯罪依法追责。自 2014 年 1 月 1 日至 2018 年 12 月 31 日，我国共审理放纵走私犯罪案件 12 起，其中放纵走私食品犯罪 5 起，占比约为 42%。放纵走私食品犯罪在我国虽然为数不多，但它们对人民群众食品安全的危害却难以估量，我们应当警钟长鸣，不可松懈。具体放纵走私食品犯罪案件如下：

案件号	案件名	走私食品种类
厦门市湖里区人民法院（2015）湖刑初字第 416 号	卢某放纵走私、受贿案	洋酒 2908 瓶、0.83 吨干海马
二连浩特市人民法院（2015）二刑初字第 22 号	丁某放纵走私案	羊肚 99 吨、马板肠 8.97 吨
二连浩特市人民法院（2015）二刑初字第 10 号	罗某某放纵走私、非法持有弹药、李某某放纵走私案	羊肚 99 吨、马板肠 8.97 吨
勐腊县人民法院（2018）云 2823 刑初 42 号	陆某某放纵走私案	三车泰国副食品
广州市萝岗区人民法院（2014）穗萝法刑初字第 460 号	陈某某犯放纵走私、受贿罪案	方便面 610 箱、康师傅饮料（红、绿茶）1560 箱、脉动饮料 100 箱

---

① 参见二连浩特市人民法院（2015）二刑初字第 22 号刑事判决书。

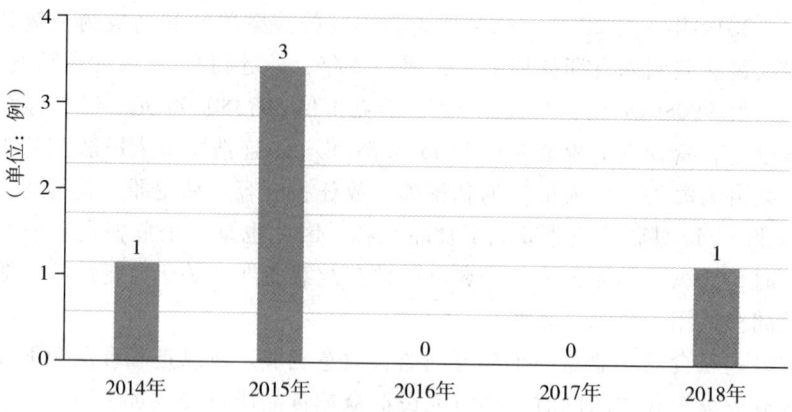

2014 年至 2018 年放纵走私食品犯罪有罪判决数量统计图

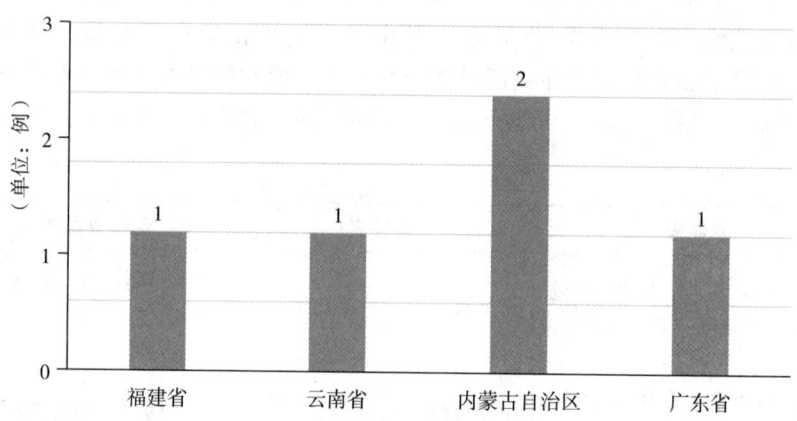

2014 年至 2018 年各省放纵走私食品犯罪有罪判决数量统计图

2. 放纵走私食品犯罪的认定

（1）法律依据

《刑法》第 411 条规定是追究放纵走私罪的刑法根据。关于何为"情节严重"，2006 年 7 月 26 日最高人民检察院《关于渎职侵权犯罪案件立案标准的规定》进一步解释，放纵走私罪，是指海关工作人员徇私舞弊，放纵走私，情节严重的行为。涉嫌下列情形之一的，应予立案：放纵走私犯罪的；因放纵走私致使国家应收税额损失累计达 10 万元以上的；放纵走私行为 3 次以上的；放纵走私行为，具有索取或者收受贿赂情节的；其他情节严重的情形。关于走私犯罪的具体认定，2002 年 7 月 8 日最高人民法院、最高人民检察院、海关总署《关于印发办理走私刑事案件适用法律若干问题的意见》第 16 条对放纵走私罪的认定问题指出,"依照刑法第四百一十一条的规定,负有特定监管义务的海关工作人员徇私舞弊,利用职权,放任、纵容走私犯罪行为,情节严重的,构成放纵走私罪。放纵走私行为,一般是消极的不作为。如果海关工作人员与走私分子通谋,在放纵走私过程中以积极的行为配合走私分子逃避海关监管或者在放纵走私之后分得赃款的,应以共同走私犯罪追究刑事责任。海关工作人员收受贿赂又放纵走私的,应以受贿罪和放纵走私罪数罪并罚"。

(2) 司法认定

走私活动败坏了社会风气,影响了社会稳定,滋生腐败。综观放纵走私活动的各种表现,主要有四种形式:放任不管;以罚代刑;中饱私囊;直接参与。

上述对放纵走私形式的归纳,总结了实践中放纵走私罪的基本情况,但在处理放纵走私罪案件中,也要区分情况,避免"一刀切"。第一种"放任不管"情形,属于典型的放纵走私罪,按照放纵走私罪定罪处罚即可。第二种"以罚代刑"情形,相对于典型的放纵走私而言,其不是纯粹的放任自流,而是进行了一定的处罚,但是行政处罚较轻,处罚不到位,所以,这种情形以"徇私舞弊不移交刑事案件罪"处理比较合适。第三种"中饱私囊"情形,属于因受贿而渎职的犯罪,如果受贿和渎职都成立犯罪,由于海关监管人员属于行政机关的工作人员,所以应当按照数罪并罚的原则处理,即按照受贿罪和放纵走私罪数罪并罚。第四种"直接参与"情形,属于共同犯罪,对于这种放纵走私情形的处理,关键是对犯罪性质进行认定。关于共同犯罪的性质,由共同犯罪中居于主导地位的犯罪的性质决定,也就是先看海关监管人员和走私人员谁是共同走私犯罪的主犯,如果海关监管人员是主犯,这就是一个放纵走私罪;如果走私人员是主犯,这就是一个破坏社会主义市场经济秩序罪中的走私罪;如果在共同走私犯罪中,不能断定海关监管人员和走私人员谁是共同走私的主犯,则认定为职务犯罪,即以放纵走私罪处理。

(四) 徇私舞弊不移交刑事案件罪

1. 徇私舞弊不移交食品类刑事案件犯罪现状

《刑法》第 402 条规定了徇私舞弊不移交刑事案件罪,即"行政执法人员徇私舞弊,对依法应当移交司法机关追究刑事责任的不移交,情节严重的,处三年以下有期徒刑或者拘役;造成严重后果的,处三年以上七年以下有期徒刑"。徇私舞弊不移交刑事案件罪的上游犯罪有多种,危害食品安全犯罪是其中的一类,当徇私舞弊不移交的刑事案件是危害食品安全犯罪的时候,该徇私舞弊不移交刑事案件罪就构成了食品犯罪。徇私舞弊不移交刑事案件罪在我国为数不多，而徇私舞弊不移交食品类刑事案件犯罪更是屈指可数，但仍然应当引以为戒。徇私舞弊不移交刑事案件罪也是一个典型的监督故意犯罪，关于监督故意犯罪的基本情况同样适用于放纵走私罪。

徇私舞弊不移交食品类刑事犯罪是行刑衔接不畅的重要表现之一，也是一个典型的监督故意犯罪。例如，河南省舞钢市人民法院认为，被告人张某某、李某某违反国家食品卫生管理法规，在经营饭店过程中，使用不合格加碘食用盐加工食品并予以销售，足以造成食源性疾病，其行为已构成生产、销售不符合安全标准的食品罪。被告人王某某作为舞钢市盐业局局长，在盐业局稽查队查处违法用盐案件时，徇私情让稽查人员隐瞒、毁灭证据，伪造材料，对依法应当移交司法机关追究刑事责任的案件不移交，情节严重。被告人曹某某作为舞钢市盐业局稽查队队长，在查处盐业违法案件时，对经测试为无碘的盐，为了罚款后局里返还执法人员能够得到奖金，以罚代刑，放纵犯罪嫌疑人继续进行违法活动，情节严重。二被告人的行为均已构成徇私舞弊不移交刑事案件罪。① 该案中，被告人张某某、李某某的行为已构成生产、销售不符合安全标准的食品罪，而被告人王某某作为舞钢市盐业局局长，徇私情对依法应当移交司法机关追究刑事责任的案件不移交；被告人曹某某作为舞钢市盐业局稽查队队长，以罚代刑，放纵犯罪嫌疑人继续进行违法活动。二被告人的行为均已构成徇私舞弊不移交刑事案件罪，而其不移交的犯罪是危害食品安全的犯罪，所以同样属于食品犯罪。

2. 徇私舞弊不移交食品类刑事案件犯罪的认定

（1）法律依据

《刑法》第402条规定是追究徇私舞弊不移交刑事案件罪刑事责任的刑法依据。此外，最高人民检察院《关于人民检察院直接受理立案侦查案件立案标准的规定（试行）》规定，徇私舞弊不移交刑事案件罪，是指行政执法人员，徇私情、私利，伪造材料，隐瞒情况，弄虚作假，对依法应当移交司法机关追究刑事责任的刑事案件，不移交司法机关处理，情节严重的行为。具体涉嫌下列情形之一的，应予立案：

①对依法可能判处3年以上有期徒刑、无期徒刑、死刑的犯罪法案件不移交的；

②3次以上不移交犯罪案件，或者一次不移交犯罪案件涉及3名以上犯罪嫌疑人的；

---

① 参见河南省舞钢市人民法院（2016）豫0481刑初148号刑事判决书。

③司法机关发现并提出意见后，无正当理由仍然不予移交的；

④以罚代刑，放纵犯罪嫌疑人，致使犯罪嫌疑人继续进行违法犯罪活动的；

⑤行政执法部门主管领导阻止移交的；

⑥隐瞒、毁灭证据，伪造材料，改变刑事案件性质的；

⑦直接负责的主管人员和其他直接责任人员为牟取本单位私利而不移交刑事案件，情节严重的；

⑧其他情节严重的情形。①

最高人民检察院《关于渎职侵权犯罪案件立案标准的规定》在"（十二）徇私舞弊不移交刑事案件案（第四百零二条）"中规定，徇私舞弊不移交刑事案件罪，是指工商行政管理、税务、监察等行政执法人员，徇私舞弊，对依法应当移交司法机关追究刑事责任的案件不移交，情节严重的行为。具体涉嫌下列情形之一的，应予立案：

①对依法可能判处 3 年以上有期徒刑、无期徒刑、死刑的犯罪案件不移交的；

②不移交刑事案件涉及 3 人次以上的；

③司法机关提出意见后，无正当理由仍然不予移交的；

④以罚代刑，放纵犯罪嫌疑人，致使犯罪嫌疑人继续进行违法犯罪活动的；

⑤行政执法部门主管领导阻止移交的；

⑥隐瞒、毁灭证据，伪造材料，改变刑事案件性质的；

⑦直接负责的主管人员和其他直接责任人员为牟取本单位私利而不移交刑事案件，情节严重的；

⑧其他情节严重的情形。②

（2）原案是否构成犯罪的问题

本案是徇私舞弊不移交刑事案件罪，原案是不移交的刑事案件，那么，原案一定是犯罪行为吗？一般而言，徇私舞弊不移交刑事案件罪的原案是刑事案件，属于犯罪行为。例如，2013 年 6 月至 7 月，被告人唐某身为某市食品药品监督管理局局长，不认真履行职务，为了本单位的利益，徇私舞弊，明知涉

---

① 参见最高人民检察院《关于人民检察院直接受理立案侦查案件立案标准的规定（试行）》（高检发释字〔1999〕2 号）。

② 参见最高人民检察院《关于渎职侵权犯罪案件立案标准的规定》（高检发释字〔2006〕2 号）。

案当事人的非法经营行为涉嫌刑事犯罪，依法应当移交司法机关追究刑事责任，但其在讨论处理涉案当事人时仍提出对涉案当事人仅作行政处罚处理的错误意见，导致应当移交司法机关追究刑事责任的刑事案件没有移交，其行为已构成徇私舞弊不移交刑事案件罪。① 该案中，本案是唐某构成的徇私舞弊不移交刑事案件罪，原案是涉案当事人非法经营行为涉嫌的刑事犯罪。但是，徇私舞弊不移交刑事案件罪的行为人也会发生认识错误，当不移交的案件客观上尚不构成犯罪行为，但其将这一客观上不构成犯罪的原案当成犯罪行为时，行为人仍然构成犯罪，即原案不构成犯罪是存在的。

（五）商检徇私舞弊罪、商检失职罪

1. 食品检验徇私舞弊犯罪、食品检验失职犯罪现状

《刑法》第 412 条第 1 款规定了商检徇私舞弊罪，即"国家商检部门、商检机构的工作人员徇私舞弊，伪造检验结果的，处五年以下有期徒刑或者拘役；造成严重后果的，处五年以上十年以下有期徒刑"。第 412 条第 2 款规定了商检失职罪，即"前款所列人员严重不负责任，对应当检验的物品不检验，或者延误检验出证、错误出证，致使国家利益遭受重大损失的，处三年以下有期徒刑或者拘役"。当商检徇私舞弊罪、商检失职罪的商检对象是有毒有害食品、不符合安全标准食品的时候，该商检徇私舞弊罪、商检失职罪就构成了食品犯罪。

商检徇私舞弊罪、商检失职罪等商检渎职行为阻碍和破坏了正常的商检出证，致使国家利益遭受重大损失。例如，刘某某在任南阳出入境检验检疫局驻西峡县办事处主任期间，在出口货物检验检疫过程中严重不负责任，违反《中华人民共和国进出口商品检验检疫法实施条例》《出口干制食用菌检验检疫监管作业指导书》等相关规定，对于抽中批次需要现场检验的出口货物，多次不到现场检验就填写制作检验原始记录，办证放行，对于一些出口企业长期掺假出口的违法行为没有及时发现制止，导致不合格产品出口到国外，其行为已构成商检失职罪。②

2. 商检徇私舞弊罪、商检失职罪的认定

（1）法律依据

《刑法》第 412 条是认定商检徇私舞弊罪、商检失职罪的刑法依据。同时，最高人民检察院《关于人民检察院直接受理立案侦查案件立案标准的规

---

① 参见广东省连州市人民法院（2015）清连法刑初字第 163 号刑事判决书。
② 参见河南省南阳市卧龙区人民法院（2015）宛龙刑初字第 628 号刑事判决书。

定（试行）》规定：

①商检徇私舞弊罪，是指国家商检部门、商检机构的工作人员徇私舞弊，伪造检验结果的行为。

国家商检部门、商检机构的工作人员涉嫌在商品检验过程中，为徇私情、私利，对报检的商品采取伪造、变造的手段对商检的单证、印章、标志、封识、质量认证标志等作虚假的证明或者出具不真实的结论，包括将送检的合格商品检验为不合格，或者将不合格检验为合格等行为的，应予立案。

②商检失职罪，是指国家商检部门、商检机构的工作人员严重不负责任，对应当检验的物品不检验，或者延误检验出证、错误出证，致使国家利益遭受重大损失的行为。

具体涉嫌下列情形之一的，应予立案：

a. 因不检验或者延误检验出证、错误出证，致使依法进出口商品不能进口或者出口，导致合同、订单被取消，或者外商向我方索赔或影响我方向外商索赔，直接经济损失达 30 万元以上的；

b. 因不检验或者延误检验出证、错误出证，致使不合格商品进口或者出口，严重损害国家和人民利益的；

c. 3 次以上不检验或者延误检验出证、错误出证，严重影响国家对外经贸关系或者国家声誉的。①

最高人民检察院《关于渎职侵权犯罪案件立案标准的规定》规定的立案标准如下：

①商检徇私舞弊罪，是指出入境检验检疫机关、检验检疫机构工作人员徇私舞弊，伪造检验结果的行为。

具体涉嫌下列情形之一的，应予立案：

a. 采取伪造、变造的手段对报检的商品的单证、印章、标志、封识、质量认证标志等作虚假的证明或者出具不真实的证明结论的；

b. 将送检的合格商品检验为不合格，或者将不合格商品检验为合格的；

c. 对明知是不合格的商品，不检验而出具合格检验结果的；

d. 其他伪造检验结果应予追究刑事责任的情形。

②商检失职罪，是指出入境检验检疫机关、检验检疫机构工作人员严重不负责任，对应当检验的物品不检验，或者延误检验出证、错误出证，致使国家利益遭受重大损失的行为。

---

① 参见最高人民检察院《关于人民检察院直接受理立案侦查案件立案标准的规定（试行）》（高检发释字〔1999〕2 号）。

具体涉嫌下列情形之一的，应予立案：

a. 致使不合格的食品、药品、医疗器械等商品出入境，严重危害生命健康的；

b. 造成个人财产直接经济损失 15 万元以上，或者直接经济损失不满 15 万元，但间接经济损失 75 万元以上的；

c. 造成公共财产、法人或者其他组织财产直接经济损失 30 万元以上，或者直接经济损失不满 30 万元，但间接经济损失 150 万元以上的；

d. 未经检验，出具合格检验结果，致使国家禁止进口的固体废物、液态废物和气态废物等进入境内的；

e. 不检验或者延误检验出证、错误出证，引起国际经济贸易纠纷，严重影响国家对外经贸关系，或者严重损害国家声誉的；

f. 其他致使国家利益遭受重大损失的情形。①

（2）因受贿而触犯商检徇私舞弊罪、商检失职罪的处罚

商检徇私舞弊罪、商检失职罪的发生多由受贿引起，在受贿也构成犯罪的情况下，是应当从一重处，还是数罪并罚呢？笔者认为，应当进行数罪并罚。例如，被告人刘某某身为国家机关工作人员，在工作中严重不负责任，对出口产品抽中批次的产品不到现场检查或者不认真检查，导致不合格产品出口到国外，致使国家税款被骗 20128345.11 元，其行为已构成商检失职罪。被告人刘某某利用职务之便非法收受他人财物 437000 元，数额巨大，为他人谋取利益，其行为已构成受贿罪。被告人刘某某犯商检失职罪，判处有期徒刑 1 年；被告人刘某某犯受贿罪，判处有期徒刑 3 年零 6 个月，并处罚金人民币 450000 元。数罪并罚，总和刑期有期徒刑 4 年零 6 个月，并处罚金人民币 450000 元。决定合并执行有期徒刑 3 年零 6 个月，并处罚金人民币 450000 元。②

（六）动植物检疫徇私舞弊罪、动植物检疫失职罪

1. 动植物检疫徇私舞弊罪、动植物检疫失职罪现状

《刑法》第 413 条第 1 款规定了动植物检疫徇私舞弊罪，即"动植物检疫机关的检疫人员，徇私舞弊，伪造检疫结果的，处五年以下有期徒刑或者拘役；造成严重后果的，处五年以上十年以下有期徒刑"。第 2 款规定了动植物

---

① 参见最高人民检察院《关于渎职侵权犯罪案件立案标准的规定》（高检发释字〔2006〕2 号）。

② 参见河南省南阳市卧龙区人民法院（2015）宛龙刑初字第 628 号刑事判决书。

检疫失职罪，即"前款所列人员严重不负责任，对应当检疫的检疫物不检疫，或者延误检疫出证、错误出证，致使国家利益遭受重大损失的，处三年以下有期徒刑或者拘役"。动植物检疫徇私舞弊罪、动植物检疫失职罪是生产、销售有毒、有害食品罪等危害食品安全犯罪的上游犯罪，正是由于动植物检疫徇私舞弊罪、动植物检疫失职罪，为一些危害食品安全犯罪提供了空间，使危害食品安全犯罪成为可能。例如，刘某某于2013年5月6日至2014年3月18日担任某食品厂驻厂检疫员期间，负责该屠宰场生猪屠宰的检验、检疫工作。被告人刘某某在驻厂期间，非法收受该厂厂长王某某所送财物。2013年10月，被告人刘某某在抽检中发现部分生猪沙丁胺醇呈阳性，但其不履行检验、检疫的监管职责，未将抽检的结果报告该区动物卫生监督所，仍对上述有毒、有害的生猪肉加盖动物制品验讫章，并出具动物检疫合格证明，致使有毒、有害猪肉流入市场。2014年3月18日，公安机关在对该食品厂清查过程中，查获未进行宰前检验检疫工作即加盖合格验讫章的生猪94片，合计47头，且已出具动物检疫合格证明86份，并在现场抓获被告人刘某某。被告人刘某某身为动植物检疫机关的检疫人员，徇私舞弊，伪造检疫结果，其行为已构成动植物检疫徇私舞弊罪。被告人刘某某如实供述自己的罪行，认罪态度较好，本应从轻处罚，但其作为检疫人员，置人民群众健康于不顾，徇私舞弊，伪造检疫结果，社会危害性较大，故对其酌情从重处罚。①

据统计，2014年至2018年动植物检疫失职罪未有定罪案例。

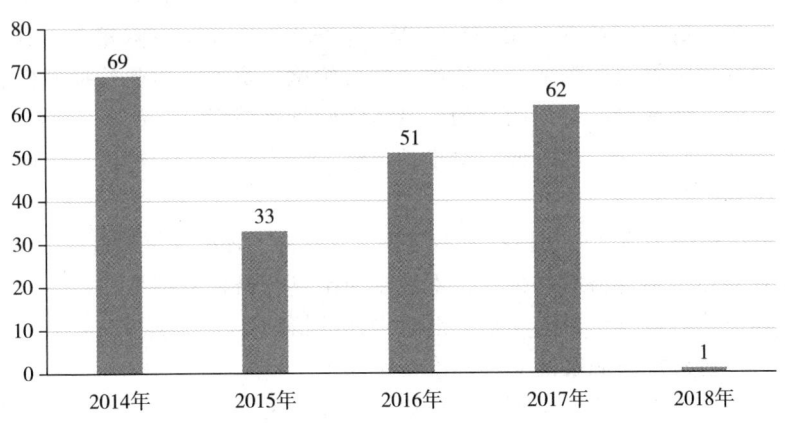

2014年至2018年动植物检疫徇私舞弊罪有罪判决趋势图

---

① 参见山东省济南市历下区人民法院（2014）历刑初字第338号刑事判决书。

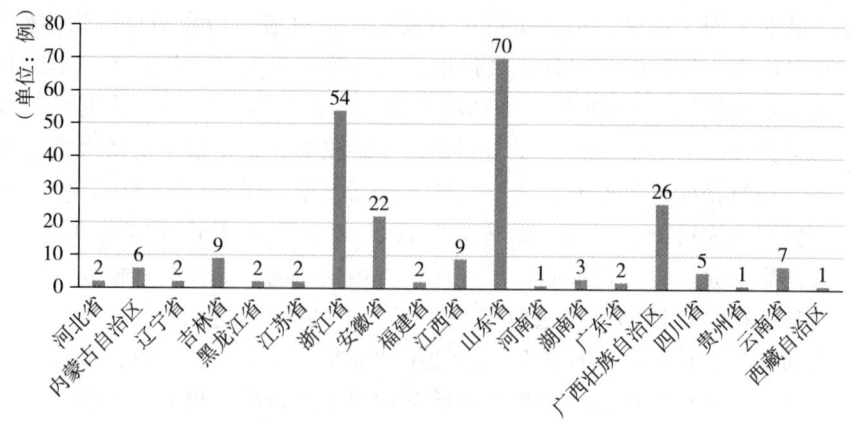

2014 年至 2018 年动植物检疫徇私舞弊罪地区分布图

2. 动植物检疫徇私舞弊罪、动植物检疫失职罪的认定

（1）法律依据

《刑法》第 413 条第 1 款规定，"动植物检疫机关的检疫人员徇私舞弊，伪造检疫结果的，处五年以下有期徒刑或者拘役；造成严重后果的，处五年以上十年以下有期徒刑"。第 2 款规定，"前款所列人员严重不负责任，对应当检疫的检疫物不检疫，或者延误检疫出证、错误出证，致使国家利益遭受重大损失的，处三年以下有期徒刑或者拘役"。这是认定动植物检疫徇私舞弊罪、动植物检疫失职罪的刑法依据。同时，最高人民检察院《关于渎职侵权犯罪案件立案标准的规定》对动植物检疫徇私舞弊案的立案标准规定如下：

动植物检疫徇私舞弊罪，是指出入境检验检疫机关、检验检疫机构工作人员徇私舞弊，伪造检疫结果的行为。具体涉嫌下列情形之一的，应予立案：

①采取伪造、变造的手段对检疫的单证、印章、标志、封识等作虚假的证明或者出具不真实的结论的；

②将送检的合格动植物检疫为不合格，或者将不合格动植物检疫为合格的；

③对明知是不合格的动植物，不检疫而出具合格检疫结果的；

④其他伪造检疫结果应予追究刑事责任的情形。

对动植物检疫失职案的立案标准规定如下：

动植物检疫失职罪，是指出入境检验检疫机关、检验检疫机构工作人员严重不负责任，对应当检疫的检疫物不检疫，或者延误检疫出证、错误出证，致使国家利益遭受重大损失的行为。具体涉嫌下列情形之一的，应予立案：

①导致疫情发生，造成人员重伤或者死亡的；

②导致重大疫情发生、传播或者流行的；

③造成个人财产直接经济损失 15 万元以上,或者直接经济损失不满 15 万元,但间接经济损失 75 万元以上的;

④造成公共财产或者法人、其他组织财产直接经济损失 30 万元以上,或者直接经济损失不满 30 万元,但间接经济损失 150 万元以上的;

⑤不检疫或者延误检疫出证、错误出证,引起国际经济贸易纠纷,严重影响国家对外经贸关系,或者严重损害国家声誉的;

⑥其他致使国家利益遭受重大损失的情形。①

(2) 动植物检疫徇私舞弊罪与动植物检疫失职罪的区别

动植物检疫徇私舞弊罪的本质特征是,在动植物检疫中弄虚作假、颠倒黑白;而动植物检疫失职罪的本质特征是,在动植物检疫中玩忽职守,造成国家和人民利益的重大损失。简言之,两罪的根本区别在于一个是颠倒黑白,一个是不尽职守。例如,2015 年 4 月至 2015 年 10 月,被告人刘某在担任泰安市泰山区某镇畜牧示范服务中心动物检疫员,负责该镇养殖动物的检疫工作期间,违反《中华人民共和国动物防疫法》《动物检疫管理办法》《家禽产地检疫规程》等规定,为领取个人检疫补贴,徇私舞弊,在未到养殖户现场检疫、查验强制免疫等资料的情况下,对该镇养殖户赵某、白某申报的 3 次检疫,先后出具 15 份虚假的《动物检疫合格证明》(动物 B),伪造检疫结果,致使未经检疫的鸭子流入市场。② 该案中,被告人刘某的行为属于不尽职守,但并没有故意弄虚作假和颠倒黑白作出检疫证明,其未进行检验即出具检疫证明系不尽职守的不作为,因此,刘某构成动植物检疫失职罪。

(3) 动植物检疫失职罪适用情况

2014 年 1 月 1 日至 2018 年 12 月 31 日,我国动植物检疫失职罪的刑事判决查无一例。③ 为什么会没有呢?这种现象主要缘起"两高"对危害食品安全犯罪适用法律的一个司法解释。2013 年,最高人民法院、最高人民检察院《关于办理危害食品安全刑事案件适用法律若干问题的解释》规定,负有食品安全监督管理职责的国家机关工作人员,滥用职权或者玩忽职守,导致发生重大食品安全事故或者造成其他严重后果,同时构成食品监管渎职罪和徇私舞弊不移交刑事案件罪、商检徇私舞弊罪、动植物检疫徇私舞弊罪、放纵制售伪商品犯罪行

---

① 参见最高人民检察院《关于渎职侵权犯罪案件立案标准的规定》(高检发释字〔2006〕2 号)。

② 参见《泰山区法院审结首例动植物检疫徇私舞弊案》,载搜狐网,http://www.sohu.com/a/200377230_737060,访问日期:2019 年 5 月 1 日。

③ 数据来源于中国裁判文书网,2019 年 3 月 29 日。

为等其他渎职犯罪的，依照处罚较重的规定定罪处罚。① 例如，湖南省邵东县人民法院认为，被告人刘某身为国家机关中受委托从事公务的人员，在对某肉类加工厂经营的动物产品进行检疫以及日常监管过程中，玩忽职守，造成严重后果，其行为已构成食品监管渎职罪。公诉机关指控被告人刘某犯食品监管渎职罪，犯罪事实清楚，证据确实、充分，法院予以支持。对于被告人刘某提出的其并不是主观上玩忽职守，而是业务上不熟悉，只是按照上级县局的指示和安排做事，以及辩护人辩护提出的执法主体是县局而不是乡镇站所、指控罪名应定动植物检疫失职罪、被告人刘某犯罪情节轻微可以免予刑事处罚的辩护意见，经查，被告人刘某身为国家机关中受委托从事公务的人员，被任命为邵东县某镇动物防疫检疫站站长，负责动物和动物产品的检疫，在对某肉类加工厂检疫及日常监管中，严重不负责任，未按规定开具检疫证，致使死猪肉流入外地的严重后果，其行为同时构成食品监管渎职罪与动植物检疫失职罪，按照司法解释和法律规定，并依据择一重罪处罚的原则，被告人刘某的行为应定食品监管渎职罪。② 另外，也有个别案件因为司法机关定性不当而没有认定为动植物检疫失职罪的情况，如前述案件中的刘某本来构成动植物检疫失职罪，当地司法机关认为，被告人刘某身为动物检疫人员，不履行动物检疫职责，对本应检疫的动物未进行检验即出具检验结果，其行为已构成动植物检疫徇私舞弊罪。③

（七）食监类滥用职权罪、玩忽职守罪

1. 食监类滥用职权罪、玩忽职守罪的现状

《刑法》第 397 条规定了滥用职权罪和玩忽职守罪，即"国家机关工作人员滥用职权或者玩忽职守，致使公共财产、国家和人民利益遭受重大损失的，处三年以下有期徒刑或者拘役；情节特别严重的，处三年以上七年以下有期徒刑。本法另有规定的，依照规定。国家机关工作人员徇私舞弊，犯前款罪的，处五年以下有期徒刑或者拘役；情节特别严重的，处五年以上十年以下有期徒刑。本法另有规定的，依照规定"。

虽然我国刑法专门规定了食品监管渎职罪，但食品监管渎职罪的犯罪主体仅限于负有食品安全监督管理职责的国家机关工作人员，也就是说，不负有食

---

① 参见 2013 年 5 月 4 日最高人民法院、最高人民检察院《关于办理危害食品安全刑事案件适用法律若干问题的解释》（法释〔2013〕12 号）。

② 参见湖南省邵东县人民法院（2015）邵东刑初字第 354 号刑事判决书。

③ 参见《泰山区法院审结首例动植物检疫徇私舞弊案》，载搜狐网，http://www.sohu.com/a/200377230_737060，访问日期：2019 年 5 月 1 日。

品安全监督管理职责的国家机关工作人员的渎职行为造成了危害食品安全的后果，则不能以食品监管渎职罪追究责任，这个时候，滥用职权罪和玩忽职守罪就成了追究其刑事责任的选项。例如，广东省惠州市中级人民法院认为，上诉人高某身为受国家机关委托行使职权的工作人员，滥用职权，擅自许可未经检疫合格的牛肉长时间在市场流通，严重威胁当地群众的食品安全，造成恶劣社会影响，其行为已构成滥用职权罪。①

2014年至2018年近五年来，我国以滥用职权罪追究食品监管渎职行为刑事责任的案件共9例。以玩忽职守罪追究食品监管渎职行为刑事责任的案件共75例。

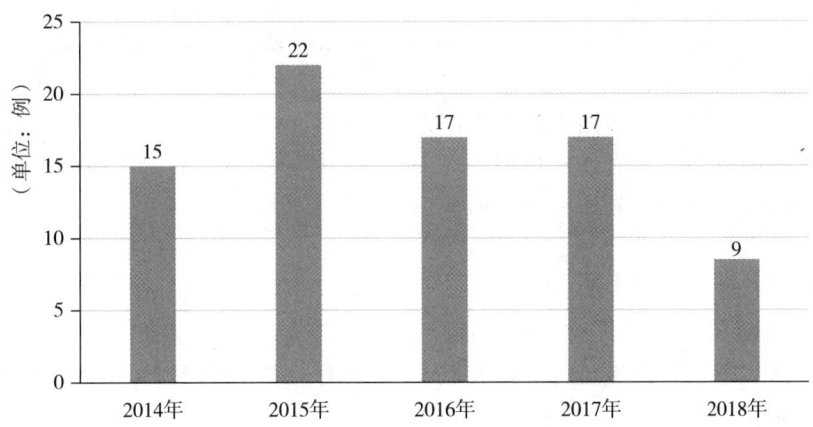

2014年至2018年以玩忽职守罪追究食品监管渎职行为刑事责任案件趋势图

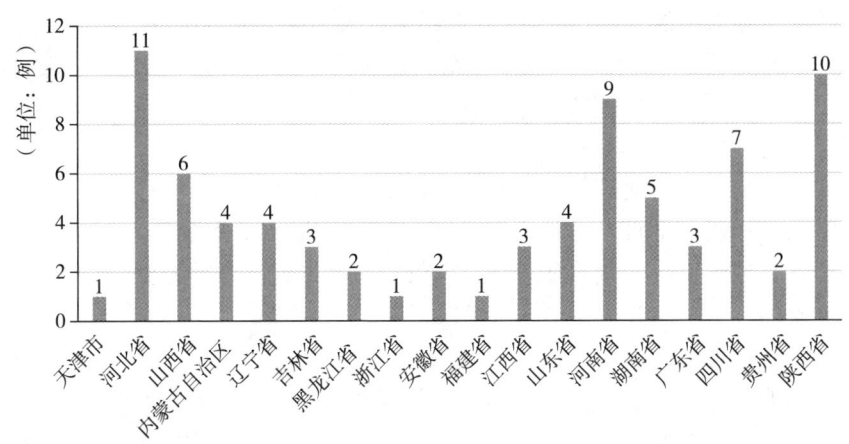

2014年至2018年各省食品监管渎职行为构成玩忽职守罪的有罪判决数量分布图

---

① 参见广东省惠州市中级人民法院（2016）粤13刑终570号刑事裁定书。

2. 食监类滥用职权罪、玩忽职守罪的认定

（1）法律依据

《刑法》第 397 条规定了滥用职权罪、玩忽职守罪，即"国家机关工作人员滥用职权或者玩忽职守，致使公共财产、国家和人民利益遭受重大损失的，处三年以下有期徒刑或者拘役；情节特别严重的，处三年以上七年以下有期徒刑。本法另有规定的，依照规定。国家机关工作人员徇私舞弊，犯前款罪的，处五年以下有期徒刑或者拘役；情节特别严重的，处五年以上十年以下有期徒刑。本法另有规定的，依照规定"。这是认定滥用职权罪、玩忽职守罪的刑法依据。

同时，最高人民检察院《关于渎职侵权犯罪案件立案标准的规定》对的立案标准规定如下：

滥用职权罪，是指国家机关工作人员超越职权，违法决定、处理其无权决定、处理的事项，或者违反规定处理公务，致使公共财产、国家和人民利益遭受重大损失的行为。具体涉嫌下列情形之一的，应予立案：

①造成死亡 1 人以上，或者重伤 2 人以上，或者重伤 1 人、轻伤 3 人以上，或者轻伤 5 人以上的；

②导致 10 人以上严重中毒的；

③造成个人财产直接经济损失 10 万元以上，或者直接经济损失不满 10 万元，但间接经济损失 50 万元以上的；

④造成公共财产或者法人、其他组织财产直接经济损失 20 万元以上，或者直接经济损失不满 20 万元，但间接经济损失 100 万元以上的；

⑤虽未达到第 3、4 两项数额标准，但第 3、4 两项合计直接经济损失 20 万元以上，或者合计直接经济损失不满 20 万元，但合计间接经济损失 100 万元以上的；

⑥造成公司、企业等单位停业、停产 6 个月以上，或者破产的；

⑦弄虚作假，不报、缓报、谎报或者授意、指使、强令他人不报、缓报、谎报情况，导致重特大事故危害结果继续、扩大，或者致使抢救、调查、处理工作延误的；

⑧严重损害国家声誉，或者造成恶劣社会影响的；

⑨其他致使公共财产、国家和人民利益遭受重大损失的情形。

国家机关工作人员滥用职权，符合刑法第九章所规定的特殊渎职罪构成要件的，按照该特殊规定追究刑事责任；主体不符合刑法第九章所规定的特殊渎职罪的主体要件，但滥用职权涉嫌前款第 1 项至第 9 项规定情形之一的，按照刑法第三百九十七条的规定以滥用职权罪追究刑事责任。

对玩忽职守案的立案标准规定如下：

玩忽职守罪，是指国家机关工作人员严重不负责任，不履行或者不认真履行职责，致使公共财产、国家和人民利益遭受重大损失的行为。具体涉嫌下列情形之一的，应予立案：

①造成死亡 1 人以上，或者重伤 3 人以上，或者重伤 2 人、轻伤 4 人以上，或者重伤 1 人、轻伤 7 人以上，或者轻伤 10 人以上的；

②导致 20 人以上严重中毒的；

③造成个人财产直接经济损失 15 万元以上，或者直接经济损失不满 15 万元，但间接经济损失 75 万元以上的；

④造成公共财产或者法人、其他组织财产直接经济损失 30 万元以上，或者直接经济损失不满 30 万元，但间接经济损失 150 万元以上的；

⑤虽未达到第 3、4 两项数额标准，但第 3、4 两项合计直接经济损失 30 万元以上，或者合计直接经济损失不满 30 万元，但合计间接经济损失 150 万元以上的；

⑥造成公司、企业等单位停业、停产 1 年以上，或者破产的；

⑦海关、外汇管理部门的工作人员严重不负责任，造成 100 万美元以上外汇被骗购或者逃汇 1000 万美元以上的；

⑧严重损害国家声誉，或者造成恶劣社会影响的；

⑨其他致使公共财产、国家和人民利益遭受重大损失的情形。

国家机关工作人员玩忽职守，符合刑法第九章所规定的特殊渎职罪构成要件的，按照该特殊规定追究刑事责任；主体不符合刑法第九章所规定的特殊渎职罪的主体要件，但玩忽职守涉嫌前款第 1 项至第 9 项规定情形之一的，按照刑法第三百九十七条的规定以玩忽职守罪追究刑事责任。[①]

（2）滥用职权罪与玩忽职守罪的区别

滥用职权罪与玩忽职守罪有很多相似之处，按照刑法的规定，它们的主体都是国家机关工作人员，客体和危害后果也是相同的，就连法定刑也一样。它们之间的区别，按照刑法的规定，一个是滥用职权，另一个是玩忽职守。也就是说，滥用职权罪与玩忽职守罪之间的区别，存在于它们的行为之中。对于滥用职权和玩忽职守这两种行为，应当从它们的主观要件和客观要件两个方面进行区分。

---

① 参见最高人民检察院《关于渎职侵权犯罪案件立案标准的规定》（高检发释字〔2006〕2 号）。

①主观要件

第一，滥用职权罪与玩忽职守罪都是过失犯罪。针对食监类犯罪，笔者不赞成通说所认为的滥用职权罪是故意犯罪①，而认为滥用职权罪与玩忽职守罪都是过失犯罪。因为这两个犯罪按照刑法的规定，在犯罪客体和危害后果一样的情况下，法定刑也相同，只有认为它们具有相同的罪过形式，针对它们造成相同的危害后果处以相同的法定刑才合理，否则，则是同罪异判。因此，食监类滥用职权罪、玩忽职守罪同属于监督过失犯罪。

第二，滥用职权罪与玩忽职守罪的区别在于它们不同的心理态度，一个是积极的态度，一个是消极的态度。滥用职权罪的主观心态是积极的。

②客观要件

第一，滥用职权罪和玩忽职守罪的前提是都有职权，没有职权就不存在滥用职权或者玩忽职守。例如，被告人李某甲身为动物卫生监督所所长，在明知厂点被撤并、屠宰证已过期的情况下，仍派员驻厂检疫，且在收到检疫人员反应存在生猪注水问题后，没有采取有效措施予以查处，导致大量注水肉流入市场。被告人胡某某身为动物卫生监督所检疫员，被监管单位法人代表，本应依法履行监督管理职责，在合并后的屠宰厂验收后，明知张某某将屠宰设备撤回原屠宰厂继续屠宰而不予制止，造成注水猪肉长期流入市场。被告人冯某甲、靳某某身为动物卫生监督所检疫员，在履行驻厂检疫职责过程中，严重不负责任，不认真履行查禁职责，致使大量注水肉流入市场。四被告人依法对生产、销售伪劣商品犯罪行为负有追究职责，却不认真履行，造成严重后果，情节严重，河北省邯郸市邯山区人民法院判决四被告人构成放纵制售伪劣商品犯罪行为罪。②

第二，滥用职权通常是作为的方式，玩忽职守通常是不作为。滥用职权通常是不符合使用职权的条件而使用职权，以及不按照职权行使的程序使用职权。例如，2011年6月30日，国家发展和改革委员会下达关于实施2012年资源型城市吸纳就业、资源综合利用、发展接续替代产业和多元化产业体系培育项目的通知，被告人陈某时任辽源发改委转型综合科科长，其利用职务之便，在项目申报过程中，违反规定，在明知所上报的项目应当经基层发改委考察审核，符合申报条件方可上报的情况下，经请示当时发改委主任谭某同意后，将不符合申报条件的某健康产业高效生物有限公司综合利用长白山人参生产功能

---

① 高铭暄、马克昌：《刑法学》，高等教育出版社、北京大学出版社2017年版，第650页。

② 参见河北省邯郸市邯山区人民法院（2012）邯山刑初字第235刑事判决书。

液态食品项目,未经辽源市西安区发改委考核审查,直接由其负责的辽源发改委转型综合科上报省发改委,致使该公司采用欺骗手段骗取国家专项资金720万元,且被该公司实际控制人夏某侵吞,给国家造成巨额损失,其行为构成滥用职权罪。① 玩忽职守通常是应当行使职责,而不尽职守,即不履行或者没有完全履行职责。例如,胡某某、田某身为食品监督管理部门的国家机关工作人员,身负对食品安全进行监管的职责,在对某公司的食品安全监管过程中,工作马虎、草率,未按法律、法规及单位内部规定的要求,对食品生产企业的进厂关、生产关、出厂关进行检查,未发现该食品厂在生产牛肉干的过程中混入了死畜肉,致使混入了大量死畜肉的牛肉干流入市场,造成恶劣社会影响,二人的行为构成玩忽职守罪。②

(3) 法条竞合关系的处理

在渎职犯罪中,比较主流的观点认为,滥用职权罪和玩忽职守罪与其他滥用职权和玩忽职守的犯罪行为存在法条竞合的关系,甚至有学者认为滥用职权与故意杀人罪、故意伤害罪构成想象竞合犯。因此,司法实践中就会发生犯罪定性意见之间的冲突。如何正确认定其所触犯的罪名,不仅是一个理论问题,也是一个实践问题。

笔者认为,第一,在滥用职权罪或者玩忽职守罪与其他滥用职权或者玩忽职守的行为,只构成一个犯罪的情况下,不存在法条竞合。最高人民法院、最高人民检察院《关于办理危害食品安全刑事案件适用法律若干问题的解释》第16条第2款"负有食品安全监督管理职责的国家机关工作人员滥用职权或者玩忽职守,不构成食品监管渎职罪,但构成前款规定的其他渎职犯罪的,依照该其他犯罪定罪处罚"的规定,即属这种情况。

第二,在特殊的滥用职权或者玩忽职守的行为构成犯罪的情况下,即使该行为符合滥用职权罪或者玩忽职守罪的构成要件,也应当认定为其他的具体的滥用职权和玩忽职守的犯罪,而不应当认定为滥用职权罪或者玩忽职守罪,这是罪刑法定原则的贯彻和落实。

第三,应以前述滥用职权罪与玩忽职守罪的区别为标准,确认其他滥用职权和玩忽职守的犯罪行为构成的特殊的滥用职权犯罪和玩忽职守犯罪。滥用职权罪与执行判决裁定滥用职权罪、徇私舞弊减刑、假释、暂予监外执行罪、滥用管理公司证券职权罪、违法发放林木采伐许可证、商检徇私舞弊罪、动植物检疫徇私舞弊罪、招收公务员、学生徇私舞弊罪等犯罪存在法条竞合的关

---

① 参见吉林省高级人民法院 (2018) 吉刑终136号刑事判决书。
② 参见四川省眉山市中国人民法院 (2017) 川14终175号刑事判决书。

系；玩忽职守罪与执行判决裁定失职罪、失职致使在押人员脱逃罪、国家机关工作人员签订、履行合同失职被骗罪、环境监管失职罪、食品监管渎职罪、传染病防治失职罪、商检失职罪、动植物检疫失职罪、失职造成珍贵文物损毁流失罪等犯罪存在法条竞合的关系。在特殊的滥用职权或者玩忽职守的行为构成犯罪的情况下，如果按照特殊的滥用职权或玩忽职守的犯罪会发生罪刑不相适应的情况，那么，就应当认定为滥用职权罪或者玩忽职守罪，这是罪刑相适应原则的要求。最高人民法院、最高人民检察院《关于办理危害食品安全刑事案件适用法律若干问题的解释》第 16 条第 1 款"负有食品安全监督管理职责的国家机关工作人员，滥用职权或者玩忽职守，导致发生重大食品安全事故或者造成其他严重后果，同时构成食品监管渎职罪和徇私舞弊不移交刑事案件罪、商检徇私舞弊罪、动植物检疫徇私舞弊罪、放纵制售伪劣商品犯罪行为罪等其他渎职犯罪的，依照处罚较重的规定定罪处罚"的规定，即属这种情况。①

---

① 参见 2013 年 5 月 2 日最高人民法院、最高人民检察院《关于办理危害食品安全刑事案件适用法律若干问题的解释》（法释〔2013〕12 号）。

第三章
食品犯罪公正司法研究

食品安全包括两种含义：一是食品质量的安全，指食品在质量上对人体有益无害；二是食品供应的安全，指食品在供应数量上能满足人们的需要。据此，危害食品安全的犯罪可划分为危害食品质量安全的犯罪和危害食品供应安全的犯罪。

第一节　食品犯罪司法研究综述

一、食品犯罪司法国内研究综述

食品安全是全社会关注的热点，危害食品安全犯罪为广大人民群众深恶痛绝。我国当前对于食品犯罪的理论研究和统计分析成果丰硕。关于食品犯罪的研究和统计反映了我国食品犯罪的一些基本特征：食品犯罪的领域主要集中在互联网上；在犯罪的责任追究上主要由职业打假人提起；在犯罪的刑罚适用上以监禁刑为主。

第一，80%以上食品犯罪来自互联网。2015年公安机关侦破危害食品安全犯罪案件1.5万起，地沟油、瘦肉精、配方乳粉犯罪仍时有发生，病死猪、注水肉犯罪也持续多发。尤其值得关注的是，在公安部督办案件中，利用互联网实施的食药犯罪占比超过80%，互联网、物流已成为食品药品犯罪的主流渠道。①

第二，80%以上食品安全案件由职业打假人提起。北京市第二中级人民法

---

① 参见郭铁：《八成食药犯罪来自网上下单请小心》，载搜狐网，http://www.sohu.com/a/60115636_115402，访问日期：2019年5月1日。

院的数据显示,2015年食品安全纠纷领域,有80%以上的诉讼由职业打假人提起。这里涉及生产、销售伪劣产品罪,生产、销售有毒、有害食品罪,生产、销售不符合安全标准的食品罪等犯罪。食品安全领域违法成本低、维权成本高,职业打假人的存在确实对净化市场,督促生产者、经营者依法经营有一定的促进作用。①

第三,近80%食品安全犯罪案件适用监禁刑。《法制日报》记者了解到,2014年全省各级法院共审结危害食品安全犯罪案件391件750人,同期生效判决374件684人。在生效判决中,被判处监禁刑的有534人,占总数的78.07%,最高量刑为死缓。②

我国食品犯罪的领域主要集中在互联网上,这为我国治理食品犯罪指明了工作方向;在犯罪的责任追究上主要由职业打假人提起,反映了我国在食品犯罪的治理上充分发挥了人民群众的主观能动性,坚持了群众路线;在犯罪的刑罚适用上以监禁刑为主,表明了食品安全对广大人民群众的重要性,以及全社会对于打击食品犯罪的决心和力度。我国对食品犯罪的研究也存在一些不足:第一,在食品犯罪的范围上,大多局限于三个在罪名上有"食品"字样的犯罪,这就限制了研究的视野;第二,由于没有领会我国食品犯罪"从严从重"的刑事司法政策,未将刑事司法政策与刑事司法实践结合起来研究,所以,在对食品犯罪的刑罚处罚上,没有提出应当对食品犯罪与一般犯罪相对而言的从重处罚的理念;第三,当前关于食品犯罪司法的研究注重理论思辨,而结合运用当前新兴的大数据研究方法,可便利于掌握犯罪的基本状况,对症下药,防治犯罪。

二、食品犯罪司法域外研究综述

对食品犯罪司法的域外研究具有三个比较鲜明的特征:第一,对白领犯罪的研究比较成熟和专业。例如,日本学者山本和祥平两位研究员论证了一个白领犯罪产生机制的模型,主要是基本的犯罪要求(动机、理由和机

---

① 参见《北京8成食品案由职业打假人起诉法官:应当支持》,载网易网,http://news.163.com/16/0316/18/BIA4MAVQ00014JB5.html,访问日期:2019年5月1日。

② 参见余东明:《山东对近八成食品安全犯罪案件适用监禁刑》,载法制网,http://www.legaldaily.com.cn/index/content/2015-01/23/content_5941155.htm?node=20908,访问日期:2019年5月1日。

会)、组织文化、贸易亚文化,以及这些因素之间的相互作用。① 第二,对食品犯罪的研究注重从单位的层面和国际执法机构的合作。例如,美国学者 Paul Leighton 论述了花生公司的食品犯罪;② John Pointing 和 Yunes Teinaz 在《英国的肉类和食品犯罪》中指出了跨国追究法律责任的必要性。③ 第三,对食品犯罪施用重刑的意见倾向。相关研究指出,在美国如果发现制假、售假行为,不仅要给予消费者巨额赔偿,"还要被处以 25 万美元以上 100 万美元以下的罚款,兼并 5 年以上的监禁,如有假冒前科,罚款数额可高达 500 万美元"。④ 在日本,如果食品生产企业出现了安全问题,绝大多数会面临破产的境遇。⑤ 对食品犯罪司法的域外研究,对我国的当代司法具有一定的借鉴意义。

第二节 危害食品质量安全犯罪

生产、销售有毒、有害食品罪和生产、销售不符合安全标准的食品罪是典型的危害食品质量安全的犯罪;以危险方法危害公共安全罪,生产、销售伪劣产品罪,虚假广告罪,逃避商检罪,不报谎报安全事故罪也会危害食品质量安全,因此也是危害食品质量安全的犯罪。为全面贯彻落实食品犯罪"从严从重"的刑事司法政策,最高人民法院亦有鲜明表态:危害食品安全犯罪可适用多个罪名,但根据证据情况和相关规定,法院通常会选择处罚较重的生产、销售伪劣产品罪甚至是以危险方法危害公共安全罪等定罪处罚。⑥

---

① Shohei, YAMOMOTA. a research on mechanism of generating white – collar crime in food businesses: A case study of a mass food poisoning by a dairy – products maker. Journal of Food System Research, 2009, Vol. 16 (1), 2.

② Paul Leighton. Mass Salmonella Poisoning by the Peanut Corporation of America: State – Corporate Crime Involving Food Safety. Critical Criminology, 2016, 24, (1): 75 – 91.

③ John Pointing and Yunes Teinaz. Halal Meat and Food Crime in the UK. Paper Presented for the International Halal Food seminar, Islamic University College of Malaysia, September 2004.

④ 燕凌:《国外在食品安全监管方面有什么经验》,载《红旗文稿》2011 年第 10 期。

⑤ 参见祝小茗、姜杰:《国外食品安全犯罪的刑法规制及启示》,载《广东开放大学学报》2016 年第 1 期。

⑥ 参见张先明:《彰显刑罚惩戒教育功能营造打击犯罪舆论氛围:最高人民法院公布四起危害食品安全犯罪典型案例》,载《人民法院报》2011 年 11 月 25 日。

一、生产、销售不符合安全标准的食品罪

（一）生产、销售不符合安全标准的食品罪现状

《刑法》第143条规定了生产、销售不符合安全标准的食品罪，即"生产、销售不符合食品安全标准的食品，足以造成严重食物中毒事故或者其他严重食源性疾病的，处三年以下有期徒刑或者拘役，并处罚金；对人体健康造成严重危害或者有其他严重情节的，处三年以上七年以下有期徒刑，并处罚金；后果特别严重的，处七年以上有期徒刑或者无期徒刑，并处罚金或者没收财产"。生产、销售不符合安全标准的食品罪是典型的危害食品质量安全的犯罪，在刑法的排序上，生产、销售不符合安全标准的食品罪在生产、销售有毒、有害食品罪的前面，这也表明生产、销售不符合安全标准的食品罪的社会危害性比生产、销售有毒、有害食品罪还要大。生产、销售不符合安全标准的食品罪比生产、销售有毒、有害食品罪的社会危害性大，是总体上就这两种犯罪对社会的危害而言，而不是就某一个具体犯罪而言，这是因为生产、销售不符合安全标准的食品罪更隐蔽一些，存在范围更广一些，受害群众更多一些，相应地它的社会危害性更大一些。

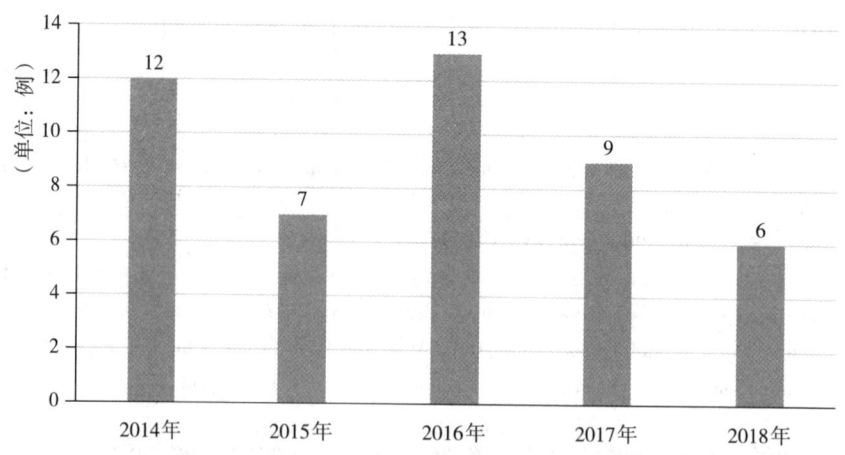

2014年至2018年生产、销售不符合安全标准的食品罪有罪判决趋势图

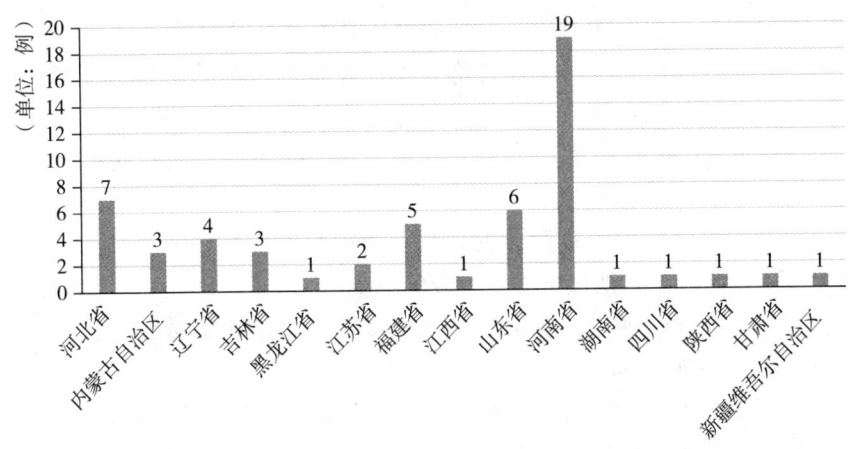

2014 年至 2018 年生产、销售不符合安全标准的食品罪地区分布图

（二）生产、销售不符合安全标准的食品罪的认定

1. 法律依据

《刑法》第 143 条是认定生产、销售不符合食品安全标准的食品罪的刑法依据。关于具体立案条件，根据最高人民检察院、公安部《关于公安机关管辖的刑事案件立案追诉标准的规定（一）的补充规定》第 3 条规定，生产、销售不符合食品安全标准的食品，涉嫌下列情形之一的，应予立案追诉：

（1）食品含有严重超出标准限量的致病性微生物、农药残留、兽药残留、重金属、污染物质以及其他危害人体健康的物质的；

（2）属于病死、死因不明或者检验检疫不合格的畜、禽、兽、水产动物及其肉类、肉类制品的；

（3）属于国家为防控疾病等特殊需要明令禁止生产、销售的食品的；

（4）婴幼儿食品中生长发育所需营养成分严重不符合食品安全标准的；

（5）其他足以造成严重食物中毒事故或者严重食源性疾病的情形。

在食品加工、销售、运输、贮存等过程中，违反食品安全标准，超限量或者超范围滥用食品添加剂，足以造成严重食物中毒事故或者其他严重食源性疾病的，应予立案追诉。

在食用农产品种植、养殖、销售、运输、贮存等过程中，违反食品安全标准，超限量或者超范围滥用添加剂、农药、兽药等，足以造成严重食物中毒事故或者其他严重食源性疾病的,应予立案追诉。①

2. 对生产、销售不符合安全标准的食品罪中"足以"的理解

最高人民法院、最高人民检察院《关于办理危害食品安全刑事案件适用法律若干问题的解释》第1条规定,生产、销售不符合食品安全标准的食品,具有下列情形之一的,应当认定为《刑法》第143条规定的"足以造成严重食物中毒事故或者其他严重食源性疾病":

(1) 含有严重超出标准限量的致病性微生物、农药残留、兽药残留、重金属、污染物质以及其他危害人体健康的物质的;

(2) 属于病死、死因不明或者检验检疫不合格的畜、禽、兽、水产动物及其肉类、肉类制品的;

(3) 属于国家为防控疾病等特殊需要明令禁止生产、销售的;

(4) 婴幼儿食品中生长发育所需营养成分严重不符合食品安全标准的;

(5) 其他足以造成严重食物中毒事故或者严重食源性疾病的情形。②

关于"足以造成严重食物中毒事故或者其他严重食源性疾病",一般而言,依此司法解释足矣,但当遇到上述第5项规定时,又需要对"足以"进行解释,所以,我们仍然需要从理论上进行解释说明。

在刑事立法和刑事司法实践中贯彻唯物主义决定论,切实做到罪责自负,就必须遵循犯罪化的基本逻辑。对于非直接故意危害行为的犯罪化,为了贯彻罪责自负的原则,不致冤枉无辜,达到排除合理怀疑的证据充分的标准,就必须保证非直接故意的危害行为是犯罪构成结果发生的充分条件。③ 这一思想对于正确理解我国《刑法》第143条规定的"足以造成严重食物中毒事故或者其他严重食源性疾病"非常重要。其他相似的规定,如《刑法》第116条规定,"破坏火车、汽车、电车、船只、航空器,足以使火车、汽车、电车、船只、航空器发生倾覆、毁坏危险,尚未造成严重后果的";第117条规定,"破坏轨道、桥梁、隧道、公路、机场、航道、灯塔、标志或者进行其他破坏活动,足以使火车、汽车、电车、船只、航空器发生倾覆、毁坏危险,尚未造成严重后果的";第145条规定,"生产不符合保障人体健康的国家标准、行业标准的医疗器械、医用卫生材料,或者销售明知是不符合保障人体健康的国

---

① 参见2017年4月27日最高人民检察院、公安部《关于公安机关管辖的刑事案件立案追诉标准的规定(一)的补充规定》(公通字〔2017〕12号)。

② 参见2013年5月2日最高人民法院、最高人民检察院《关于办理危害食品安全刑事案件适用法律若干问题的解释》(法释〔2013〕12号)。

③ 参见温建辉:《犯罪化逻辑研究》,载《法制博览》2015年第25期。

家标准、行业标准的医疗器械、医用卫生材料,足以严重危害人体健康的";第321条第1款第2项规定,"运送他人偷越国(边)境的,所使用的船只、车辆等交通工具不具备必要的安全条件,足以造成严重后果的";第334条规定,"非法采集、供应血液或者制作、供应血液制品,不符合国家规定的标准,足以危害人体健康的"。这些犯罪规定中都有"足以造成"或者"足以严重危害"等措辞,"足以"表明了因果关系前后件之间的充分条件关系。换为"可能"行吗?答案是否定的。因为可以表明行为可能造成结果,行为只是结果的可能原因,没有排除其他可能性,没有排除合理怀疑,没有达到证据确实、充分的定罪标准,就有可能造成冤枉无辜,因而不能使用"可能"的措辞,而只能使用"足以"这一表述。

简言之,刑法上关于犯罪行为"足以造成"或者"足以严重危害"等措辞不是任意的表述,而是具有无可替代的确定含义的。明白"足以"这一含义,有助于加深对生产、销售不符合安全标准的食品罪的理解和适用。"足以造成严重食物中毒事故或者其他严重食源性疾病",表明这样的犯罪是危险犯,只要具有这样的危险,就成立犯罪。"对人体健康造成严重危害或者有其他严重情节的",或者"后果特别严重的",这样的行为是结果犯。无论生产、销售不符合安全标准的食品罪具体表现为危险犯还是结果犯,它们的危害行为是一样的,"严重食物中毒事故或者其他严重食源性疾病"都是它们必然的后果或者现实的后果。

认定生产、销售不符合安全标准的食品罪的关键就是要掌握"足以"的认定。例如,2015年1月,西安市公安局接群众举报,在被告人马某某租赁的冷库中查扣无中文标识的冷冻牛碎肉810箱(每箱20千克,共计购入价格259200元)、冷冻牛肚170箱。经鉴定,冷冻牛碎肉系来自印度,冷冻牛肚系来自巴西,均属于国家为防控疾病禁止输入的肉类。原审法院认为,被告人马某某为牟取非法利益,购进属于国家为防控疾病明令禁止销售的牛肉制品,欲以销售,足以造成严重食物中毒事故或者其他严重食源性疾病,其行为已构成销售不符合安全标准的食品罪,销售金额达到20万元以上,属具有其他严重情节。① 该案件的认定认识到了"足以"的重要性,只有坚持这一认定标准,才能避免冤枉无辜。

---

① 参见陕西省高级人民法院(2016)陕刑终182号刑事判决书。

二、生产、销售有毒、有害食品罪

（一）生产、销售有毒、有害食品罪现状

《刑法》第144条规定了生产、销售有毒、有害食品罪，即"在生产、销售的食品中掺入有毒、有害的非食品原料的，或者销售明知掺有有毒、有害的非食品原料的食品的，处五年以下有期徒刑，并处罚金；对人体健康造成严重危害或者有其他严重情节的，处五年以上十年以下有期徒刑，并处罚金；致人死亡或者有其他特别严重情节的，依照本法第一百四十一条的规定处罚"。生产、销售有毒、有害食品罪是最典型的危害食品质量安全的犯罪。

食品犯罪严重危害国计民生，其中尤以生产、销售有毒、有害食品罪为甚。2018年上半年，各地公安机关破获食品安全案件6500余起，抓获犯罪嫌疑人1.1万余名，公安部挂牌督办案件120起全部告破，充分体现和落实了"从严从重"的刑事司法政策。为严惩食品犯罪，公安部发布了2018年上半年食品安全犯罪十大典型案件。（1）广东江门公安机关破获杨某等生产、销售病死猪肉案，抓获犯罪嫌疑人82名，查获病死猪肉及腊肉等肉制品80余吨，案值2000余万元；（2）山东昌邑公安机关破获徐某等生产、销售有毒、有害食品案，抓获犯罪嫌疑人23名，现场查扣已注射"肾上腺素"并灌水生猪122头，案值2000余万元；（3）山西运城公安机关破获赵某等生产、销售有毒有害食品案，抓获犯罪嫌疑人4名，捣毁给生猪注药、注水的生猪屠宰场1个，案值2200余万元；（4）陕西咸阳公安机关破获李某等生产、销售有毒、有害食品案，抓获犯罪嫌疑人23名，查明利用牛羊屠宰加工废弃物生产、销售有毒有害食用油1500余吨，案值1000余万元；（5）河南鹿邑公安机关破获霍某等生产、销售不符合安全标准的食品案，抓获犯罪嫌疑人13名，捣毁冷藏、加工窝点8个，查获不符合食品安全标准冻品牛肉60余吨；（6）公安机关查办一批"黑餐厅"网络送餐案，会同有关部门查处、关停非法送餐"黑餐厅"107个，刑事拘留11人，行政拘留19人；（7）浙江台州公安机关破获刘某等生产、销售有毒、有害食品案，抓获犯罪嫌疑人14名，捣毁生产、销售、储存窝点10个，查明销售降糖类有毒、有害食品4000余万盒；（8）广西南宁公安机关破获滕某等生产、销售有毒、有害食品案，抓获犯罪嫌疑人9名，当场查获涉案海参牡蛎颗粒、金花茶牡蛎颗粒等食品原材料和半成品近5吨；（9）吉林通化公安机关破获刘某等生产、销售有毒、有害减肥食品案，抓获犯罪嫌疑人10名，捣毁黑窝点5处，当场查获含有禁止添加成分的"曼芮姿"减肥食品33箱，案值3500余万元；（10）上

海松江公安机关破获林某等生产、销售伪劣桶装饮用水案，抓获犯罪嫌疑人 24 名，捣毁生产、销售伪劣桶装水和印制商标窝点 12 个，当场查获用自来水灌装的伪劣桶装饮用水 1000 余桶，案值 700 余万元。①

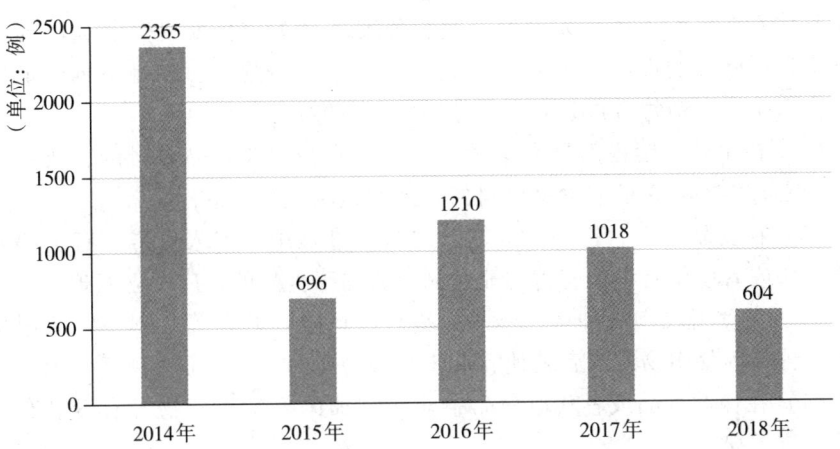

2014 年至 2018 年生产、销售有毒、有害食品罪有罪判决趋势图

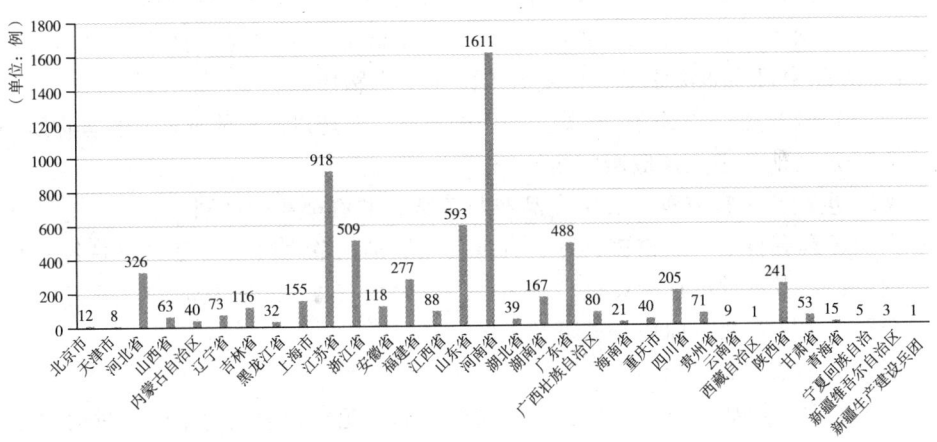

2014 年至 2018 年生产、销售有毒、有害食品罪地区分布图

---

① 参见《公安部发布食品安全犯罪十大典型案件》，载法制网：http：//www.legaldaily.com.cn/index/content/2018-07/17/content_7595897.htm？node=20908，访问日期：2019 年 5 月 1 日。

（二）生产、销售有毒、有害食品罪的认定

1. 法律依据

《刑法》第 144 条规定是认定生产、销售有毒、有害食品罪的刑法依据。关于具体立案条件，最高人民检察院、公安部《关于公安机关管辖的刑事案件立案追诉标准的规定（一）的补充规定》第 4 条规定，涉嫌下列情形之一的，应以生产、销售有毒、有害食品罪立案追诉：

（1）在生产、销售的食品中掺入有毒、有害的非食品原料的，或者销售明知掺有有毒、有害的非食品原料的食品的，应予立案追诉。

（2）在食品加工、销售、运输、贮存等过程中，掺入有毒、有害的非食品原料，或者使用有毒、有害的非食品原料加工食品的，应予立案追诉。

（3）在食用农产品种植、养殖、销售、运输、贮存等过程中，使用禁用农药、兽药等禁用物质或者其他有毒、有害物质的，应予立案追诉。

（4）在保健食品或者其他食品中非法添加国家禁用药物等有毒、有害物质的，应予立案追诉。

下列物质应当认定为本条规定的"有毒、有害的非食品原料"：

（1）法律、法规禁止在食品生产经营活动中添加、使用的物质；

（2）国务院有关部门公布的《食品中可能违法添加的非食用物质名单》《保健食品中可能非法添加的物质名单》中所列物质；

（3）国务院有关部门公告禁止使用的农药、兽药以及其他有毒、有害物质；

（4）其他危害人体健康的物质。①

2. 生产、销售有毒、有害食品罪与危害公共安全罪的区别

学界素有将生产、销售有毒、有害食品罪纳入危害公共安全罪类罪名之下的观点，笔者不赞成这种观点，认为生产、销售有毒、有害食品罪与危害公共安全罪在主客观两方面均有显著的不同。

（1）主观罪过的区别

如放火、爆炸、投毒等危害公共安全犯罪，犯罪行为人的主观罪过通常是直接故意，是追求或者希望危害结果的发生。例如，被告人王某甲与王某乙系同村村民。两家因琐事产生矛盾，且王某乙欲取消王某甲的低保待遇，因此，王某甲欲报复王某乙及其家人。2016 年 2 月 14 日晚，王某甲将"马大姐传统椰子糖"糖果沾上毒鼠强，扔到王某乙家大门北侧的土路边。次日早晨，村

---

① 参见 2017 年 4 月 27 日最高人民检察院、公安部《关于公安机关管辖的刑事案件立案追诉标准的规定（一）的补充规定》（公通字〔2017〕12 号）。

民王某乙捡食沾有毒鼠强的糖果后死亡。① 生产、销售有毒、有害食品罪的主观方面通常是追求伪劣食品的高额利润，对于可能造成他人的人身伤害是放任的心理，也就是间接故意；生产、销售有毒、有害食品是为了实现稳定的高额利润，通常不希望致人伤亡的后果。例如，被告人王某某违反食品安全法规，为追逐经济利益，在生产加工食品时添加危害人体健康并被国家明令禁止的有毒性非食品原料，并向不特定人群销售，其行为已构成生产、销售有毒、有害食品罪，依法应予处罚。②

（2）危害结果常态的区别

如放火、爆炸、投毒等危害公共安全犯罪，其危害结果的常态是"直接""致人重伤、死亡或者使公私财产遭受重大损失"，不仅是"致人重伤、死亡或者使公私财产遭受重大损失"，而且是"直接"的。例如，被告人周某因儿子抚养问题与前夫及家人发生纷争，为泄私愤，在村民住宅区烧毁民房21栋，致使村民财产遭受重大损失，造成严重后果，其行为已构成放火罪。③ 生产、销售有毒、有害食品罪危害结果的常态是对人身有一定伤害，但通常不会致人重伤或者死亡，而且致人重伤或者死亡也不是直接的。例如，自2012年八九月份开始，被告人贺某甲、郭某某、贺某乙在稷山县翟店镇南梁村租房内加工制作猪血块时，为了从翟店镇屠宰场将鲜猪血带回租房的途中不使猪血凝固，便在屠宰场盛放猪血时往猪血中加入工业盐（亚硝酸盐），带回租房做成血块后销售。2013年6月20日，三被告人制作好掺有工业盐的猪血块后，被告人郭某某到翟店镇太郝村集会上卖出50余块，太郝村村民贾某某、贾某乙等15人食用郭某某卖出的血块后，于6月20日晚上及6月21日凌晨先后出现恶心、呕吐、腹泻等病症。经鉴定，上述贾某某等14人身体所受损伤程度已构成轻微伤。公诉机关认为，被告人贺某甲、郭某某、贺某乙的行为已触犯《刑法》第144条之规定，构成生产、销售有毒食品罪。④

三、以危险方法危害公共安全罪

（一）食品安全类以危险方法危害公共安全罪现状

我国刑法以两个条文规定了以危险方法危害公共安全罪。第114条规定了

---

① 参见安徽省高级人民法院（2017）皖刑终115号刑事裁定书。
② 参见贵州省清镇市人民法院（2017）黔0181刑初584号刑事判决书。
③ 参见福建省寿宁县人民法院（2014）寿刑再初字第1号刑事判决书。
④ 参见山西省稷山县人民法院（2014）稷刑一初字第25号刑事判决书。

以危险方法危害公共安全罪的危险犯，即"放火、决水、爆炸以及投放毒害性、放射性、传染病病原体等物质或者以其他危险方法危害公共安全，尚未造成严重后果的，处三年以上十年以下有期徒刑"。第 115 条规定了以危险方法危害公共安全罪的结果犯，即"放火、决水、爆炸以及投放毒害性、放射性、传染病病原体等物质或者以其他危险方法致人重伤、死亡或者使公私财产遭受重大损失的，处十年以上有期徒刑、无期徒刑或者死刑"。严重危害食品安全的行为，也可能涉嫌以危险方法危害公共安全罪。危害食品安全犯罪与危害公共安全犯罪有一定交叉，因此，当以危险方法危害公共安全罪危害了食品安全时，以危险方法危害公共安全罪也是一个危害食品安全的犯罪。例如，2009 年 1 月 22 日，广受社会关注的三鹿系列刑事案件，石家庄市中级人民法院作出判决：被告人张某甲犯以危险方法危害公共安全罪，判处死刑，剥夺政治权利终身；生产、销售含有三聚氰胺的"蛋白粉"的被告人高某某犯以危险方法危害公共安全罪被判处死缓；被告人张某乙、薛某某以同样罪名被判处无期徒刑。食品安全类以危险方法危害公共安全罪虽然为数不多，但也是危害食品安全犯罪的一个重要类型，应予重视。

（二）食品安全类以危险方法危害公共安全罪的认定

1. 法律依据

《刑法》第 114 条、第 115 条规定是认定以危险方法危害公共安全罪的刑法依据。

由于我国对食品犯罪采取的是"从严从重"的刑事司法政策，所以在对食品安全类以危险方法危害公共安全罪的处置上，相对于一般的以危险方法危害公共安全罪而言，在犯罪的成立和刑罚的适用上，都应当贯彻实施"从严从重"的刑事司法政策要求。

2. 食品安全类以危险方法危害公共安全罪认定的常见问题

对食品安全类以危险方法危害公共安全罪的认定，主观要件的认定是一个关键。最高人民法院、最高人民检察院、公安部在《关于依法严惩地沟油犯罪活动的通知》中指出，认定是否"明知"，应当结合犯罪嫌疑人、被告人的认知能力，犯罪嫌疑人、被告人及其同案人的供述和辩解，证人证言、产品质量、进货渠道及进货价格、销售渠道及销售价格等主客观因素予以综合判断。[①] 这一规定是司法实践中认定危害食品安全犯罪主观要件的工

---

① 参见 2012 年 1 月 11 日最高人民法院、最高人民检察院、公安部《关于依法严惩地沟油犯罪活动的通知》。

作指南。

认定食品安全类以危险方法危害公共安全罪，必须正确区分其与生产、销售有毒、有害食品罪之间的界限。笔者认为，生产、销售有毒、有害食品罪与食品安全类以危险方法危害公共安全罪之间区分的标准是危害后果的常态：生产、销售有毒、有害食品罪危害后果的常态是致人轻伤及其以下的危害后果；而食品安全类以危险方法危害公共安全罪危害后果的常态是直接致人重伤、死亡的后果。

四、生产、销售伪劣产品罪

（一）食品安全类生产、销售伪劣产品罪现状

《刑法》第140条规定了生产、销售伪劣产品罪，即"生产者、销售者在产品中掺杂、掺假，以假充真，以次充好或者以不合格产品冒充合格产品，销售金额五万元以上不满二十万元的，处二年以下有期徒刑或者拘役，并处或者单处销售金额百分之五十以上二倍以下罚金；销售金额二十万元以上不满五十万元的，处二年以上七年以下有期徒刑，并处销售金额百分之五十以上二倍以下罚金；销售金额五十万元以上不满二百万元的，处七年以上有期徒刑，并处销售金额百分之五十以上二倍以下罚金；销售金额二百万元以上的，处十五年有期徒刑或者无期徒刑，并处销售金额百分之五十以上二倍以下罚金或者没收财产"。当生产、销售的伪劣产品是伪劣的食品时，其实质上就是一个危害食品安全的犯罪。换言之，当生产、销售有毒、有害食品，生产、销售不符合安全标准的食品以生产、销售伪劣产品罪定性更符合罪刑法定、罪刑相适应原则的时候，就应当依照刑法、按照法规竞合的规则，以生产、销售伪劣产品罪来定罪，这样的生产、销售伪劣产品罪又称为食品安全类生产、销售伪劣产品罪。被处以食品安全类生产、销售伪劣产品罪的案件来源包括两种类型：第一种是生产、销售不符合安全标准的食品的行为尚不构成生产、销售不符合安全标准的食品罪，却构成生产、销售伪劣产品罪；第二种是生产、销售有毒、有害食品，生产、销售不符合安全标准的食品的行为构成生产、销售有毒、有害食品罪，生产、销售不符合安全标准的食品罪，同时也构成生产、销售伪劣产品罪。例如，何某以牟利为目的，雇用和指使被告人刘某、兰某违反国家对产品质量的管理制度和食品安全法的规定，侵犯消费者的合法权益，生产、销售不符合保障人体健康安全的不合格产品，销售金额达15万元，且生产、销售的产品属于超范围使用食品添加剂，不符合食品安全标准，其行为已构成生

产、销售伪劣产品罪。① 该案就是生产、销售不符合安全标准的食品的行为尚不构成生产、销售不符合安全标准的食品罪，却构成生产、销售伪劣产品罪，应当以生产、销售伪劣产品罪定罪处罚。

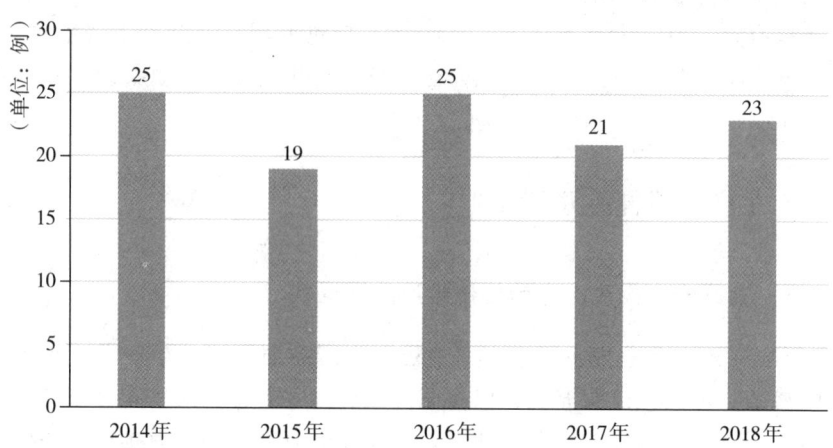

2014 年至 2018 年食品安全类生产、销售伪劣产品罪有罪判决趋势图

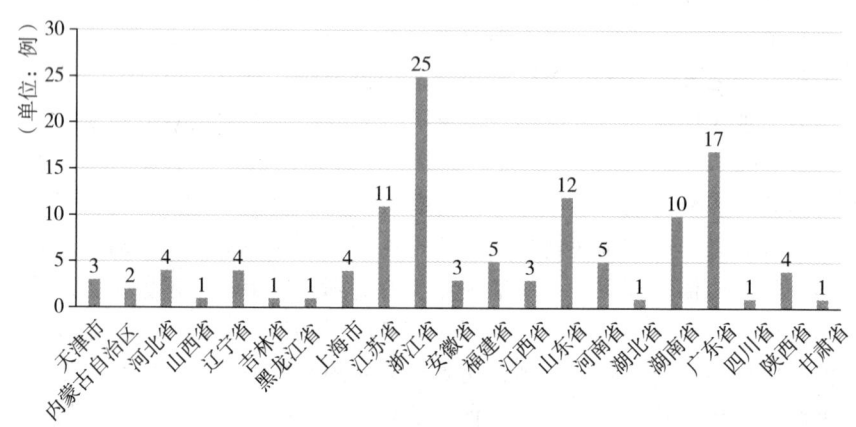

2014 年至 2018 年食品安全类生产、销售伪劣商品罪地区分布图

（二）食品安全类生产、销售伪劣产品罪的认定

1. 法律依据

《刑法》第 149 条规定是认定食品安全类生产、销售伪劣产品罪的刑法依

---

① 参见浙江省丽水市莲都区人民法院（2014）丽莲刑初字第 101 号刑事判决书。

据。同时，2013 年 5 月 2 日最高人民法院、最高人民检察院《关于办理危害食品安全刑事案件适用法律若干问题的解释》第 13 条亦对食品安全类生产、销售伪劣产品罪作出了具体的解释：

生产、销售不符合食品安全标准的食品，有毒、有害食品，符合《刑法》第 143 条、第 144 条规定的，以生产、销售不符合安全标准的食品罪或者生产、销售有毒、有害食品罪定罪处罚。同时构成其他犯罪的，依照处罚较重的规定定罪处罚。

生产、销售不符合食品安全标准的食品，无证据证明足以造成严重食物中毒事故或者其他严重食源性疾病，不构成生产、销售不符合安全标准的食品罪，但是构成生产、销售伪劣产品罪等其他犯罪的，依照该其他犯罪定罪处罚。

众所周知，我国对食品犯罪采取的是"从严从重"的刑事司法政策，所以在对食品安全类生产、销售伪劣产品罪的处理上，相对于一般的生产、销售伪劣产品罪而言，在犯罪的成立和刑罚的适用上，都应当贯彻实施"从严从重"刑事司法政策要求。

2. 食品安全类生产、销售伪劣产品罪的两种形态

《刑法》第 149 条第 1 款规定了单纯的食品安全类生产、销售伪劣产品罪，或者说，单纯的食品安全类生产、销售伪劣产品罪存在于《刑法》第 149 条第 1 款的规定中。这样的食品安全类生产、销售伪劣产品罪危害了食品安全，但不构成生产、销售有毒、有害食品罪或者生产、销售不符合安全标准的食品罪，只能以生产、销售伪劣产品罪定罪处罚。例如，2015 年 9 月 1 日至 11 月 25 日期间，被告人何某某伙同李某某、许某某、马某某（另案处理）指使郭某某在湖州市吴兴区康山街道福山村福山附近的养殖点内，采取从牛鼻处将水管插入牛胃，通过水泵加压的方式向活牛体内灌水，从而增加牛肉的重量，灌水菜牛 1220 头，屠宰后将牛肉以每斤 28 元至 32 元的价格进行销售，销售金额达人民币 1366 余万元。杭州市中级人民法院认为，被告人何某某生产、销售注水牛肉，其行为已构成生产、销售伪劣产品罪。①

《刑法》第 149 条第 2 款规定了法规竞合的食品安全类生产、销售伪劣产品罪。这样的食品安全类生产、销售伪劣产品罪危害了食品安全，不仅构成生产、销售有毒、有害食品罪或者生产、销售不符合安全标准的食品罪，同时也构成生产、销售伪劣产品罪，属于法规竞合的情况，而以生产、销售伪劣产品罪定罪处罚更符合罪刑相适应原则。例如，2010 年开始，被告人孙某、厉某

---

① 参见浙江省杭州市中级人民法院（2017）浙 01 刑初 120 刑事判决书。

在未办理加工许可证的情况下,在丽水市莲都区岩泉街道某村租用一个简易棚做加工点,生产加工脱皮土豆、毛芋,并于府前菜场63、64号摊位上销售。2011年3月开始,被告人孙某、厉某雇用被告人周某在加工点生产、加工脱皮土豆、毛芋,为了使脱皮后的毛芋、土豆颜色好看,不易腐烂,被告人周某在被告人孙某的指使下,将脱皮后的毛芋、土豆用添加了焦亚硫酸钠和一水柠檬酸的溶液浸泡,然后再送到府前菜场63、64号摊位由被告人孙某、厉某销售,销售金额达人民币25.5万元。2012年8月7日,莲都区公安分局在加工点当场查扣经加工的脱皮毛芋200千克、土豆130千克、焦亚硫酸钠37千克、一水柠檬酸23千克。经丽水市质量技术监督检测院检验:送检的脱皮毛芋、土豆二氧化硫残留量项目的检验结果不符合标准要求,检验结论为不合格。经丽水市莲都区卫生局认定:在毛芋、土豆中添加焦亚硫酸钠属于超范围使用食品添加剂,不符合食品安全标准,长期大量食用添加焦亚硫酸钠的毛芋、土豆会造成健康危害。从上述案件事实可知,这一案件既构成生产、销售不符合安全标准的食品罪,也构成生产、销售伪劣产品罪,属于法规竞合,应当依照处罚较重的规定定罪处罚。丽水市莲都区人民法院认为:被告人孙某、厉某以牟利为目的,被告人孙某雇用、指使被告人厉某、周某违反国家对产品质量的管理制度和食品安全法的规定,侵犯消费者的合法权益,生产、销售不符合保障人体健康安全的不合格产品,销售金额达20万元以上,且生产、销售的产品属于超范围使用食品添加剂,不符合食品安全标准,其行为分别已构成生产、销售伪劣产品罪。①

3. 食品安全类生产、销售伪劣产品罪"职业禁止"的适用

生产、销售有毒、有害食品罪和生产、销售不符合安全标准食品罪是典型的危害食品安全犯罪,对它们适用"职业禁止",发布刑事禁止令的比例是比较低的。如最典型的危害食品安全犯罪,生产、销售有毒、有害食品罪平均适用刑事禁止令为案件总数的5.43%;而食品安全类生产、销售伪劣产品罪的"职业禁止"适用刑事禁止令的比例直接为零。刑事职业禁止令低适用状况的原因如前所述,这种情况主要还是反映了一个法律实践上的误区,并不是只有生产、销售有毒、有害食品罪和生产、销售不符合安全标准的食品罪才属于危害食品安全犯罪,才能适用"食品行业"的"职业禁止",食品安全类生产、销售伪劣产品罪也是危害食品安全犯罪,同样可以适用"食品行业"的"职业禁止",包括在刑事判决书中宣告禁止令和行政处罚上的职业禁止。

---

① 参见浙江省丽水市莲都区人民法院(2014)丽莲刑初字第100号刑事判决书。

五、虚假广告罪

（一）虚假食品广告犯罪的现状

《刑法》第 222 条规定了虚假广告罪，即"广告主、广告经营者、广告发布者违反国家规定，利用广告对商品或者服务作虚假宣传，情节严重的，处二年以下有期徒刑或者拘役，并处或者单处罚金"。当虚假广告罪的经营对象为食品的时候，这一犯罪就涉嫌了危害食品安全的虚假广告罪，简称虚假食品广告犯罪。例如，辽宁省建平县人民法院认为，被告人李某某、王某某违反国家规定，明知所销售的玛咖牡蛎产品系食品，不具有增强男性性功能等功效，仍发布网络广告对产品作虚假宣传，情节严重，二被告人的行为均构成虚假广告罪。被告人栾某某违反有关规定，在未核实广告内容真实性的情况下，为被告人李某某、王某某设计、制作网络虚假广告，情节严重，其行为构成虚假广告罪。被告人陈某某、邹某、胡某某违反有关规定，在未核实广告内容真实性的情况下，为被告人李某某、王某某发布虚假广告，情节严重，三被告人的行为均构成虚假广告罪。①虚假食品广告犯罪在构成虚假广告罪的同时，误导人民群众对食品的认知，导致食品不能满足人民群众的真实需要，置人民群众的健康于不顾，所以，虚假食品广告犯罪也属于危害食品质量安全的犯罪，为了广大人民群众的食品安全，对虚假广告犯罪也必须严格执法和公正司法。虚假广告罪在我国目前不太多，虚假食品广告犯罪更为屈指可数，但仍然应当予以警示。

（二）虚假食品广告犯罪的认定

1. 法律依据

《刑法》第 222 条规定是追究虚假广告罪的刑法依据。同时，2013 年 5 月 2 日最高人民法院、最高人民检察院《关于办理危害食品安全刑事案件适用法律若干问题的解释》进一步对虚假食品广告犯罪作出了具体的司法解释。其中，第 14 条规定，"明知他人生产、销售不符合食品安全标准的食品，有毒、有害食品，而为其提供广告等宣传的，以生产、销售不符合安全标准的食品罪或者生产、销售有毒、有害食品罪的共犯论处"。第 15 条规定，"广告主、广告经营者、广告发布者违反国家规定，利用广告对保健食品或者其他食品作虚假宣传，情节严重的，依照刑法第二百二十二条的规定以虚假广告罪定罪处罚"。

---

① 参见辽宁省建平县人民法院（2018）辽 1322 刑初 174 号刑事判决书。

"从严从重"刑事司法政策是当下针对食品犯罪的政策范式，在对虚假食品广告犯罪的处置上，相对于一般的虚假广告罪而言，在犯罪的成立和刑罚的适用上，应当贯彻实施"从严从重"刑事司法政策要求。

2. 虚假食品广告犯罪社会危害性的认定

虚假食品广告犯罪作为虚假广告罪，危害了商品广告正常的市场秩序，同时也误导了人民群众对食品的认知，贻误了人民群众对食品正常功能的需要，在伪劣食品对人民群众的危害中，助纣为虐。如前述李某某案发布虚假广告误导了人民群众的认知，助长了伪劣食品对人民群众的危害，所以属于危害食品安全的犯罪。但该犯罪在危害食品安全和妨害食品广告的市场秩序两方面的比较，其对广告的市场秩序危害更大，因此，应当认定为危害食品安全的虚假广告罪。

3. 虚假广告罪的法律责任

虚假广告不仅涉嫌犯罪，也需要承担相应的民事责任和行政责任。《食品安全法》第140条规定，"违反本法规定，在广告中对食品作虚假宣传，欺骗消费者，或者发布未取得批准文件、广告内容与批准文件不一致的保健食品广告的，依照广告法的规定给予处罚。广告经营者、发布者设计、制作、发布虚假食品广告，使消费者的合法权益受到损害的，应当与食品生产经营者承担连带责任。社会团体或者其他组织、个人在虚假广告或者其他虚假宣传中向消费者推荐食品，使消费者的合法权益受到损害的，应当与食品生产经营者承担连带责任。违反本法规定，食品安全监督管理等部门、食品检验机构、食品行业协会以广告或者其他形式向消费者推荐食品，消费者组织以收取费用或者其他牟取利益的方式向消费者推荐食品的，由有关主管部门没收违法所得，依法对直接负责的主管人员和其他直接责任人员给予记大过、降级或者撤职处分；情节严重的，给予开除处分。对食品作虚假宣传且情节严重的，由省级以上人民政府食品安全监督管理部门决定暂停销售该食品，并向社会公布；仍然销售该食品的，由县级以上人民政府食品安全监督管理部门没收违法所得和违法销售的食品，并处二万元以上五万元以下罚款"。在办理涉嫌虚假广告罪的案件时，民事责任的承担可以通过刑事附带民事诉讼或者独立的民事诉讼进行追究，行政责任可以通过检察建议或者司法建议而提起。

六、逃避商检罪

（一）逃避食品检验犯罪的现状

《刑法》第230条规定了逃避商检罪，即"违反进出口商品检验法的规定，逃避商品检验，将必须经商检机构检验的进口商品未报经检验而擅自销售、使用,或者将必须经商检机构检验的出口商品未报经检验合格而擅自出口,情节严重的,处三年以下有期徒刑或者拘役,并处或者单处罚金"。当逃避检验的对象为食品时,逃避商检罪就可能成为危害食品安全的犯罪。例如,2006 年 7 月 10 日,厦门检验检疫局根据国家质检总局①的要求,对被美国、加拿大通报的出口水产品农残超标问题展开专项调查,发现一起发生在厦门口岸的逃避商检案件(因案发当天是 7 月 10 日,因此称为"7·10"案)。该案涉及全国 37 家出口企业 245 批次的出口货物,涉案货物包括冻虾、糖果、冻烤鳗、罐头等重点敏感商品,涉案总货值达 2140 万美元。其中 5 批出口至美国的冻烤鳗被美国食品药品管理局(FDA)检测出孔雀石绿含量严重超标,导致被美通报,并实施批批加严检测,对我国产品信誉和国际形象造成了恶劣影响。② 逃避食品检验犯罪在构成逃避商检罪的同时,将食品安全置于脱离管控的位置,放任无质量保证的食品危害人民群众的食品安全,所以,虽然逃避商检罪在我国刑事案件中为数不多,逃避食品检验犯罪更是屈指可数,但为了广大人民群众的食品质量安全,对逃避食品检验犯罪必须严惩不贷。

(二)逃避食品检验犯罪的认定

1. 法律依据

《刑法》第 230 条规定是认定逃避商检罪的刑法依据。同时,2010 年 5 月 7 日最高人民检察院、公安部关于《公安机关管辖的刑事案件立案追诉标准的规定(二)》第 83 条规定,违反进出口商品检验法的规定,逃避商品检验,将必须经商检机构检验的进口商品未报经检验而擅自销售、使用,或者将必须经商检机构检验的出口商品未报经检验合格而擅自出口,涉嫌下列情形之一的,应予立案追诉:

(1)给国家、单位或者个人造成直接经济损失数额在五十万元以上的;

(2)逃避商检的进出口货物货值金额在三百万元以上的;

(3)导致病疫流行、灾害事故的;

(4)多次逃避商检的;

(5)引起国际经济贸易纠纷,严重影响国家对外贸易关系,或者严重损害国家声誉的;

(6)其他情节严重的情形。

---

① 现为国家市场监督管理总局。
② 参见易秀清:《逃避商检,刑事责任与行政责任并举》,载《中国检验检疫》2008 年第 8 期。

我国对食品犯罪"从严从重"的刑事司法政策适用于所有危害食品安全的犯罪，在对逃避食品检验犯罪的处置上，相对于一般的逃避商检罪而言，在犯罪的成立和刑罚的适用上，应当贯彻实施"从严从重"刑事司法政策要求。

2. 逃避食品检验犯罪的构成要件

逃避食品检验犯罪的主体要件。依照《刑法》第 230 条、第 231 条规定，食品类避商检罪的犯罪主体包括自然人和单位，而且是从事食品生产经营的自然人和单位。

逃避食品检验犯罪的主观要件。逃避商检罪的主观要件是故意的罪过形式，其对逃避商检扰乱市场秩序持希望的态度，对危害食品供应的安全持放任的态度。

逃避食品检验犯罪的客观要件。客观行为上违反了进出口食品检验制度，逃避了食品进出口的检验，而且情节严重。

逃避食品检验犯罪的客体要件。逃避商检罪的客体是进出口商品的贸易秩序。逃避食品检验犯罪的客体是进出口食品的贸易秩序。

3. "特报"行为的处罚分类

治理逃避商检罪应重点惩治"特报"案件。"特报"，是指在货物进出口时，有些货物属于《出入境检验检疫机构实施检验检疫的进出境商品目录》中的商品，按照中华人民共和国进出口商品检验法等法律法规的规定，须经检验检疫机构检验检疫合格，领取通关单后才能报关出口。但有些进出口货物没有按照正常途径取得通关单，从而无法如实报关出口，当事人就委托报关公司，在报关时采用伪报品名和编码，将法检商品报成非法检商品的方式冲关出口。[①] 对于特报案件，应做三类处理：第一，符合逃避商检罪构成要件的，依法定罪处罚；第二，对于不符合构成要件，主要是不符合犯罪数额标准的，在给予行政处罚的同时，建立逃避商检行为违法档案，一旦再次实施逃避商检行为，应综合考虑前后违法行为犯罪数额之和，考察是否构成犯罪；第三，对于因逃避商检行为受过两次以上行政处罚，又逃避商检的，应以逃避商检罪定罪处罚。

七、不报、谎报安全事故罪

（一）不报、谎报食品安全事故犯罪现状

《刑法》第 139 条之一规定了不报、谎报安全事故罪，即"在安全事故发

---

① 参见刘阳中：《"特报"引发的逃避商检犯罪案》，载《中国检验检疫》2013 年第 10 期。

生后,负有报告职责的人员不报或者谎报事故情况,贻误事故抢救,情节严重的,处三年以下有期徒刑或者拘役;情节特别严重的,处三年以上七年以下有期徒刑"。不报、谎报安全事故罪当其不报、谎报的事故系食品安全事故时,就是一个不报、谎报食品安全事故犯罪。例如,在"三鹿问题奶粉案"中,自 2007 年 12 月,石家庄三鹿集团公司就陆续接到消费者关于婴幼儿食用三鹿牌奶粉出现疾患的投诉。2008 年 5 月 17 日,三鹿集团客户服务部书面向被告人田文华、王玉良等集团领导班子成员通报了此类投诉的有关情况。也于 2008 年 5 月 20 日成立了技术攻关小组。通过排查确认该集团所生产的婴幼儿系列奶粉中的"非乳蛋白态氮"含量是国内外同类产品的 1.5~6 倍,怀疑其奶粉中含有三聚氰胺,于 2008 年 7 月 24 日将其生产的 16 批次婴幼儿系列奶粉送河北出入境检验检疫局检验检疫技术中心检测确定是否含有三聚氰胺。2008 年 8 月 1 日,河北省出入境检验检疫局检验检疫技术中心出具检测报告:送检的 16 个批次奶粉样品中 15 个批次检出三聚氰胺。可以说,此时三鹿集团已经清楚地知道奶粉中所含有有毒成分及其危害性。但是,三鹿集团并没有就此向社会公布详细情况,也未向石家庄市政府和有关部门报告并采取积极有效的补救措施,而是作出了继续生产、销售问题奶粉的决定。这一瞒报、不报行为导致事态进一步扩大,最终造成重大食品卫生安全事件。①

不报、谎报食品安全事故犯罪在构成不报、谎报安全事故罪的同时,将食品质量安全置于不受管理不可控制的地步,并且贻误食品安全事故的抢救,后果不堪设想,所以,为了广大人民群众的食品安全,对不报、谎报食品安全事故犯罪必须严惩不贷。所幸我国近年没有发生不报、谎报食品安全事故犯罪,但应当对此时刻警惕。

(二)不报、谎报食品安全事故犯罪的认定

1. 法律依据

《刑法》第 139 条之一规定是司法实践中认定不报、谎报安全事故罪的刑法依据。同时,最高人民检察院、公安部《关于公安机关管辖的刑事案件立案追诉标准的规定(一)的补充规定》第 1 条规定,在安全事故发生后,负有报告职责的人员不报或者谎报事故情况,贻误事故抢救,具体涉嫌下列情形之一的,应予立案追诉:

(1)导致事故后果扩大,增加死亡一人以上,或者增加重伤三人以上,或者增加直接经济损失一百万元以上的;

---

① 参见杜菊、刘红:《食品安全刑事保护研究》,法律出版社 2012 年版,第 157 页。

（2）实施下列行为之一，致使不能及时有效开展事故抢救的：

决定不报、迟报、谎报事故情况或者指使、串通有关人员不报、迟报、谎报事故情况的；

在事故抢救期间擅离职守或者逃匿的；

伪造、破坏事故现场，或者转移、藏匿、毁灭遇难人员尸体，或者转移、藏匿受伤人员的；

毁灭、伪造、隐匿与事故有关的图纸、记录、计算机数据等资料以及其他证据的；

（3）其他不报、谎报安全事故情节严重的情形。

本条规定的"负有报告职责的人员"，是指负有组织、指挥或者管理职责的负责人、管理人员、实际控制人、投资人，以及其他负有报告职责的人员。[①]

我国司法实践中对食品犯罪贯彻了"从严从重"的刑事司法政策，在对不报、谎报食品安全事故犯罪的处理上，相对于一般的不报、谎报安全事故犯罪而言，在犯罪的成立和刑罚的适用上，应当体现"从严从重"的刑事司法政策要求。

2. 犯罪竞合的司法认定

不报、谎报食品安全事故犯罪通常与生产、销售有毒、有害食品罪，生产、销售不符合安全标准的食品罪，以危险方法危害公共安全罪等危害食品安全犯罪发生竞合，在犯罪的认定中，应当以较重的犯罪定罪处罚。不报、谎报安全事故罪相较于其他的危害食品安全犯罪，属于较轻的犯罪，因此，不报、谎报食品安全事故犯罪通常被其他危害食品安全犯罪吸收，进而认定为生产、销售有毒、有害食品罪，生产、销售不符合安全标准的食品罪，以危险方法危害公共安全罪等危害食品安全犯罪。例如，在前述"三鹿问题奶粉案"中，三鹿集团的不报、谎报安全事故罪被生产、销售有毒、有害食品罪，生产、销售伪劣产品罪所吸收，最终被认定为生产、销售伪劣产品罪。

认定不报、谎报安全事故罪的关键是掌握安全事故发生后还有挽救时机。只有事故发生后还有挽救时机，才谈得上贻误事故抢救，才会有扩大损失的后果，才成立不报、谎报安全事故罪。例如，2012年3月，被告人李某某所在的机械设备有限公司承揽了某洗煤厂的维修业务，由于李某某平时对维修工人安全生产不加强管理教育和培训，2013年2月3日18时左右，维修工人刘某某不遵守操作规程，不系安全绳，在检修作业时死亡。事故发生后，作为洗煤厂的单位负责人郝某某、孙某没有向相关单位进行报告，但未贻误抢救，因此，本案被告人李某某构成重大责任事故罪，李某某、郝某某、孙某不构成不

[①] 参见2017年4月27日最高人民检察院、公安部《关于公安机关管辖的刑事案件立案追诉标准的规定（一）的补充规定》（公通字〔2017〕12号）。

报、谎报安全事故罪。① 与之相对的案件如，2017 年 10 月 3 日，龙腾公司某矿在进行技改过程中，安全生产设施和安全生产条件不符合国家规定，因而发生重大伤亡事故，造成 3 人死亡，情节特别恶劣。隋某某、郑某某、廖某某、吴某某系对安全生产设施和安全生产条件不符合国家规定负有直接责任的主管人员，张某平系对安全生产设施和安全生产条件负有管理、维护职责的人员，湖南省会同县人民法院认为，五被告人的行为均已构成重大劳动安全事故罪；隋某某、郑某某、廖某某、吴某某、张某平、张某华均系安全事故发生后负有报告职责的人员，六人串通不报事故情况，致使不能及时有效开展事故抢救，贻误事故抢救，情节严重，六被告人的行为均构成不报、谎报安全事故罪。②

第三节 危害食品供应安全犯罪

生产、销售有毒、有害食品罪，生产、销售不符合安全标准的食品罪，食品安全类以危险方法危害公共安全罪和食品安全类生产、销售伪劣产品罪固然是危害食品安全犯罪，另外，还有一些犯罪虽然不是危害食品安全的源头，但是在食品经营的过程中，可能会危害食品供应的安全。简言之，这类犯罪有三个特征：第一，它们不是危害食品安全的源头，但是在非法经营食品的过程中会危害食品安全；第二，它们危害的不是食品质量的安全，而是危害食品供应的安全；第三，它们不都是危害食品安全的犯罪，只有在经营对象或内容为食品时，才可能危害食品安全。危害食品供应安全犯罪包括非法经营罪，走私普通货物罪，走私珍贵动物制品罪，走私国家禁止进出口的货物、物品罪，非法捕捞水产品罪，非法狩猎罪，生产、销售伪劣农药、兽药、化肥、种子罪，损害商业信誉、商品声誉罪等犯罪。

一、非法经营罪

（一）非法经营食品犯罪的现状

《刑法》第 225 条规定了非法经营罪，即"违反国家规定，有下列非法经营行为之一，扰乱市场秩序，情节严重的，处五年以下有期徒刑或者拘役，并

---

① 参见朔州市朔城区人民法院（2014）朔刑初字第 23 号刑事判决书。
② 参见湖南省会同县人民法院（2018）湘 1225 刑初 75 号刑事判决书。

处或者单处违法所得一倍以上五倍以下罚金；情节特别严重的，处五年以上有期徒刑，并处违法所得一倍以上五倍以下罚金或者没收财产：（一）未经许可经营法律、行政法规规定的专营、专卖物品或者其他限制买卖的物品的；（二）买卖进出口许可证、进出口原产地证明以及其他法律、行政法规规定的经营许可证或者批准文件的；（三）未经国家有关主管部门批准非法经营证券、期货、保险业务的，或者非法从事资金支付结算业务的；（四）其他严重扰乱市场秩序的非法经营行为"。当非法经营罪的经营对象为食品时，这一犯罪就构成了危害食品供应安全的非法经营罪，简称非法经营食品犯罪。例如，被告人曹某从事屠宰生猪、贩卖猪肉生意多年。2013年2月至2014年3月26日，被告人曹某未经许可，同蒋某某（均另处）等人私自在蒋某某家中屠宰生猪并对外销售。为达到多卖猪肉赚钱的目的，被告人曹某在屠宰生猪之前，对每头生猪注射阿托品与水混合液后灌水10升左右，增重2~4斤。至案发时，被告人曹某累计在蒋某某家中私自屠宰生猪达160余头，涉案金额共计18余万元。亳州市谯城区人民法院认为，被告人曹某结伙违反国家规定，未经许可，私自从事生猪屠宰、销售等活动，情节严重，其行为已构成非法经营罪，应予惩罚。① 非法经营食品犯罪在构成非法经营罪的同时，扰乱了食品供应的市场秩序，危害了食品供应的安全，置食品质量安全于不顾，所以，为了广大人民群众的食品供应安全，对非法经营食品犯罪必须严惩不贷。

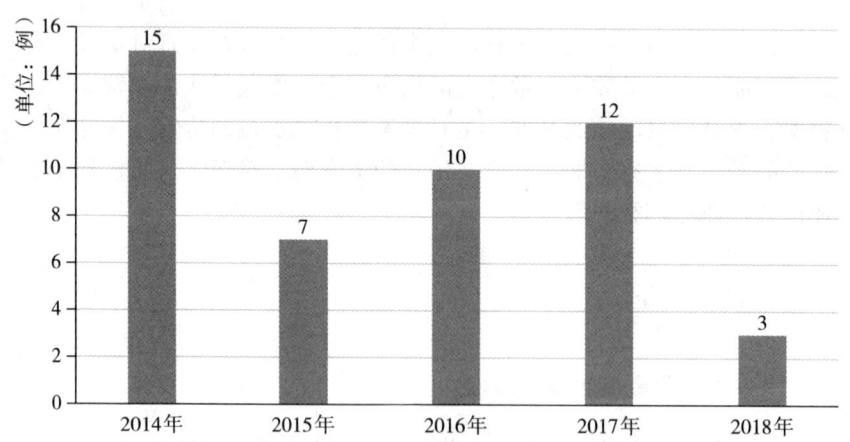

2014年至2018年非法经营食品犯罪有罪判决趋势图

---

① 参见亳州市谯城区人民法院（2014）谯刑初字第00717号刑事判决书。

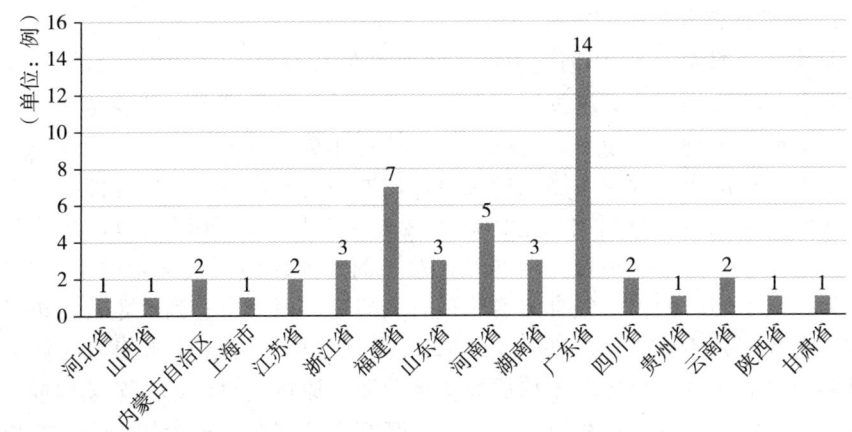

2014 年至 2018 年非法经营食品犯罪地区分布图

（二）非法经营食品犯罪的认定

1. 法律依据

《刑法》第 225 条的规定是认定非法经营罪的刑法依据。同时，2013 年 5 月 2 日最高人民法院、最高人民检察院《关于办理危害食品安全刑事案件适用法律若干问题的解释》第 11 条、第 12 条亦对非法经营食品犯罪进一步规定：

（1）以提供给他人生产、销售食品为目的，违反国家规定，生产、销售国家禁止用于食品生产、销售的非食品原料，情节严重的，依照《刑法》第 225 条的规定以非法经营罪定罪处罚。

违反国家规定，生产、销售国家禁止生产、销售、使用的农药、兽药、饲料、饲料添加剂，或者饲料原料、饲料添加剂原料，情节严重的，依照前款的规定定罪处罚。

实施上述两款行为，同时又构成生产、销售伪劣产品罪，生产、销售伪劣农药、兽药罪等其他犯罪的，依照处罚较重的规定定罪处罚。

（2）违反国家规定，私设生猪屠宰厂（场），从事生猪屠宰、销售等经营活动，情节严重的，依照《刑法》第 225 条的规定以非法经营罪定罪处罚。

实施上述行为，同时又构成生产、销售不符合安全标准的食品罪，生产、销售有毒、有害食品罪等其他犯罪的，依照处罚较重的规定定罪处罚。

在我国食品犯罪"从严从重"的刑事司法政策下，对非法经营食品犯罪的处理上，相对于一般的非法经营罪而言，在犯罪的成立和刑罚的适用上，贯彻实施"从严从重"的刑事司法政策要求。

2. 非法经营食品犯罪的司法认定

非法经营罪系 1979 年刑法中投机倒把罪在 1997 年刑法中拆解后保留的兜底性罪名。在市场经济高度发展的今天，经济活动种类繁多，相应地，涉嫌非法经营罪的行为种类也很多，这就造成在认定非法经营罪时自由裁量的范围太大，以至于司法人员裁量不当在所难免。例如，内蒙古自治区巴彦淖尔市中级人民法院再审认为，原判决认定的原审被告人王某某于 2014 年 11 月至 2015 年 1 月期间，没有办理粮食收购许可证及工商营业执照买卖玉米的事实清楚，其行为违反了当时的国家粮食流通管理有关规定，但尚未达到严重扰乱市场秩序的危害程度，不具备与《刑法》第 225 条规定的非法经营罪相当的社会危害性和刑事处罚的必要性，不构成非法经营罪。原审判决认定王某某构成非法经营罪适用法律错误，检察机关提出的王某某无证照买卖玉米的行为不构成非法经营罪的意见成立，原审被告人王某某及其辩护人提出的王某某的行为不构成犯罪的意见成立，法院均予以采纳。最终法院认定原审被告人王某某无罪。[①] 王某某的遭遇就是非法经营罪在司法实践中的生动写照，也反映了非法经营食品犯罪在司法实践中的适用状况。

非法经营罪作为一个兜底性罪名，包括非法经营食品犯罪，它的存在是必要和毋庸置疑的。在此前提下，司法实践中，笔者认为可以通过如下措施，避免对非法经营罪的自由擅断：其一，最高司法机关发布指导案例供地方司法机关参照，以便于统一司法适用的情况。这方面的工作，最高司法机关已经做了数年，经验成熟。其二，注重行刑衔接，优先适用行政处罚措施。一个危害社会的行为，只有符合三个条件，才有必要犯罪化，这三个条件是：第一，这种行为的危害结果是不可恢复、不能补救，而且数额较大的危害，只能给予惩罚；第二，犯罪行为与民事违法和行政违法具有区别，其不具有民事违法和行政违法那样明确的主体身份，有承担责任的主体，犯罪者行为时是不与相对人协商的，犯罪后也是逃匿的，这也是民事责任和行政责任无以应对的；第三，对于触犯法律、危害社会屡教不改的犯罪者，不给以刑罚制裁，无以防止危害结果的发生。[②]

二、走私普通货物、物品罪

（一）走私食品犯罪现状

《刑法》第 153 条规定了走私普通货物、物品罪，即"走私本法第一百五

[①] 参见内蒙古自治区巴彦淖尔市中级人民法院（2017）内 08 刑再 1 号刑事判决书。
[②] 参见温建辉：《罪过情感研究》，人民出版社 2013 年版，第 112 页。

十一条、第一百五十二条、第三百四十七条规定以外的货物、物品的,根据情节轻重,分别依照规定处罚"。当走私普通货物、物品罪的走私对象为食品的时候,这一犯罪就涉嫌危害食品供应安全的走私普通货物、物品罪,简称走私食品犯罪。例如,2016年2月,被告人江某经人介绍认识了汕尾人"阿雄"(另案处理),二人商定一起从香港装载冻品经海上偷运走私至湛江,每次支付江某报酬5000元。2016年3月27日,江某伙同"阿雄"等人驾驶一艘深蓝色大铁壳船在广东省汕尾市汕尾港70号鱼排附近补充水、食品后,前往香港油麻地装载冻品。3月28日上午到达该码头,往该艘深蓝色大铁壳船上吊装了一批凤爪、鸡全翅、猪肚、牛肚等冻品。3月29日凌晨,江某伙同"阿雄"等人驾船驶离香港油麻地码头前往湛江。航行途中,江某负责船上轮机,有时也协助"阿雄"驾驶船舶。3月30日晚23时许,在过驳冻品过程中被湛江海警三支队当场查获,"阿雄"等人乘快艇逃逸,江某被当场抓获。经查实,上述涉嫌自香港走私进境的冻品均来自巴西,毛重254211千克,净重234120千克,均未办理检疫审批等任何合法进境手续,已经构成走私普通货物罪。① 走私食品犯罪在妨害社会主义市场经济秩序构成走私普通货物、物品罪的同时,亦将人民群众的食品质量安全置于不受管控的地位,并且走私食品犯罪危害了食品供应秩序的安全,为了广大人民群众的食品安全,必须将走私食品犯罪绳之以法。

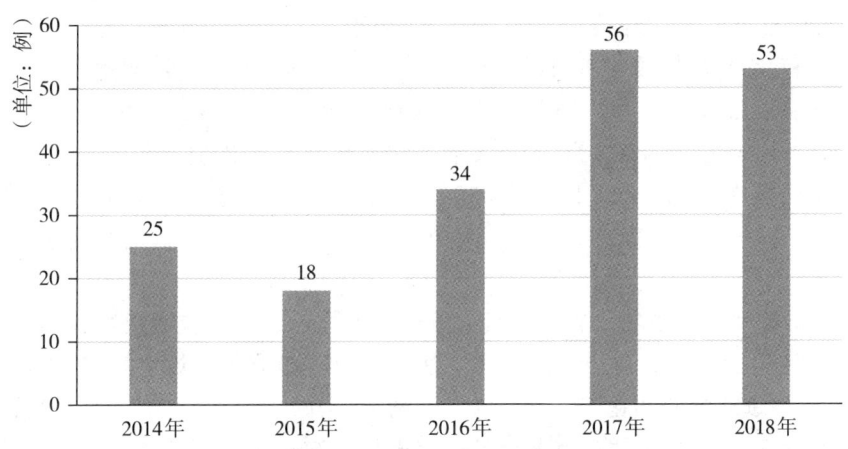

2014年至2018年走私食品犯罪有罪判决趋势图

---

① 参见广东省湛江市中级人民法院(2016)粤08刑初66号刑事判决书。

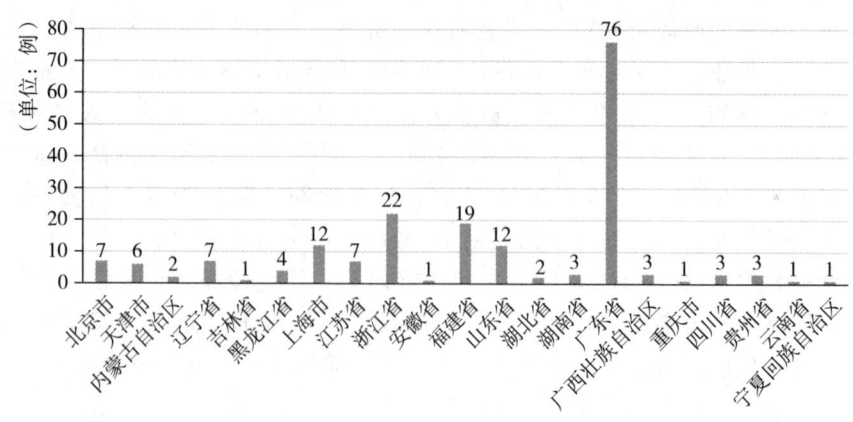

2014 年至 2018 年走私食品犯罪地区分布图

（二）走私食品犯罪的认定

1. 法律依据

《刑法》第 153 条、第 154 条法律规定是我国对走私普通货物、物品罪追责的刑法依据。

为了准确认定走私普通货物、物品罪，2014 年 8 月 12 日最高人民法院、最高人民检察院《关于办理走私刑事案件适用法律若干问题的解释》第 16 条、第 17 条、第 21 条、第 24 条亦对认定走私普通货物、物品罪规定：

（1）走私普通货物、物品，偷逃应缴税额在十万元以上不满五十万元的，应当认定为《刑法》第 153 条第 1 款规定的"偷逃应缴税额较大"；偷逃应缴税额在 50 万元以上不满 250 万元的，应当认定为"偷逃应缴税额巨大"；偷逃应缴税额在 250 万元以上的，应当认定为"偷逃应缴税额特别巨大"。

（2）走私普通货物、物品，具有下列情形之一，偷逃应缴税额在 30 万元以上不满 50 万元的，应当认定为《刑法》第 153 条第 1 款规定的"其他严重情节"；偷逃应缴税额在 150 万元以上不满 250 万元的，应当认定为"其他特别严重情节"：犯罪集团的首要分子；使用特种车辆从事走私活动的；为实施走私犯罪，向国家机关工作人员行贿；教唆、利用未成年人、孕妇等特殊人群走私的；聚众阻挠缉私的。

（3）《刑法》第 153 条第 1 款规定的"一年内曾因走私被给予二次行政处罚后又走私"中的"一年内"，以因走私第一次受到行政处罚的生效之日与

"又走私"行为实施之日的时间间隔计算确定;"被给予二次行政处罚"的走私行为,包括走私普通货物、物品以及其他货物、物品;"又走私"行为仅指走私普通货物、物品。

(4) 未经许可进出口国家限制进出口的货物、物品,构成犯罪的,应当依照《刑法》第 151 条、第 152 条的规定,以走私国家禁止进出口的货物、物品罪等罪名定罪处罚;偷逃应缴税额,同时又构成走私普通货物、物品罪的,依照处罚较重的规定定罪处罚。

取得许可,但超过许可数量进出口国家限制进出口的货物、物品,构成犯罪的,依照《刑法》第 153 条的规定,以走私普通货物、物品罪定罪处罚。

租用、借用或者使用购买的他人许可证,进出口国家限制进出口的货物、物品的,适用本条第一款的规定定罪处罚。

(5) 单位犯《刑法》第 151 条、第 152 条规定之罪,依照本解释规定的标准定罪处罚。

单位犯走私普通货物、物品罪,偷逃应缴税额在 20 万元以上不满一百万元的,应当依照《刑法》第 153 条第 2 款的规定,对单位判处罚金,并对其直接负责的主管人员和其他直接责任人员,处三年以下有期徒刑或者拘役;偷逃应缴税额在 100 万元以上不满 500 万元的,应当认定为"情节严重";偷逃应缴税额在 500 万元以上的,应当认定为"情节特别严重"。

在对走私食品犯罪的处理上,相对于一般的走私普通货物、物品罪而言,在犯罪的成立和刑罚的适用上,应当贯彻实施"从严从重"的刑事司法政策要求。

2. 走私食品犯罪的司法认定

走私食品犯罪的客体。走私食品犯罪作为一种特殊的走私普通货物、物品罪,它的特殊性在于其走私的对象是食品,反映在犯罪构成要件上的特殊性,就是它的客体是"对外食品贸易的管理秩序"。"对外贸易管理秩序"属于"社会主义市场经济秩序"的一个方面,包含诸多对外贸易的管理秩序,"对外食品贸易的管理秩序"只是"对外贸易管理秩序"的一个特殊部分。

对于明知是有毒、有害食品,不符合安全标准的食品而走私的行为如何定性?对此问题,有两种认定主张:有观点认为,明知是有毒、有害食品,不符合安全标准的食品而走私,在走私罪和销售有毒、有害食品罪,销售不符合安全标准的食品罪都成立的情况下,走私有毒、有害食品,不符合安全标准的食品的行为与销售有毒、有害食品,不符合安全标准的食品系手段行为和目的行为的关系,属于牵连犯,应当从一重罪处罚。笔者认为,在走私罪和销售有毒、有害食品罪，销售不符合安全标准的食品罪均成立的情况下，实质上是前后相继的两个犯罪行为。关于不构成牵连犯，因为：第一，走私罪和销售有毒、有害食品罪，销售不符合安全标准的食品罪的客体不同；第二，单独对走私食品行为定罪不会造成重复惩罚的问题；第三，离开了走私食品的行为，销售有毒、有害食品罪，销售不符合安全标准的食品罪仍然成立。因此，笔者认为，应当认定为两个独立的犯罪，实行数罪并罚。

走私食品犯罪既遂的判断。作为走私普通货物、物品罪而言，只要行为人已经蒙混过关，完成了走私物品的进出海关，就认为走私普通货物、物品罪既遂。但对于明知是有毒、有害食品，不符合安全标准的食品而走私的，作为走私食品犯罪，当行为人蒙混过关走私完成之后，有毒、有害食品，不符合安全标准的食品还没有销售出去，应当怎么认定？此时，在行为符合了各个犯罪成立条件的情况下，其仍然是实质的数罪，是走私普通货物、物品罪既遂和销售有毒、有害食品罪，销售不符合安全标准的食品罪未遂，按照数罪并罚原则定罪处罚。

三、走私珍贵动物制品罪，走私国家禁止进出口的货物、物品罪

（一）走私珍贵动物制品罪，走私国家禁止进出口的货物、物品罪现状

《刑法》第151条第2款规定了走私珍贵动物制品罪，即"走私……国家禁止进出口的珍贵动物及其制品的，处五年以上十年以下有期徒刑，并处罚金；情节特别严重的，处十年以上有期徒刑或者无期徒刑，并处没收财产；情节较轻的，处五年以下有期徒刑，并处罚金"。第3款规定了走私国家禁止进出口的货物、物品罪，即"走私珍稀植物及其制品等国家禁止进出口的其他货物、物品的，处五年以下有期徒刑或者拘役，并处或者单处罚金；情节严重的，处五年以上有期徒刑，并处罚金。单位犯本条规定之罪的，对单位判处罚金，并对其直接负责的主管人员和其他直接责任人员，依照本条各款的规定处罚"。当走私珍贵动物制品罪的"动物制品"用于食用、走私国家禁止进出口的货物物品罪的"货物、物品"系食品时，就严重地妨害了食品供应的安全，将人民群众的食品质量安全置于不受管控的境地，所以，这样的食品类走私珍贵动物制品罪，走私国家禁止进出口的货物、物品罪就属于危害食品供应安全的犯罪。

1. 食品类走私珍贵动物制品罪现状

当走私珍贵动物制品罪的"动物制品"用于食用时，它就是一个危害食

品供应安全的犯罪。例如，泉州市人民检察院指控，2015年7月，被告人邱某某委托被告人邵某办理一宗从菲律宾进口24吨镜贝和2吨螺肉的报关事务，被告人邵某将该业务委托给被告人吴某某，三人商议约定该宗货物全部按镜贝品名申报、包通关费为人民币51000元，同时约定将2吨螺肉夹藏在集装箱中间底部，以逃避海关监管。同年8月26日，该宗货物运抵厦门东渡口岸，同年9月1日，被告人吴某某以厦门金某元进出口有限公司名义在晋江陆地港申报从菲律宾进口25800千克贝壳原料（镜贝）。经海关查验，实际货物为镜贝21238千克、疑似海龟制品4150.5千克、疑似海蛇制品4.5千克、疑似鲍鱼制品1千克。经物种鉴定，疑似海龟制品为《濒危野生动植物种国际贸易公约》附录Ⅰ中的绿海龟制品，疑似海蛇制品和疑似鲍鱼制品因人为加工原因影响检材的DNA提取，无法确定其种属。经进一步检验和价值鉴定，4150.5千克绿海龟制品均为海龟裙边制品，其中形态完整、具备亲体特征的裙边制品为2436只（计1032.21千克），价值人民币1461600元。福建省泉州市中级人民法院认为，被告人邱某某、吴某某、邵某违反海关法规和珍贵动物保护法规，逃避海关监管，将4150.5千克的绿海龟裙边制品夹藏走私进境，其行为已构成走私珍贵动物制品罪。① 这就是一个典型的食品类走私珍贵动物制品案。

2014年1月1日至2018年12月31日，我国食品类走私珍贵动物制品罪的有罪判决为数不多，但食品安全无小事，应当引以为戒。②

2. 食品类走私国家禁止进出口的货物、物品罪现状

当走私国家禁止进出口的货物、物品罪中"货物、物品"系食品时，走私国家禁止进出口的货物、物品罪就成为了一个危害食品供应安全的犯罪。例如，2014年1月和3月，被告人李某某受雇他人在广东省江门市蓬江区白沙远洋冷冻厂租赁办公场所及经营冻品档口，并先后雇用员工经营冻品生意。经营冻品生意期间，被告人李某某明知巴西等地生产的牛副产品等冻品是国家禁止进口的货物，仍然积极委托陈某某（另案处理）为其将冻品偷运进境销售牟利。具体由被告人李某某先向境外供应商订购产地为巴西、巴拉圭、美国、乌拉圭、澳大利亚、阿根廷、新西兰等地的肉制冻品（主要为牛杂、猪杂副制品），运到香港后经重新拼柜，通过陈某某等揽货团伙组织人员将冻品运到越南、泰国再经我国云南省、广西壮族自治区边境偷运入境，运载至江门市远洋冷库交接并储存，最后由被告人李某某等人将冻品在境内销售牟利。经核

---

① 参见福建省泉州市中级人民法院（2016）闽05刑初98号刑事判决书。
② 参见（2015）吉刑初字第46号、（2016）闽01刑初132号、（2016）闽05刑初98号、（2016）粤01刑初493号、（2016）云28刑初216号、（2017）吉06刑初17号。

实，2014 年 3 月至 2015 年 3 月期间，被告人李某某委托陈某时偷运进境的巴西、美国等地生产的冻品共计 165 柜，合共 4366.980075 吨。江门市中级人民法院认为，被告人李某某无视国家法律，违反海关法规，走私国家禁止进口货物，情节严重，其行为已构成走私国家禁止进出口的货物、物品罪。① 食品类走私国家禁止进出口的货物、物品罪，一方面妨害了社会主义市场经济秩序，另一方面将人民群众的食品质量安全置于不受管控的境地，危害了广大人民群众的食品供应安全。

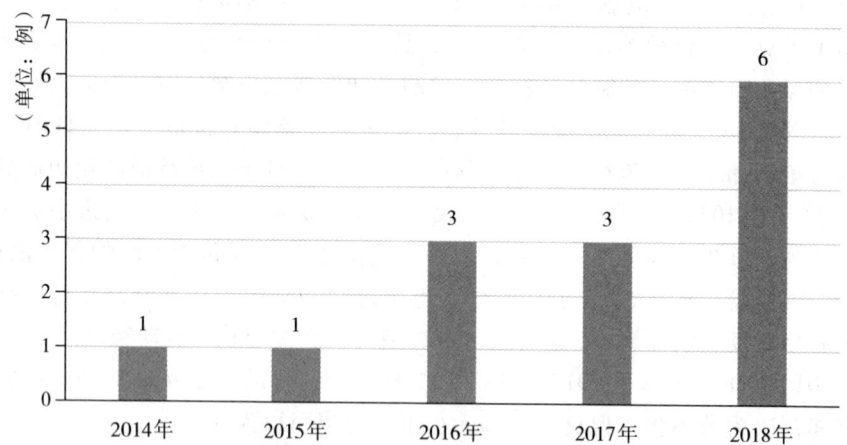

2014 年至 2018 年食品类走私国家禁止进出口的货物、物品罪的有罪判决趋势图

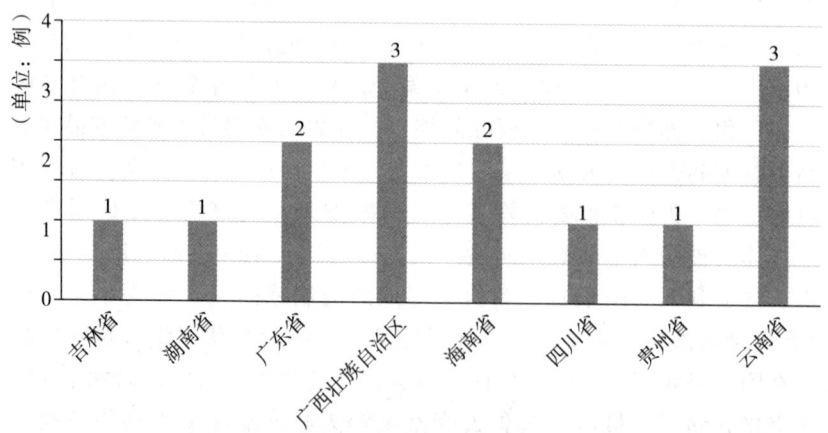

2014 年至 2018 年食品类走私国家禁止进出口的货物、物品罪地区分布图

---

① 参见广东省江门市中级人民法院（2016）粤 07 刑初 76 号刑事判决书。

（二）走私珍贵动物制品罪，走私国家禁止进出口的货物、物品罪的认定

1. 法律依据

《刑法》第 151 条第 1 款、第 2 款是认定走私珍贵动物制品罪，走私国家禁止进出口的货物、物品罪的刑法依据。为了准确认定走私珍贵动物制品罪，走私国家禁止进出口的货物、物品罪，2014 年 8 月 12 日最高人民法院、最高人民检察院《关于办理走私刑事案件适用法律若干问题的解释》第 9 条、第 10 条、第 11 条、第 12 条关于认定走私珍贵动物制品罪，走私国家禁止进出口的货物、物品罪规定：

（1）走私国家一、二级保护动物未达到本解释附表中（一）规定的数量标准，或者走私珍贵动物制品数额不满 20 万元的，可以认定为《刑法》第 151 条第 2 款规定的"情节较轻"。

具有下列情形之一的，依照《刑法》第 151 条第 2 款的规定处五年以上十年以下有期徒刑，并处罚金：

①走私国家一、二级保护动物达到本解释附表中（一）规定的数量标准的；

②走私珍贵动物制品数额在 20 万元以上不满 100 万元的；

③走私国家一、二级保护动物未达到本解释附表中（一）规定的数量标准，但具有造成该珍贵动物死亡或者无法追回等情节的。

具有下列情形之一的，应当认定为《刑法》第 151 条第 2 款规定的"情节特别严重"：

①走私国家一、二级保护动物达到本解释附表中（二）规定的数量标准的；

②走私珍贵动物制品数额在 100 万元以上的；

③走私国家一、二级保护动物达到本解释附表中（一）规定的数量标准，且属于犯罪集团的首要分子，使用特种车辆从事走私活动，或者造成该珍贵动物死亡、无法追回等情形的。

不以牟利为目的，为留作纪念而走私珍贵动物制品进境，数额不满 10 万元的，可以免予刑事处罚；情节显著轻微的，不作为犯罪处理。

（2）《刑法》第 151 条第 2 款规定的"珍贵动物"，包括列入《国家重点保护野生动物名录》中的国家一、二级保护野生动物，《濒危野生动植物种国际贸易公约》附录Ⅰ、附录Ⅱ中的野生动物，以及驯养繁殖的上述动物。

走私本解释附表中未规定的珍贵动物的，参照附表中规定的同属或者同科动物的数量标准执行。

走私本解释附表中未规定珍贵动物的制品的，按照2012年9月最高人民法院、最高人民检察院、国家林业局、公安部、海关总署《关于破坏野生动物资源刑事案件中涉及的CITES附录Ⅰ和附录Ⅱ所列陆生野生动物制品价值核定问题的通知》（林濒发〔2012〕239号）的有关规定核定价值。

（3）走私国家禁止进出口的货物、物品，具有下列情形之一的，依照《刑法》第151条第3款的规定处五年以下有期徒刑或者拘役，并处或者单处罚金：

①走私国家一级保护野生植物5株以上不满25株，国家二级保护野生植物10株以上不满50株，或者珍稀植物、珍稀植物制品数额在20万元以上不满100万元的；

②走私重点保护古生物化石或者未命名的古生物化石不满10件，或者一般保护古生物化石10件以上不满50件的；

③走私禁止进出口的有毒物质1吨以上不满5吨，或者数额在2万元以上不满10万元的；

④走私来自境外疫区的动植物及其产品5吨以上不满25吨，或者数额在5万元以上不满25万元的；

⑤走私木炭、硅砂等妨害环境、资源保护的货物、物品10吨以上不满50吨，或者数额在10万元以上不满50万元的；

⑥走私旧机动车、切割车、旧机电产品或者其他禁止进出口的货物、物品20吨以上不满100吨，或者数额在20万元以上不满100万元的；

⑦数量或者数额未达到本款第1项至第6项规定的标准，但属于犯罪集团的首要分子，使用特种车辆从事走私活动，造成环境严重污染，或者引起甲类传染病传播、重大动植物疫情等情形的。

具有下列情形之一的，应当认定为《刑法》第151条第3款规定的"情节严重"：

①走私数量或者数额超过前款第1项至第6项规定的标准的；

②达到前款第1项至第6项规定的标准，且属于犯罪集团的首要分子，使用特种车辆从事走私活动，造成环境严重污染，或者引起甲类传染病传播、重大动植物疫情等情形的。

（4）《刑法》第151条第3款规定的"珍稀植物"，包括列入《国家重点保护野生植物名录》《国家重点保护野生药材物种名录》《国家珍贵树种名录》中的国家一、二级保护野生植物、国家重点保护的野生药材、珍贵树木，《濒危野生动植物种国际贸易公约》附录Ⅰ、附录Ⅱ中的野生植物，以及人工培育的上述植物。

本解释规定的"古生物化石"，按照《古生物化石保护条例》的规定予以认定。走私具有科学价值的古脊椎动物化石、古人类化石，构成犯罪的，依照《刑法》第 151 条第 2 款的规定，以走私文物罪定罪处罚。①

在对走私珍贵动物制品罪，走私国家禁止进出口的货物、物品罪的处理上，依照我国惩治食品罪的刑事政策，相对于一般的走私珍贵动物制品罪，走私国家禁止进出口的货物、物品罪而言，在犯罪的成立和刑罚的适用上，应当贯彻实施"从严从重"的刑事司法政策要求。

2. 走私珍贵动物制品罪，走私国家禁止进出口的货物、物品罪的司法认定

因行贿而使走私珍贵动物制品罪，走私国家禁止进出口的货物、物品罪得逞如何定罪？在行贿行为数额较小不构成犯罪的情况下，直接认定为走私珍贵动物制品罪，走私国家禁止进出口的货物、物品罪。当行贿数额较大，行贿本身也构成犯罪的情况下，是按照行贿罪和走私珍贵动物制品罪，走私国家禁止进出口的货物、物品罪构成牵连犯从一重处；还是将行贿罪和走私珍贵动物制品罪，走私国家禁止进出口的货物、物品罪数罪并罚？笔者认为，对于海关人员的贿赂收买，因其不是一次性的收买，它的贿买可以较长期地发挥作用，因而具有独立性，应当单独定罪处罚。因此，当行贿和走私珍贵动物制品罪，走私国家禁止进出口的货物、物品罪均成立的情况下，应当数罪并罚。

走私珍贵动物制品罪，走私国家禁止进出口的货物、物品罪既遂的认定。对于走私珍贵动物制品罪，走私国家禁止进出口的货物、物品罪而言，只要行为人已经蒙混过关，完成了走私物品的进出海关，就应当认为走私珍贵动物制品罪，走私国家禁止进出口的货物、物品罪既遂。但对于明知是有毒、有害食品，不符合安全标准的食品而走私并销售的，作为食品类走私珍贵动物制品罪，走私国家禁止进出口的货物、物品罪，当行为人蒙混过关完成走私之后，有毒、有害食品，不符合安全标准的食品还没有销售出去，应当怎么认定？笔者认为，此时的走私珍贵动物制品罪，走私国家禁止进出口的货物、物品罪和销售有毒、有害食品罪，销售不符合安全标准的食品罪均构成犯罪，实质上是前后相继的两个犯罪。而且它们不构成牵连犯，这是因为：第一，走私珍贵动物制品罪，走私国家禁止进出口的货物、物品罪和销售有毒、有害食品罪，销售不符合安全标准的食品罪的客体不同；第二，单独对走私珍贵动物制品罪，走私国家禁止进出口的货物、物品罪定罪处罚不会造成重复惩罚的问题；第三，离开了走私珍贵动物制品罪，走私国家禁止进出口的货物、物品罪的行为，销售有毒、有害食品罪，销售不符合安全标准的食品罪仍然成立。因此，

---

① 参见 2014 年 8 月 12 日最高人民法院、最高人民检察院《关于办理走私刑事案件适用法律若干问题的解释》（法释〔2014〕10 号）。

笔者认为，应当认定为两个独立的犯罪，实行数罪并罚。

四、非法捕捞水产品罪

（一）非法捕捞水产品罪现状

《刑法》第 340 条规定了非法捕捞水产品罪，即"违反保护水产资源法规，在禁渔区、禁渔期或者使用禁用的工具、方法捕捞水产品，情节严重的，处三年以下有期徒刑、拘役、管制或者罚金"。非法捕捞水产品罪是一个典型的危害食品供应安全的犯罪。例如，2016 年 10 月 21 日 4 时许，被告人林某某驾驶渔船从文昌市清澜港出发到近海进行拖网作业。其间，林某某将渔船机舱发电机的电线与渔网连接，使用电鱼的方法捕捞水产品。当天 8 时许，文昌市渔政执法人员在清澜港附近海域登临检查林某某的渔船，当场查获连接电线的渔网、发电机以及渔获物约 200 千克。经鉴定，林某某捕捞过程中使用的渔具为单船桁杆拖网，拖网网目为 21mm，小于《中华人民共和国渔业法》所规定渔网最小网目 25mm。林某某进行捕捞作业的海域属于机动渔船底拖网禁渔区。海南省第一中级人民法院经审理认为，被告人林某某违反保护水产资源法规，在禁渔区使用禁用的电击工具、禁止的底拖网方法捕捞水产品，情节严重，其行为构成非法捕捞水产品罪。① 非法捕捞水产品罪既破坏了环境资源的保护，也破坏了水产资源的休养生息规律，危害了水产资源对人类供应的安全。

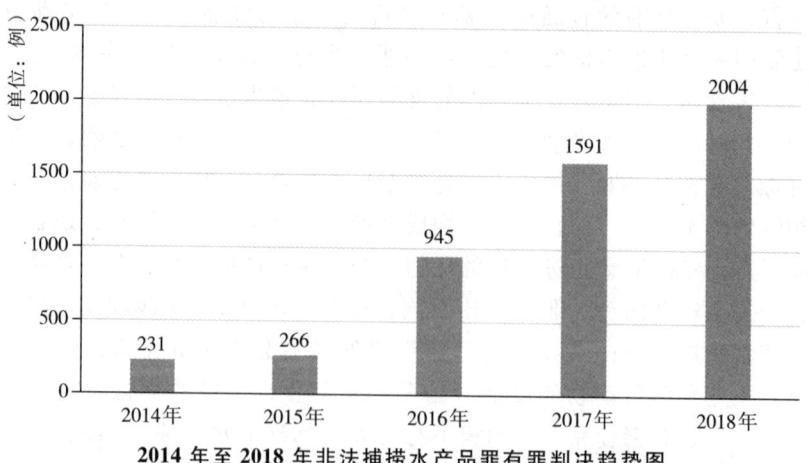

2014 年至 2018 年非法捕捞水产品罪有罪判决趋势图

---

① 参见海南省第一中级人民法院（2017）琼 96 刑初 89 号刑事判决书。

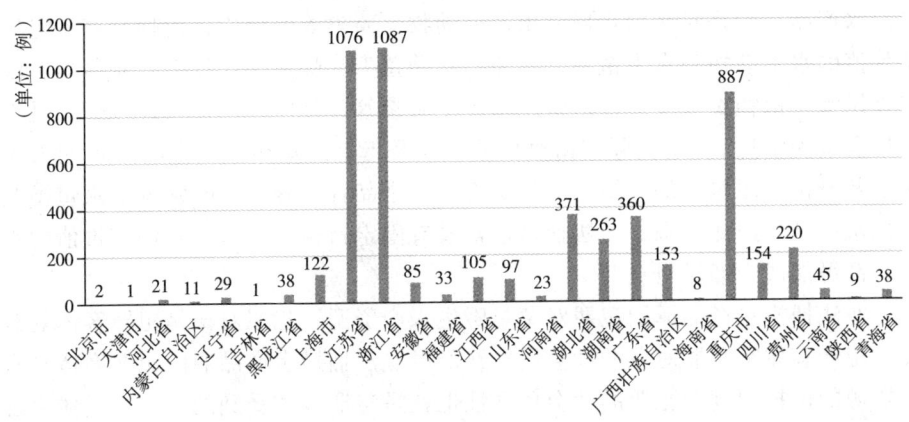

2014 年至 2018 年非法捕捞水产品罪地区分布图

（二）非法捕捞水产品罪的认定

1. 法律依据

《刑法》第 340 条规定是我国认定非法捕捞水产品罪的刑法依据。为正确理解该条规定的"情节严重"，可参考 2016 年 8 月 1 日最高人民法院《关于审理发生在我国管辖海域相关案件若干问题的规定（二）》第 4 条规定，"违反保护水产资源法规，在海洋水域，在禁渔区、禁渔期或者使用禁用的工具、方法捕捞水产品，具有下列情形之一的，应当认定为刑法第三百四十条规定的'情节严重'：（一）非法捕捞水产品一万公斤以上或者价值十万元以上的；（二）非法捕捞有重要经济价值的水生动物苗种、怀卵亲体二千公斤以上或者价值二万元以上的；（三）在水产种质资源保护区内捕捞水产品二千公斤以上或者价值二万元以上的；（四）在禁渔区内使用禁用的工具或者方法捕捞的；（五）在禁渔期内使用禁用的工具或者方法捕捞的；（六）在公海使用禁用渔具从事捕捞作业，造成严重影响的；（七）其他情节严重的情形"。

非法捕捞水产品罪虽然属于破坏环境资源犯罪，但又兼具危害食品供应安全犯罪的属性，结合我国食品犯罪"从严从重"的刑事司法政策，所以在对非法捕捞水产品罪的处理上，在犯罪的成立和刑罚的适用上，应当贯彻实施"从严从重"刑事司法政策要求。

2. 非法捕捞水产品罪的司法认定

（1）非法捕捞水产品罪的犯罪对象

按照刑法规定，非法捕捞水产品罪的对象是"水产品"，这里的水产品指除了珍贵、濒危野生水生动物之外的水产品，因为非法猎捕、杀害珍贵、濒危野生动物罪的对象已经包括了珍贵、濒危野生水生动物,该罪的法定刑更重一些。水产品一般是对我国水域中出产的动物、藻类等的统称,包括具有一定经济价值的水生动物和水生植物,具体指各种鱼类、虾蟹类、贝类、海藻类、淡水食用水生植物类以及其他龟鳖、乌贼、海参等,其中非法捕捞鱼、虾、贝类的情况最为常见。① 从实际捕捞对象看,涉及青鱼、草鱼、鲢鱼、鳙鱼四大家鱼以及鳝鱼、泥鳅、虾、蟹、乌龟等近二十个品种,涵盖内陆常见淡水鱼类及其他水产品。据此看来,非法捕捞通常没有固定目标,具有一定经济价值的水产品都可能成为捕捞对象。②

非法捕捞水产品罪的犯罪对象是野生水产资源,犯罪对象是犯罪客体的载体,犯罪客体是犯罪对象的社会属性,所以非法捕捞水产品罪的犯罪客体是水产资源的保护制度。犯罪的社会危害性也就是犯罪客体受到的危害,具体表现为犯罪对象社会属性的改变。有一个典型的成语故事有助于理解非法捕捞水产品罪的社会危害性,即"涸泽而渔",指排尽湖中或池中的水捕鱼,比喻获取利益只顾眼前,不作长远打算。

(2)非法捕捞水产品罪罪刑相适应问题

关于非法捕捞水产品罪的司法实践,江苏省灌南县人民检察院张立检察长提出了两个问题:第一,根据《刑法》第340条的规定,非法捕捞水产品犯罪的,处3年以下有期徒刑、拘役、管制或者罚金。随着海洋生态破坏程度的加剧,处3年以下有期徒刑的量刑标准与当前的海域非法捕捞现状不相适应,不利于打击犯罪。例如,灌南县人民检察院办理的某渔业公司非法捕捞水产品案件中,涉案人数达43人,涉及3个公司,涉及的非法捕捞渔获物数额达900余万公斤,远远超过最高人民法院《关于审理发生在我国管辖海域相关案件若干问题的规定(二)》中规定的"非法捕捞水产品一万公斤以上或者价值十万元以上"这一"数额巨大"的标准。第二,该罪与下游掩饰、隐瞒犯罪所得罪量刑不相适应。根据刑法规定,对于事先没有参与预谋,明知属于非法捕捞所得而参与运输的,构成掩饰、隐瞒犯罪所得罪,情节严重的,处3年以上7年以下有期徒刑。这就造成无预谋的帮助运输行为量刑标准高于有预谋的参与非法捕捞行为,不符合罪刑相适应原则。非法捕捞水产品案件中,多数为有预谋有组织的共同犯罪,一般上游渔业公司负责财物监管、沟通联络、物资补给、渔获处置、工资发放,并决定出海捕捞时间和作业海域,有组织地在禁

---

① 参见赵秉志主编:《环境犯罪比较研究》,法律出版社2004年版,第190页。
② 参见毕敏:《非法捕捞水产品犯罪情况调查》,载《人民检察》2018年第2期。

渔期出海犯罪，下游负责开船循至海域收购非法捕捞所得。①

对于第一个问题，笔者认为，在现有的刑法规定范围内，可以通过科以严厉的罚金刑来增加惩罚力度，追求罪刑相适应的实现。但是这样做仍然难以实现罪刑相适应的目标，因为罚金刑作为财产刑，其刑罚力度一般小于人身刑的刑罚力度，而且有的犯罪分子经济负担能力有限，即便适用高额罚金刑，但犯罪分子不堪重罚，罪刑相适应的问题仍然是"空中楼阁"。再者，最高人民法院、最高人民检察院《关于办理危害食品安全刑事案件适用法律若干问题的解释》第17条规定，"犯生产、销售不符合安全标准的食品罪，生产、销售有毒、有害食品罪，一般应当依法判处生产、销售金额二倍以上的罚金"，按照这一规定，又限制了罚金的数额。所以，解决这一问题的根本方法是修改非法捕捞水产品罪的法定刑，比照盗窃罪配置非法捕捞水产品罪的法定刑及其幅度。对于第二个问题，认真思考后会发现，这是一个伪问题。因为对于非法捕捞水产品罪而言，它的客体是水产资源的保护，当水产品被捕捞上岸后，非法捕捞已经完成，非法捕捞水产品罪已经既遂，后面销赃处理水产品的行为侵犯了其他社会关系，应另当别论，构成其他犯罪的，与非法捕捞水产品罪实行数罪并罚。非法捕捞水产品罪的处罚方法与盗窃罪（以盗窃罪等犯罪为例）的处罚方法是不同的，犯盗窃罪既遂后销赃不另外构成犯罪，只能以盗窃罪定罪处罚；非法捕捞水产品并销售处理的，可以按照非法捕捞水产品罪和掩饰、隐瞒犯罪所得罪数罪并罚，从而实现罪刑相适应。

五、非法狩猎罪

（一）非法狩猎罪现状

《刑法》第341条第2款规定了非法狩猎罪，即"违反狩猎法规，在禁猎区、禁猎期或者使用禁用的工具、方法进行狩猎，破坏野生动物资源，情节严重的，处三年以下有期徒刑、拘役、管制或者罚金"。非法狩猎犯罪是一个典型的危害食品供应安全的犯罪。例如，2016年9月1日，青阳县人民政府在政府网站发布了《关于确定青阳县禁猎期、禁猎区和禁止使用的猎捕工具、猎捕方法的决定》，规定全县所有行政区域范围均为野生动物禁猎区，全年均为野生动物禁猎期，禁止使用包括气枪在内的工具、装置进行狩猎，禁止使用

---

① 参见张立：《非法捕捞水产品案件办理难点及应对》，载《人民检察》2018年第10期。

包括夜间照明狩猎、歼灭性围猎、火攻在内的方法狩猎。同时规定该决定自发布之日起执行。2018 年 1 月 29 日中午，被告人吴某在未向有关部门提出狩猎申请，也未办理野生动物狩猎证件的情况下，携带从淘宝网购买的零配件自行组装的气枪，驾驶面包车沿青阳县城某某路由南向北慢慢行驶，途中发现鸟类后即停车用气枪发射钢珠进行打击，并将击中的鸟类捡回放在车内地板上。其间，其公司同事王某通过电话得知吴某在打鸟，即骑摩托车并携带弹弓、钢珠来到吴某打鸟处，坐在吴某的车上观看。当日 14 时许，二人被青阳县公安局某派出所民警当场抓获，现场查获狩猎工具气枪一支、钢珠大半盒及被告人猎捕的鸟类死体 9 只。经国家林业局森林公安司法鉴定中心鉴定，吴某猎捕的 9 只鸟类，其中 4 只为珠颈斑鸠、5 只为山斑鸠，均属国家保护的有重要生态、科学、社会价值的陆生野生动物。经池州市公安司法鉴定中心鉴定，吴某用来打鸟的气枪是以压缩气体为动力的非制式"枪支"。青阳县林业局出具的《关于野生斑鸠的经济和生态价值说明》认为，斑鸠在生态系统中具有重要的生态价值，在行为生态学、进化生态学以及系统地理学等方面具有重要的科研价值，肆意捕猎斑鸠的行为，会导致斑鸠局部种群数量失衡；根据国家林业局《野生动物及其制品价值评估方法》的规定，核算吴某猎杀的斑鸠整体价值为人民币 2700 元。青阳县人民法院判决吴某构成非法狩猎犯罪。① 野生动物自古就是人类的重要食物来源，直到现代仍然是人类食物的部分来源，非法狩猎犯罪破坏了生物种群的平衡，也有损自然生态系统的生物链，对人类食物供应安全有一定破坏。

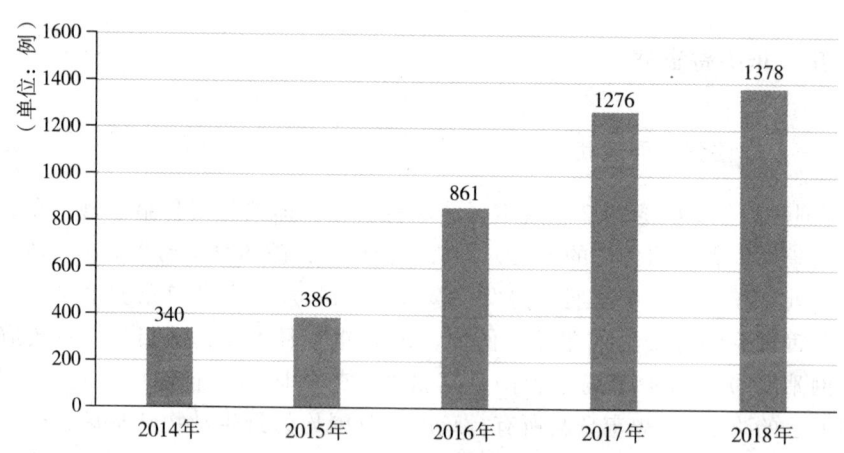

2014 年至 2018 年非法狩猎犯罪有罪判决趋势图

---

① 参见青阳县人民法院（2018）皖 1723 刑初 143 号刑事判决书。

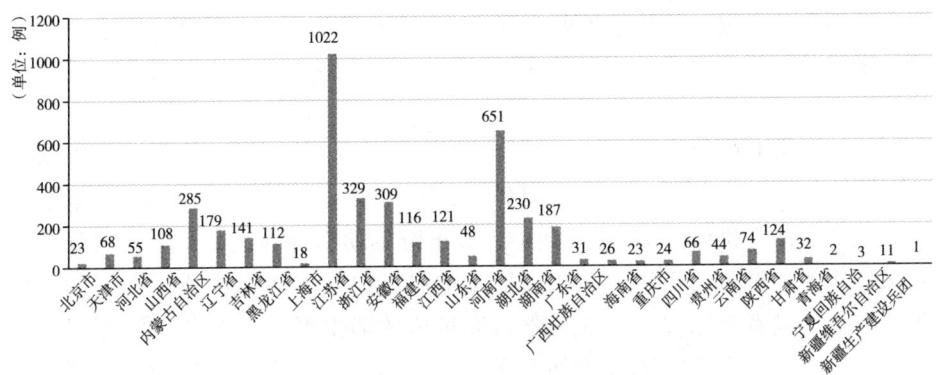

2014 年至 2018 年非法狩猎罪地区分布图

（二）非法狩猎罪的认定

1. 法律依据

《刑法》第 341 条第 2 款规定是我国认定非法狩猎犯罪的刑法依据。对于该条中"情节严重"的理解，根据 2000 年 11 月 27 日最高人民法院《关于审理破坏野生动物资源刑事案件具体应用法律若干问题的解释》第 6 条规定，"违反狩猎法规，在禁猎区、禁猎期或者使用禁用的工具、方法狩猎，具有下列情形之一的，属于非法狩猎'情节严重'：（一）非法狩猎野生动物二十只以上的；（二）违反狩猎法规，在禁猎区或者禁猎期使用禁用的工具、方法狩猎的；（三）具有其他严重情节的"。

在对非法狩猎罪的处置上，当非法狩猎罪危害食品供应安全时，相对于一般的破坏环境资源保护罪而言，在犯罪的成立和刑罚的适用上，应当贯彻实施我国食品犯罪"从严从重"的刑事司法政策要求。

2. 非法狩猎罪的司法认定

非法狩猎罪的犯罪对象是野生动物资源，与其相似的犯罪还有非法猎捕、杀害珍贵、濒危野生动物罪和非法捕捞水产品罪，这三个罪名的犯罪对象都是野生动植物，如何区分？重要的是我们对野生动植物进行分类，主要进行两级分类。首先，将野生动植物分为珍贵、濒危野生动植物和一般野生动植物；其次，将野生动植物分为水生动植物和陆生动植物。两级分类的结果是，野生动植物分为珍贵濒危水生动植物、珍贵濒危陆生动植物、一般水生动植物和一般陆生动植物。非法猎捕、杀害珍贵、濒危野生动物罪的犯罪对象是珍贵濒危水生动植物、珍贵濒危陆生动植物；非法捕捞水产品罪的犯罪对象是一般水生动植物;而非法狩猎罪的犯罪对象是一般陆生动植物。作为非法狩猎罪的被害对象,蛙类和鸟类被捕杀数量较大,对其物种存在危害巨大。蛙类主要有中华蟾蜍、金线蛙、黑斑蛙等;鸟类主要有云雀、山斑鸠、雉鸡、黑水鸡、棕背伯劳、珠颈斑鸠等。①

非法狩猎罪的司法认定应牢牢把握违反"三禁",猎捕"三有"野生动物的标准。"三禁"即禁猎期、禁猎区、禁猎工具和方法,"三有"即有重要生态、科学、社会价值。"司法实践中,对于野生动物的判定,主要依据野生动物保护法关于野生动物的定义和《国家重点保护野生动物名录》及《国家保护的有益的或者有重要经济、科学研究价值的陆生野生动物名录》等国家有关部门出台的规定。"② 对于非野生的动物能否成为犯罪对象的问题,笔者认为,按照刑法规定,非野生的动物不能成为非法狩猎罪的对象,但是对于具有留种功能的养殖动物的非法猎杀,应当纳入刑法的保护范围。如 2002 年 2 月 23 日,刘某某在北京动物园向狗熊泼硫酸,该危害行为的客体应当是环境资源的保护,如果以故意毁坏财物罪或者寻衅滋事罪认定都有些牵强附会,没有切中犯罪侵犯的客体。

温故而知新,话说北宋末年清河县人武松,回家途中,在景阳冈遇到一只猛虎,竟然把猛虎打死了,一举成名,广为传颂,成为打虎英雄。如果这样的事情发生在现在,应当作何处理?是否涉嫌非法狩猎罪,非法杀害珍贵、濒危野生动物罪?笔者认为,武松现在遇到老虎,为保命自卫,属于紧急避险的行为,不构成犯罪。但笔者不赞成为了成名或者练胆,而故意置身于猛兽出没之处,寻找"景阳冈打虎的机会",那样的话,不仅有性命之忧,而且也涉嫌非法狩猎罪,非法杀害珍贵、濒危野生动物罪。

六、生产、销售伪劣农药、兽药、化肥、种子罪

(一)生产、销售伪劣农药、兽药、化肥、种子罪现状

《刑法》第 147 条规定了生产、销售伪劣农药、兽药、化肥、种子罪,即"生产假农药、假兽药、假化肥,销售明知是假的或者失去使用效能的农药、

---

① 参见唐雅雯、陈蕾:《非法狩猎罪理论和实证问题研究》,载《林业调查》2018 年第 2 期。

② 张梁:《适用非法狩猎罪亟须明确野生动物范围》,载《检察日报》2017 年 11 月 6 日。

兽药、化肥、种子,或者生产者、销售者以不合格的农药、兽药、化肥、种子冒充合格的农药、兽药、化肥、种子,使生产遭受较大损失的,处三年以下有期徒刑或者拘役,并处或者单处销售金额百分之五十以上二倍以下罚金;使生产遭受重大损失的,处三年以上七年以下有期徒刑,并处销售金额百分之五十以上二倍以下罚金;使生产遭受特别重大损失的,处七年以上有期徒刑或者无期徒刑,并处销售金额百分之五十以上二倍以下罚金或者没收财产"。生产、销售伪劣农药、兽药、化肥、种子罪损害了农业生产,危害了食品供应安全。例如,2014年至2015年5月,被告人刘某、孙某某为销售假冒河北巡天农业科技有限公司注册的张杂谷5号谷种,共谋成立吉林巡天农业科技有限公司,以刘某为该公司法人代表人、孙某某为实际负责人,后刘、孙二人先后从江苏沭阳县道康苗木场购进未知品种5余万斤,同时在长春印制假冒张杂谷5号、标有"T-5、T-6字样的包装袋(盒),将购进的未知谷种进行灌装并以张杂谷5号谷种销往吉林省、内蒙古自治区、黑龙江省多个县市区,种植土地面积共计2717余公顷。测产期间毁地改种的种植面积共计1363.9公顷,购买假冒种子及农药款共计人民币1806670元;未毁地改种的种植面积共计1353.9公顷。经鉴定,未毁地改种的种植面积减产损失价值共计人民币10637024元。吉林省通榆县人民法院认为,被告人刘某、孙某某,无视国法,共谋生产、销售明知是伪劣的种子,使生产遭受特别重大损失,其行为构成生产、销售伪劣种子罪。①

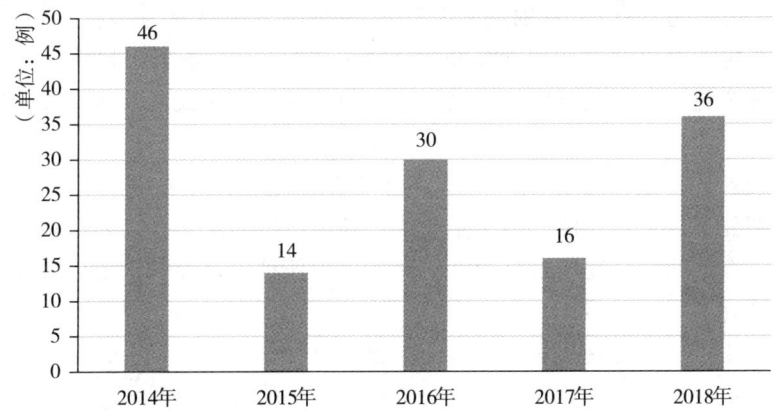

2014年至2018年生产、销售伪劣农药、兽药、化肥、种子罪有罪判决趋势图

---

① 参见吉林省通榆县人民法院(2017)吉0822刑初33号刑事判决书。

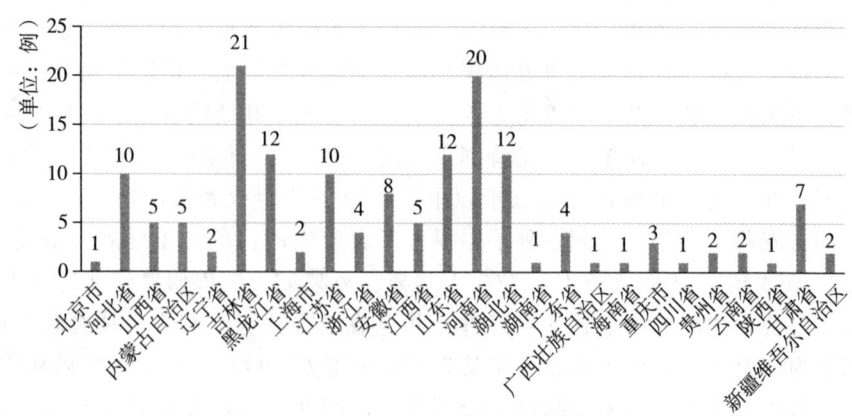

2014 年至 2018 年生产、销售伪劣农药、兽药、化肥、种子罪地区分布图

（二）生产、销售伪劣农药、兽药、化肥、种子罪的认定

1. 法律依据

《刑法》第 147 条规定是追究生产、销售伪劣农药、兽药、化肥、种子罪刑事责任的刑法依据。此外，2001 年 4 月 9 日最高人民法院、最高人民检察院《关于办理生产、销售伪劣商品刑事案件具体应用法律若干问题的解释》第 7 条亦规定，"刑法第一百四十七条规定的生产、销售伪劣农药、兽药、化肥、种子罪中'使生产遭受较大损失'，一般以二万元为起点；'重大损失'，一般以十万元为起点；'特别重大损失'，一般以五十万元为起点"。也有相关行政法规定了对犯罪者的职业禁止，《种子法》第 75 条第 2 款规定，因生产经营假种子犯罪被判处有期徒刑以上刑罚的，种子企业或者其他单位的法定代表人、直接负责的主管人员自刑罚执行完毕之日起五年内不得担任种子企业的法定代表人、高级管理人员。第 76 条第 2 款规定，因生产经营劣种子犯罪被判处有期徒刑以上刑罚的，种子企业或者其他单位的法定代表人、直接负责的主管人员自刑罚执行完毕之日起五年内不得担任种子企业的法定代表人、高级管理人员。

在对生产、销售伪劣农药、兽药、化肥、种子罪的处置上，尤其是其涉嫌危害食品供应安全时，相对于一般的生产、销售伪劣产品罪而言，在犯罪的成立和刑罚的适用上，应当贯彻实施我国食品犯罪"从严从重"的刑事司法政策要求。

2. 生产、销售伪劣农药、兽药、化肥、种子罪的司法认定

法规竞合的认定。生产、销售伪劣农药、兽药、化肥、种子的行为，可能

涉嫌诈骗罪，生产、销售伪劣农药、兽药、化肥、种子罪，生产、销售伪劣产品罪，非法经营罪，假冒注册商标罪，销售假冒注册商标的商品罪等犯罪，究竟构成何罪？认定一个犯罪，首先要确定它的性质，而犯罪的性质是由它所侵犯的客体决定的。生产、销售伪劣农药、兽药、化肥、种子的行为由于牵连的关系，侵犯了多个客体，所以应当按照处罚牵连犯的原则，从一重罪处罚。

职业禁止的适用。对生产、销售伪劣农药、兽药、化肥、种子罪宣告职业禁止按照判处的刑罚而有异，对判处了管制、缓刑的犯罪分子，依据《刑法》第 38 条第 2 款规定和第 72 条第 2 款规定，可以由人民法院宣告在管制、缓刑期限内的刑事禁止令；对判处了管制、拘役、缓刑、假释的犯罪分子，依据《刑法》第 37 条之一的规定，可以由人民法院宣告 3 至 5 年的职业禁止令；对于判处了有期徒刑以上刑罚的犯罪分子，应当由市场监督管理局等行政机关依照种子法的规定，实施为期 5 年职业禁止的行政处罚。

七、损害商业信誉、商品声誉罪

（一）损害食品业信誉、食品声誉犯罪现状

《刑法》第 221 条规定了损害商业信誉、商品声誉罪，即"捏造并散布虚伪事实，损害他人的商业信誉、商品声誉，给他人造成重大损失或者有其他严重情节的，处二年以下有期徒刑或者拘役，并处或者单处罚金"。当该犯罪行为损害的是食品行业的商业信誉、食品声誉时，就危害了食品供应的安全。例如，杨某（在逃）系科尔沁左翼中旗保康镇某火锅店老板，被告人潘某系该火锅店大堂经理。为破坏科尔沁左翼中旗"多喜客养生火锅城"的商业信誉，2015 年 11 月初的一天，杨某交给潘某一段顾客与科尔沁左翼中旗"多喜客养生火锅城"大堂经理叶某因火锅内吃出异物发生争执的视频，并要求潘某再到科尔沁左翼中旗"多喜客养生火锅城"录制一段在火锅内吃出老鼠的视频，并将两段视频剪辑合成后发布到网络上。后潘某携带提前准备好的死老鼠与杨某安排的四五个人一起到科尔沁左翼中旗"多喜客养生火锅城"吃火锅，并拍摄一段在火锅内夹出老鼠的视频。2015 年 11 月 10 日、11 日，潘某用自己的黑色联想笔记本电脑将两段视频剪辑合成，并配上字幕，于 2015 年 11 月 11 日将该视频发布到优酷网上，并通过优酷网转发到自己的微信朋友圈，后于当晚 20 时许将该视频删除。内蒙古科尔沁左翼中旗人民法院认为，被告人潘某捏造并散布虚伪事实，利用互联网损害他人商业信誉，情节严重，其行为

已构成损害商业信誉罪。①

损害食品业信誉、食品声誉犯罪作为危害食品供应安全的犯罪，损害了他人在食品行业的商业信誉或者食品的声誉，所以，为了维护食品供应的安全，对危害食品供应的损害商业信誉、商品声誉罪必须严肃处理。损害食品业信誉、食品声誉犯罪作为危害食品供应安全的犯罪虽然屈指可数，但不可姑息，应当贯彻"从严从重"的刑事司法政策，相较于一般的损害商业信誉、商品声誉罪从严从重处罚。

（二）损害食品业信誉、食品声誉犯罪的认定

1. 法律依据

《刑法》第 221 条规定是认定损害商业信誉、商品声誉罪的刑法依据。同时，2010 年 5 月 7 日最高人民检察院、公安部《关于公安机关管辖的刑事案件立案追诉标准的规定（二）》第 74 条明确规定，捏造并散布虚伪事实，损害他人的商业信誉、商品声誉，涉嫌下列情形之一的，应予立案追诉：

（1）给他人造成直接经济损失数额在五十万元以上的；

（2）虽未达到上述数额标准，但具有下列情形之一的：

①利用互联网或者其他媒体公开损害他人商业信誉、商品声誉的；

②造成公司、企业等单位停业、停产六个月以上，或者破产的。

（3）其他给他人造成重大损失或者有其他严重情节的情形。

对于损害食品业信誉、食品声誉犯罪的处置，在犯罪的成立和刑罚的适用上，应当贯彻实施我国食品犯罪"从严从重"刑事司法政策要求。

2. 损害食品业信誉、食品声誉犯罪的网络治理

网络信息时代，损害商业信誉、商品声誉罪的主要犯罪形式表现为通过信息网络实施损害他人商业信誉、商品声誉的活动，这样的时代背景，支持了我国八成食品犯罪来自互联网的调研结论。网络上的危害食品供应的损害商业信誉、商品声誉罪具有网络犯罪的共同特点：网络信息犯罪的低成本，使损害食品行业商业信誉、食品声誉的犯罪变成"举手之劳"，实施犯罪成本低；网络信息的快速传播使损害食品行业商业信誉、食品声誉的信息迅速传播，犯罪影响广泛；网络犯罪信息的难以根除，导致损害食品行业商业信誉、食品声誉犯罪的恶劣影响持续时间长久。为此，治理损害食品行业商业信誉、食品声誉的犯罪应对症下药：第一，及时审理并在网络上公布判决结果，以正视听；第二，及时作出检察建议或者司法建议，要求网络信息媒体彻底删除损害食品行

---

① 参见内蒙古科尔沁左翼中旗人民法院（2016）内 0521 刑初 119 号刑事判决书。

业商业信誉、食品声誉的不良信息，降低不良影响；第三，作出刑事禁止令，禁止损害食品行业商业信誉、食品声誉的犯罪者在规定期限内的职业禁止，譬如禁止网络造谣者上网发布信息的权限。禁止网络活动的判决已有先例，例如，被告人A、B（时年17周岁）迷恋网络游戏，平时经常结伴到网吧上网，时常彻夜不归。2010年7月27日11时许，因在网吧上网的网费用完，二被告人即伙同王某（作案时未达到刑事责任年龄）到河南省平顶山市红旗街社区健身器材处，持刀对被害人张某某和王某某实施抢劫，抢走张某某5元现金及手机一部。后将所抢的手机卖掉，所得赃款用于上网。河南省平顶山市新华区人民法院于2011年5月10日作出（2011）新刑未初字第29号刑事判决，认定被告人A、B犯抢劫罪，分别判处有期徒刑2年6个月，缓刑3年，并处罚金人民币1000元。同时禁止A和B在36个月内进入网吧、游戏机房等场所。宣判后，二被告人均未上诉，判决已发生法律效力。①

---

① 参见《法院还能禁止你去网吧？家长们了解一下》，载搜狐网，http：//www.sohu.com/a/277600754_120015400，访问日期：2019年6月9日。

第四章
食品犯罪群防群治研究

群众路线是党的优良传统和根本的工作方法，对食品犯罪的防治也要坚持群防群治的工作路线。我国社会治安综合治理的群防群治由来已久，经验丰富，成效显著，运用于食品犯罪的防治，则体现了我国社会治理的连续性和社会主义制度的优越性，人民可信，效果可期。习近平总书记指出，要坚持群众观点和群众路线，拓展人民群众参与公共安全治理的有效途径。要把公共安全教育纳入国民教育和精神文明建设体系，加强安全公益宣传，健全公共安全社会心理干预体系，积极引导社会舆论和公众情绪，动员全社会的力量来维护公共安全。

第一节 食品犯罪群防群治研究综述

一、食品犯罪群防群治国内研究综述

群众路线是我国进行社会主义建设的根本工作路线，有着坚实的公有制经济基础、人民民主专政的政治保障和集体主义优先的文化传统。群防群治是我国新时期群众路线在社会治理中的新形式。我国专家学者围绕群防群治的研究主要集中在以下几个方面：

（一）群防群治的作用

沈惠章认为，实行群防群治一是可以减少事故的隐患，最大限度减少治安灾害事故的发生；二是深入挖掘和及时打击处理违法犯罪分子，保障群众安居乐业；三是公安工作依靠群众、走群众路线的具体体现。[①] 李伟在《构建社会

[①] 参见沈惠章、周桂琴：《浅谈要害保卫的群防群治》，载《治安纵横》1993年第13期。

化监管体系　变单打独斗为群防群治》一文中指出，要落实有奖举报制度，拓宽投诉举报渠道，引导公众积极参与打假治劣行动，增强社会监管合力，形成群防群治的工作格局和社会环境。①

（二）群防群治组织形式

郭建华在《试论我国群防群治工作的理论和实践》一文中指出，群防群治是一种专门的组织形式，同时也是一种工作机制和模式。② 何家寿认为，群防群治的基层组织根据具体的时代背景和职责的不同，可以分为如下几类：治安保卫组织、人民调解组织、治安联防组织、护卫组织和协管组织。它们存在于特定的历史背景下，衍生出各种社会治安治理的基层有生力量，为特定时期公安群众工作和治安工作提供了坚实的后备力量，推动了群防群治工作的顺利开展。③ 湖南省邵阳市工商局在《推行农村食品安全村民自治制度构筑群防群治农村食品安全防线》一文中指出，农村食品安全村民自治制度的推行，在农村形成了"政府牵头、工商监管、村民自治、行业自律、社会监督"的食品安全监管网，既调动了村民自觉参与食品安全监管的积极性，又延伸了食品安全监管触角，缓解了工商监管的压力和一线执法人员不足、工作强度过大的矛盾。④

（三）群防群治存在的问题

各种调研报告指出了群防群治中普遍存在体制不健全、责任主体覆盖不全和经费保障不足等问题。许燕在《我国政府绩效评估中公民参与机制完善研究》一文中提出，我国当前的公民参与机制，由于在政策环境、评估导向、参与环节、信息公开等方面存在诸多问题，未完全建立起行之有效的公民参与机制，公民参与度低。为了进一步完善当前的公民参与机制，应当制定相关法律法规，保障公民参与的合法性地位，同时，积极完善公民参与中的动力激励机制、责任机制、信息公开共享机制、反馈回应机制等。⑤

---

① 参见李伟：《构建社会化监管体系　变单打独斗为群防群治》，载《中国食品药品监管》2011年第4期。

② 参见郭建华：《试论我国群防群治工作的理论和实践》，载《浙江公安高等专科学校学报》2001年第5期。

③ 参见何家寿：《群防群治》，武汉出版社2005年版，第3~6页。

④ 参见湖南省邵阳市工商局：《推行农村食品安全村民自治制度构筑群防群治农村食品安全防线》，载《中国工商行政管理》2011年第2期。

⑤ 参见许燕：《我国政府绩效评估中公民参与机制完善研究》，电子科技大学2015年硕士论文。

二、食品犯罪群防群治域外研究综述

在群防群治上，域外社区警务的功能和作用大体与我国的群防群治相对应。域外的社区警务和我国的群防群治称呼虽有不同，但具有内在的一致性。社区警务，是寓警于民，坚持"警察就是公众、公众就是警察"的警务原则。西方国家对社区警务的研究较为成熟和全面。

（一）关于社区警务必要性的研究

2000 年之后，伴随着公民对于社区事务参与度的不断提升，学者们也同步开始了对社区警务必要性的研究。理查德·C. 博克斯阐述了一个公民治理下的社区治理模式。在这种模式下，规模化、责任化、民主化和理性化等特点逐渐融入社区治理中，社区治理也由此进入了一个新的公民治理时期。这个时期，居民开始有选择和决定社区的权利，并且要承担自己所在社区未来发展的责任。[①]

（二）关于社区警务的体系和机理的研究

FAO、WHO 指出，加拿大的食品安全是加拿大联邦政府（卫生部门）、加拿大省/地区政府食品检验局（CFIA），以及食品行业和消费者的共同责任。[②] 美国哈佛大学 Archon Fung 教授提出了"民主方块"理论，对公众参与的人员、组织方式以及决策影响程度等三个方面进行了详细阐述。[③] 美国罗伯特·兰沃西、劳伦斯·特拉维斯Ⅲ在《什么是警察——美国的经验》中论述了，社区警务是警方和社区的民众通过多种形式的联合一起应对瞬息万变的治安状况，维护社区的生活秩序。[④]

（三）关于公民参与策略与手段层面的研究

此类研究主要侧重于在城市治理中公民参与的策略和工具。包括城市治理

[①] 参见理查德·C. 博克斯：《公民治理：引领21世纪的美国社区》，中国人民大学出版社2005年版，第4页。

[②] Assuring food safety and quality: guidelines for strengthening national food control systems. FAO FOOD AND NUTRITION PAPER76. 2003.

[③] Fung, Archon . "Varieties of Participation in Complex Governance." Public Administration Review. 2006, 66 (1): 66~75.

[④] 参见［美］罗伯特·兰沃西、劳伦斯·特拉维斯Ⅲ：《什么是警察——美国的经验》，尤小文译，群众出版社2000年版，第93页。

中的政治领导艺术；公民参与的管理与规划；参与网络体系的维持；公民参与中的利益关系人之间对话、沟通、协商与讨价还价过程；地方公共服务管理模式创新等。如美国学者约翰·克莱顿·托马斯在《公共决策中的公民参与：公共管理者的新技能与新策略》一书中，构建了一个公民参与的有效决策模型，以政策质量和政策的公民可接受性作为核心变量，根据权变的思想，论证了公民参与有效性的评判标准，为公共管理者决定在不同的公共政策制定、执行中选择不同范围和不同程度的公民参与形式提供实用和可操作的指南。①

第二节 食品犯罪群防群治状况

一、食品犯罪群防群治现状

（一）食品犯罪群防群治的根据

1. 食品犯罪群防群治的政策根据

当前，对危害食品安全犯罪进行群防群治工作是我党群众路线的具体体现，而群众路线形成为食品犯罪群防群治的政策根据，其经历了四个阶段。

第一，群众路线的总结和形成阶段。群众路线是中国共产党长期革命和建设经验的总结，是毛泽东思想活的灵魂的重要方面，是党的科学领导方法，是历史唯物主义的生动体现。群众路线是党的根本路线，这是由我们党全心全意为人民服务的宗旨所决定的。全心全意为人民服务，密切联系群众，是我们党区别于其他任何政党的一个显著标志。我们党是在与人民群众密切联系、共同战斗中诞生、发展、壮大和成熟起来的。党离不开人民，人民也离不开党。一切为了群众、一切依靠群众，从群众中来、到群众中去的群众路线，是我们事业不断取得胜利的重要法宝。②

第二，群防群治作为治安手段的阶段。1988年9月16日，公安部《关于新形势下加强城乡治保会工作的意见》指出，建立以治保会为主体的群防群治体系，开展不同形式的群众性治安保卫工作。治保会在居（村）民委员会的领导和基层地方政府及公安机关的指导下，积极动员、组织群众，通过自我

---

① 参见关玲永：《我国城市治理中公民参与研究》，吉林大学出版社2010年版，第9页。

② 参见李春会：《群众路线理论》，吉林出版集团有限责任公司2013年版，第1页。

管理、自我教育，开展多种形式的群防群治，维护社会治安秩序，同违法犯罪行为和治安灾害事故作斗争。① 这是中央国家机关首次提到了"群防群治"的工作部署。

第三，群防群治作为综合治理手段的阶段。2009 年 3 月，中共中央办公厅、国务院办公厅转发了中央综治委《关于进一步加强社会治安综合治理基层基础建设的若干意见》，在新的社会形势下作出新部署，提出发展壮大群防群治队伍是加强社会治安综合治理基层基础建设的重点之一。群防群治队伍是维护社会治安的一支重要力量，是党的专门机关与群众路线相结合方针的重要体现，也是群防群治工作上升为国家政策的标志。

第四，群防群治作为食品犯罪治理手段的阶段。2013 年，时任中共中央政治局委员、国务院副总理汪洋指出，要构建社会共治格局。食品药品安全，人人都关心、人人都有责。现在社会公众有参与监管的积极性，关键是要有相应的制度安排，要畅通投诉渠道，对消费者反映的违法违规行为和质量安全隐患及时核查处置、及时回应回复。落实有奖举报制度，保护举报人的合法权益。要支持行业协会、科技协会等社会组织开展工作。② 至此，群防群治成为我国食品犯罪治理的基本方略。当代对危害食品安全犯罪进行的群防群治工作正是我党群众路线的具体体现。

2. 食品犯罪群防群治的法律依据

我国是一个法治国家，一切单位和个人的行为必须在宪法和法律规定的范围内，任何组织和个人都没有超越法律的特权。我国当前食品犯罪群防群治的工作部署也是依法进行，其法律依据包括宪法、行政法、刑法和食品安全法等。

食品犯罪群防群治工作的宪法依据。《宪法》第 111 条规定，"城市和农村按居民居住地区设立的居民委员会或者村民委员会是基层群众性自治组织。居民委员会、村民委员会的主任、副主任和委员由居民选举。居民委员会、村民委员会同基层政权的相互关系由法律规定。居民委员会、村民委员会设人民调解、治安保卫、公共卫生等委员会，办理本居住地区的公共事务和公益事业，调解民间纠纷，协助维护社会治安，并且向人民政府反映群众的意见、要求和提出建议"。

食品犯罪群防群治工作的行政法依据。《村民委员会组织法》第 2 条规定，"村民委员会是村民自我管理、自我教育、自我服务的基层群众性自治组

---

① 参见 1988 年 9 月 16 日公安部《关于新形势下加强城乡治保会工作的意见》。
② 参见汪洋：《食品药品安全重在监管》，载《求是》2013 年第 16 期。

织，实行民主选举、民主决策、民主管理、民主监督。村民委员会办理本村的公共事务和公益事业，调解民间纠纷，协助维护社会治安，向人民政府反映村民的意见、要求和提出建议。村民委员会向村民会议、村民代表会议负责并报告工作"。《城市居民委员会组织法》第 2 条规定，"居民委员会是居民自我管理、自我教育、自我服务、自我监督的基层群众性自治组织。不设区的市、市辖区的人民政府或者它的派出机关对居民委员会的工作给予指导、支持和帮助。居民委员会协助不设区的市、市辖区的人民政府或者它的派出机关开展工作"。第 3 条规定，"居民委员会的任务：（一）宣传宪法、法律、法规和国家的政策，维护居民的合法权益，教育居民履行依法应尽的义务，爱护公共财产，开展多种形式的社会主义精神文明建设活动；（二）办理本居住地区居民的公共事务和公益事业；（三）调解民间纠纷；（四）协助维护社会治安；（五）协助人民政府或者它的派出机关做好与居民利益有关的公共卫生、计划生育、优抚救济、青少年教育等项工作；（六）向人民政府或者它的派出机关反映居民的意见、要求和提出建议"。

食品犯罪群防群治工作的刑法依据。《刑法》第 20 条第 1 款规定，"为了使国家、公共利益、本人或者他人的人身、财产和其他权利免受正在进行的不法侵害，而采取的制止不法侵害的行为，对不法侵害人造成损害的，属于正当防卫，不负刑事责任"。

食品犯罪群防群治作的食品安全法依据。《食品安全法》第 3 条规定，"食品安全工作实行预防为主、风险管理、全程控制、社会共治，建立科学、严格的监督管理制度"。此处的"社会共治"就是群防群治工作路线在食品安全法上的反映，也是食品犯罪群防群治工作的食品安全法依据。

多层次的法律依据保证了食品犯罪群防群治工作的合法性，是食品犯罪群防群治工作力量的来源。食品犯罪群防群治是打击危害食品安全行为的利器，也是保护人民群众食品安全的盾牌。

（二）食品犯罪群防群治现状

1. 食品犯罪群防群治管理体制现状

管理体制，是指管理系统的结构和组成方式，涉及管理模式的选择、管理机构的设置、领导隶属关系、管理职权的划分等内容。我国当前食品犯罪群防群治的管理体制属于社会治安综合治理的一个分支，而社会治安综合治理是地方党委和政府统一领导、综治机构负责组织协调、政法机关作为主力队伍、相关部门单位各司其职、动员人民群众参加的社会治安综合治理管理体制，因而食品犯罪群防群治的管理体制也从属于此。

格物致知，重在落实。例如，2017年12月26日下午，玉溪市教育局对玉溪师范学院2017年度综治及校园安全、食品安全工作进行了认真细致的考核，围绕工作开展情况、取得的成绩、存在的问题及未来工作的方向四个方面，对学校一年来综治及安全工作作了详细的汇报，并针对学校老教师参与群防群治工作的开展情况作了说明。校后勤服务中心负责人从食堂基本情况、经营管理的基本原则等八个方面，对学校的食品安全工作作了汇报。①

2. 食品犯罪群防群治多元主体现状

我国食品犯罪群防群治的主体多元，它们是我国治理食品犯罪的群众基础，也构成了我国食品犯罪基层治理的能力。主要包括：

（1）村民委员会和居民委员会

依据《宪法》第111条、《村民委员会组织法》第2条和《城市居民委员会组织法》第2条、第3条规定，村民委员会和居民委员会是基层自治组织，也是食品犯罪群防群治的主力军。农村是劣质食品消费的重灾区，制售"三无"食品、销售假冒伪劣食品和过期食品的现象屡见不鲜，不少农民由于食品安全常识匮乏，购买食品时关注较多的是价格和分量，较少考虑食品安全问题，有的即使意识到食品安全的重要性，也无法辨别假冒伪劣食品、"三无"食品和过期食品。推行食品安全村民自治，把食品安全交给广大村民自己来管理，这样才有坚实的群众基础，实现人人关注食品安全问题，人人参与食品安全监管，全民共享食品安全监管成果的目标。②

（2）食品安全员

我国食品安全法规定了食品安全员制度。《食品安全法》第33条第1款第3项规定，"食品生产经营应当符合食品安全标准，并符合下列要求……有专职或者兼职的食品安全专业技术人员、食品安全管理人员和保证食品安全的规章制度"。第44条规定，"食品生产经营企业应当建立健全食品安全管理制度，对职工进行食品安全知识培训，加强食品检验工作，依法从事生产经营活动。食品生产经营企业的主要负责人应当落实企业食品安全管理制度，对本企业的食品安全工作全面负责。食品生产经营企业应当配备食品安全管理人员，加强对其培训和考核。经考核不具备食品安全管理能力的，不得上岗。食品安

---

① 参见张玲玲：《玉溪市教育局对我校2017年度综治及校园安全、食品安全工作进行考核》，载玉溪师范学院官网，http://www.yxnu.edu.cn/html/2017/2017-12/1514360239.html，访问日期：2019年5月1日。

② 参见湖南省邵阳市工商局：《推行农村食品安全村民自治制度 构筑群防群治农村食品安全防线》，载《中国工商管理研究》2011年第2期。

全监督管理部门应当对企业食品安全管理人员随机进行监督抽查考核并公布考核情况。监督抽查考核不得收取费用"。

食品安全员是食品生产经营单位落实食品安全责任的内部工作人员,即食品生产经营单位内部负责食品安全的管理人员。食品安全员,需经符合要求的培训考核机构统一培训考核合格才能上岗,分等级管理,不同的生产、经营单位需要配备不同等级的食品安全管理员。食品安全员是食品生产经营单位的关键,食品安全员工作成败决定了食品生产经营单位的产品质量和安全。

(3) 协警队伍

协警是协助人民警察执行职务的临时工作人员,协警需要在民警的牵头带领下才开展工作履行任务,自身没有执法资格,执行警务时要以民警的名义进行。然而,由于警力不足和社会的复杂性,协警仍然是当下治安防控和街道治安的重要力量,是人民检察执行警务的重要群众支撑。协警在食品安全治理方面大有可为,例如,2015 年《山东省食用农产品批发市场质量安全监督管理暂行办法》出台,试水农产品批发市场监管,要求批发市场开办者承担食用农产品质量安全主体责任,食药监部门通过严管开办者,倒逼他们向下传递监管责任,倒逼他们自身和属下业户规范自律。通过制度设计,让市场开办者承担起"协警"的角色,更好地完善监管链条。①

(4) 职业打假人

职业打假人是一支重要的维护食品安全的社会力量,他们行动的依据是食品安全法和最高人民法院《关于审理食品药品纠纷案件适用法律若干问题的规定》。《食品安全法》第 148 条规定,"消费者因不符合食品安全标准的食品受到损害的,可以向经营者要求赔偿损失,也可以向生产者要求赔偿损失。接到消费者赔偿要求的生产经营者,应当实行首负责任制,先行赔付,不得推诿;属于生产者责任的,经营者赔偿后有权向生产者追偿;属于经营者责任的,生产者赔偿后有权向经营者追偿。生产不符合食品安全标准的食品或者经营明知是不符合食品安全标准的食品,消费者除要求赔偿损失外,还可以向生产者或者经营者要求支付价款十倍或者损失三倍的赔偿金;增加赔偿的金额不足一千元的,为一千元。但是,食品的标签、说明书存在不影响食品安全且不会对消费者造成误导的瑕疵的除外"。2013 年 12 月 23 日,最高人民法院《关于审理食品药品纠纷案件适用法律若干问题的规定》第 3 条规定,"因食品、药品质量问题发生纠纷,购买者向生产者、销售者主张权利。生产者、销售者

---

① 参见《当好"食品安全协警"山东试水农产品批发市场监管》,载中国网,http://www.china.com.cn/food/2015 - 04/07/content_35255836.htm,访问日期:2019 年 5 月 1 日。

以购买者明知食品、药品存在质量问题而仍然购买为理由而进行抗辩的，人民法院不予支持"。例如，2015 年销售商李某参加了北京马甸大型服装服饰购物节的展销活动，主营产品为海产品。6 月 1 日，刘某从李某摊位处购买了 80 盒包装盒上有天雄海参字样的海参，每盒重量 250 克、单价为 1250 元，并支付价款 10 万元。4 天后，6 月 5 日，又在公证员见证下，在李某摊位处购买了同样的海参 6 盒，支付价款 7500 元。之后，刘某以其所购买的海参不符合相关法律规定为由，将销售商李某、生产商大连棒仔岛海珍品有限公司及展销公司诉讼至法院，要求李某及棒仔岛公司返还购物款 107500 元及公证费 2500 元，并赔偿 10 倍货款。几经诉讼，2018 年 12 月 28 日，二审法院作出终审判决，支持刘某的"退一赔十"诉求，判令生产商大连棒仔岛海珍品有限公司及销售者李某退还货款 107500 万元，向刘某赔偿 1075000 万元。① 职业打假人刘某大获全胜，打击了假冒伪劣，维护了食品安全。

(5) 人民群众

人民群众创造历史，人民群众也是食品犯罪群防群治的主力军。正如前述，2015 年 1 月，西安市公安局接群众举报，在被告人马某某租赁的冷库中查扣无中文标识的冷冻牛碎肉 810 箱（每箱 20 千克，共计购入价格 259200 元）、冷冻牛肚 170 箱。经鉴定，冷冻牛碎肉系来自于印度，冷冻牛肚系来自于巴西，均属于国家为防控疾病禁止输入的肉类。② 本案的发现得益于人民群众向公安机关的举报。人民群众的力量是无穷的，人民群众的能量一旦发挥出来，将赋予食品犯罪群防群治无穷动力。

二、食品犯罪群防群治存在的问题

（一）食品犯罪群防群治组织体系存在的问题

1. 食品犯罪群防群治管理体制存在的问题

食品犯罪群防群治是食品犯罪的治理战略，由于涉及面广和涉及主体众多，在构建和完善食品犯罪群防群治的过程中，它的管理体制主要存在两个方面的问题：

---

① 参见《花 10 万买"问题"海参，被判获赔 100 万！》，载中国水产频道，http://www.fishfirst.cn/article-109515-1.html，访问日期：2019 年 5 月 1 日。

② 参见陕西省高级人民法院（2016）陕刑终 182 号刑事判决书。

(1) 群防群治的多方治理现象

维护食品安全的国家机关有很多,特别是在2018年食品安全法施行之前更多。农业局、卫生局、工商局、质监局、食药监督管理局、工信局、公安局、法院、检察院等众多机关在治理危害食品违法犯罪的过程中,缺乏沟通、疏于协调、标准不一,导致出现多方治理现象。一位从事乳品行业的陈先生说,"我印象最深刻的是,在三聚氰胺奶粉事件中,农业、质检、卫生、工商和药监等部门有7名高官被处理,这么多个部门都管不好一罐奶粉,希望合并后各部门不再相互推诿扯皮,推卸责任,管理能一步到位"。①

(2) 领导与被领导关系的异化

食品犯罪群防群治中,国家机关与人民群众之间由于各种各样的原因,导致这些国家机关与群防群治的群众组织和人民群众之间的关系异化,群防群治的领导机关与群防群治组织之间形成阻隔,群防群治的领导机关不再是群防群治的驱动力量。例如,2014年12月,黑龙江的货车司机李某某在送货途中购买了4包今麦郎方便面充饥,食用后出现腹痛腹泻症状,随后他发现四包方便面已过期将近一年,此外,醋包里有明显异物。李某某拨打了12315投诉热线,对方以过期食品不接受投诉为由拒绝了维权申请。于是李某某从网上找了检测机构,检测出汞含量超标4.6倍。李某某随后将检测结果寄给今麦郎公司要求索赔,今麦郎公司表示可以赔偿李某某方便面和部分电话费用。李某某不接受,提出500万元的赔偿要求。在赔偿无法达成一致的情况下,李某某在个人微博及互联网上发布今麦郎公司产品中汞超标、有工业盐及致癌物等言论。2015年3月27日,今麦郎公司选择报警,同年5月29日,河北邢台市隆尧县公安局以李某某涉嫌敲诈勒索罪立案侦查,6月3日,开始网上追逃。2015年11月4日,河北省隆尧县人民检察院指控被告人李某某犯敲诈勒索罪,向隆尧县人民法院提起公诉。法院于2015年12月18日作出一审判决:以敲诈勒索罪判处李某某有期徒刑8年6个月,并处罚金2万元。② 判决一出,舆论哗然,观点撕裂。游走于维权与敲诈勒索之间的维权过度,形成了针锋相对的两股舆论。2006年的"黄某华硕案"中,检察机关最终以证据不足撤诉,黄某因错误拘押了295天,获得了2.9万元的国家赔偿。2011年,陈某某涉嫌敲诈勒案被判无罪,共获得国家赔偿3.4万元。2014年,上海市民何某某、徐某某因知假买假,被当地警方以敲诈勒索罪刑事拘留,37天后,检察院作出

---

① 陆志霖:《食品安全监管别再推诿扯皮》,载《羊城晚报》2013年3月11日。

② 参见《男子吃过期方便面索赔500万最终自己被判刑8年》,载腾讯网,https://js.qq.com/a/20160114/042232.htm,访问日期:2019年5月8日。

不予批准逮捕决定，警方撤案，两人分别获得国家赔偿1万元。对于上述案件，主流观点认为，消费者为合法权益通过合法手段向企业索赔，即使数额较高，也属民事范畴，无须刑法介入。公权力贸然介入，不仅会损害自身形象，更会让人怀疑有"包庇"企业之嫌。①

2. 食品犯罪群防群治主体协调的问题

当前食品犯罪群防群治的主体包括村民委员会、居民委员会、食品生产经营单位内部的食品安全员、协警队伍、职业打假人和普通人民群众等主体，这么多的主体由于协调不及时、不充足等原因，时常发生"动物拉车"的现象。

3. 食品犯罪群防群治经费保障的问题

在群防群治过程中，单纯依靠行政发动，让大家出义务工，已经不适应市场经济的发展，不宜作为食品犯罪群防群治的长久之计。因此，除加强公安队伍建设、密切警民关系、完善见义勇为奖惩机制、营造良好的社会风气之外，将群防群治工作由义务性引向利益性，靠市场机制形成内在牵引力，不失为明智之举。②

（二）维权过度的法治乱象

行为无度，欲壑难填，造成了消费维权领域的乱象丛生。维权大体分为三种情况：第一种是符合《消费者权益保护法》第49条索赔价款或者接受服务费用的3倍、所受损失2倍以下的惩罚性赔偿；符合《食品安全法》第148条索赔价款10倍或者损失3倍、至少1000元赔偿金是正常维权；以及依据《侵权责任法》第47条的规定，索要惩罚性赔偿均属正常。第二种是消费者根据自己的理解向商家索取较高额的赔偿，也存在以诉诸舆论相要挟的情形，这是维权过度。如"黄某华硕案"就是典型的维权过度。维权过度在因受损而索赔的消费者中所占比例达到四成。③ 第三种是消费者以暴力或者其他非法加害相要挟，强索巨额赔偿，这种情况已经异化于维权，转而具有敲诈勒索的性质。第二种情况维权即属维权过度，因为它没有危害社会的意识而不能构成犯罪。

维权过度的法治乱象概由两方面原因：一方面，因自身的合法权益受到侵

---

① 参见《吃方便面索赔450万被刑拘冤不冤》，载《腾讯评论今日话题》第3241期，https://view.news.qq.com/original/intouchtoday/n3241.html，访问日期：2019年5月8日。
② 参见刘学刚：《"严打"留下的遗憾》，载《瞭望新闻周刊》2003年32期。
③ 参见宋立君：《消费投诉四成属维权过度》，载《阜新日报》2013年7月17日第6版。

害而寻求保护和索取赔偿属于正常维权现象，作为受损的当事人，并非都能时时处处确保自己言行的规范性，也就造成了正常维权与维权过度乱象丛生的局面。维权乱象中的维权过度大体上可以归纳为四种类型：维权过度、二次维权、维权陷阱和打假维权。另一方面，司法机关对于刑民界分缺乏统一标准，导致维权过度在性质认定上导向不清。

1. 维权过度的四种类型

（1）维权过度

《消费者权益保护法》第 11 条规定，消费者因购买、使用商品或者接受服务受到人身、财产损害的，享有依法获得赔偿的权利。据此，受损的消费者要求商品或服务提供方给予赔偿合法有据，而索赔非多即少，其中要求过高的，即属维权过度。

维权过度的典型案例系黄某维权案。大学生黄某于 2006 年 2 月 9 日购买了一台华硕笔记本电脑，在使用过程中多次出现异常现象，经过华硕售后几次检修后，发现该笔记本电脑机内原装正式版 Pentium – m760 2.0G CPU 被更换为工程测试样品 ES 2.13G CPU，而英特尔公司明确规定其不能用于最终用户产品。黄某发现之后，委托代理人与华硕公司进行多次和解谈判。谈判中，其代理人周某某提出了要求华硕公司按照其年营业额 0.05% 进行惩罚性赔偿，数额为 500 万美元。此后，华硕公司向警方报案称其受到敲诈勒索。这导致 2006 年 3 月 7 日当事人黄某及周某某被刑事拘留并被批准逮捕，最终无罪释放。[①]

（2）二次维权

公民在消费商品和接受服务中受损的，有权依法维护自身合法权益，而在其合法权益得到补偿后，仍心有不甘，继续以维权的名义追讨赔偿的，属于二次维权。

例如，张某和李某系男女朋友，一晚，二人在家中喝啤酒，张某感觉口中有异物，吐出一看，居然是一块胶状的塑料，张某通过啤酒外包装的电话联系到售后部，之后二人与啤酒厂达成协议，啤酒厂同意退还二人买啤酒的钱并赔偿 1 箱啤酒。过了几天，张某和李某觉得不可以轻易息事宁人，在之后的几天里，每天去啤酒厂，称喝到的啤酒中有异物，该厂啤酒不符合质量标准，应当赔偿 100 万元，否则将通报媒体，向法院起诉。啤酒厂报警，警察将二人带走，随后提起公诉，指控二人敲诈勒索罪。法院经审理认为，被告人张某、李

---

① 参见白明辉：《因索赔 500 万美金被关押 10 个月"勒索华硕案"女生将获国家赔偿》，载《北京晨报》2008 年 10 月 27 日 A5 版。

某构成敲诈勒索罪。①

（3）维权陷阱

公民在维权的过程中，有的商家不堪其扰，或者设计圈套，存心构陷受损消费者的，称为"钓鱼设套"。成功的"钓鱼设套"可能置受损消费者于敲诈勒索罪的境地，进而使其身陷囹圄。

例如，2011年，因购买到过期食品索赔遭拒，王某某开始与深圳乐购超市"较真"。他多次举报该超市销售假冒伪劣产品，发动十余次行政和民事诉讼。乐购超市认为，王某某是敲诈勒索，报警并拿出2.2万元"钓鱼设套"。在市场监督管理局龙岗分局，王某某刚与超市签订调解协议时就被抓获。据警方调查，王某某不构成敲诈勒索罪，现已结案。②

（4）打假维权

《消费者权益保护法》第49条规定，经营者提供商品或者服务有欺诈行为的，应当按照消费者的要求增加赔偿其受到的损失，增加赔偿的金额为消费者购买商品的价款或者接受服务的费用的一倍。《食品安全法》第148条规定，"违反本法规定，造成人身、财产或者其他损害的，依法承担赔偿责任。生产不符合食品安全标准的食品或者销售明知是不符合食品安全标准的食品，消费者除要求赔偿损失外，还可以向生产者或者销售者要求支付价款十倍的赔偿金"。于是，为了获得双倍或者10倍的赔偿金，一些公民积极充任消费者的角色，从事打假维权以谋求利益。

也有超越了维权范围，走向了反面的案例。例如，2008年3月底，蒋某等5人经预谋后，在北京市朝阳区红星美凯龙家居建材市场，以购买的木地板为假冒伪劣产品为由，使用语言威胁手段，向被害人秦某勒索人民币16000元。2008年4月16日，5人在北京市丰台区大红门集美家居建材城，再次以购买的木地板为假冒伪劣产品为由，使用语言威胁手段，向被害人李某索要赔偿款人民币5000元。2008年12月10日，丰台区法院判决蒋某等5名被告人敲诈勒索罪。

2. 维权过度罪与非罪的界分

维权过度之所以乱象丛生，一方面是因为维权过度的行为多种多样；另一方面是因为维权过度在实践中罪与非罪常常难以区分，在此地作为无罪处理，而在彼地却以有罪处理。维权过度与敲诈勒索的难以届分，常常表现为维权过

---

① 参见（2009）顺刑初字第496号。

② 参见成希：《深圳乐购前员工买假打假 维权还是敲诈？》，载 http://www.linkshop.com.cn/web/archives/2012/197462.shtml。

度被认定为敲诈勒索罪。

在后三聚氰胺时代的奶粉"敲诈"案中，一位问题奶粉受害幼儿的父亲，因涉嫌利用媒体报道，向相关企业提出巨额赔偿而被定敲诈勒索罪获刑 5 年。另有一名奶粉企业的前员工，在获知该企业并未将回收的问题奶粉销毁，并推测可能继续使用后，假冒记者，以有关证据相要挟，意图索取 350 万元。这些索赔者很快落网，并被司法机关以敲诈勒索罪追究刑事责任。两起"敲诈案"相隔两天在同一家法院宣判。它们都与三聚氰胺有关，都与曾在问题奶粉名单上的企业有关；而且，两起案件中的企业被证明有"血亲"关系。[1]

笔者认为，维权过度系为维护自身被损害利益而要求赔偿的数额较大，不应构成敲诈勒索罪。敲诈勒索罪必须以恶害相威胁，才可能涉嫌敲诈勒索罪，而诉诸舆论、诉诸媒体、诉诸法律等方式是公民和消费者拥有的合法权利，是合法手段，不属于非法的恶害手段，因而以诉诸舆论、诉诸媒体、诉诸法律等方式维护自身权益或者实行社会监督的，不能构成敲诈勒索罪。

第三节　食品犯罪群防群治优化路径

一、食品犯罪群防群治组织体系优化路径

（一）食品犯罪群防群治管理体制优化路径

1. 融合食品安全监管职能

自 2018 年 4 月 10 日国家市场监督管理总局挂牌成立以来，地方市场监督管理局相继组建，将原先工商局、质监局、食药局等机构的职能重新整合，我国在食品犯罪群防群治上多方管理的现象得到了好转。但仍然要注意在工作上处理好市场监督管理局与司法机关的关系、食品安全委员会与市场监督管理局及其他单位的关系、国家机关与群防群治基层组织和个人的关系。

2. 全面网络信息化，建设智慧社区

在当今网络信息时代，应当充分利用时代赋予的工作条件，将食品安全监管工作全面网络信息化，实行扁平化管理，避免国家机关的异化现象；完善溯源追责系统，建设食品安全信息共享平台；建设智慧社区，群防群治智能化，

---

[1] 参见《后三聚氰胺时代的奶粉"敲诈"案》，载《南方都市报》2010 年 3 月 24 日 A04 版。

提升人民群众的自治能力。实践中也不乏优秀先例,例如,2016 年 8 月以来,天津市津南分局津沽路派出所在丰达园社区推行社区警务专职化工作,让优秀的社区民警扎根社区,创造性开展群防群治工作。群防群治工作是社区警务的重要组成部分,在信息化建设突飞猛进的新形势下,丰达园警务室坚持把科技信息化手段与传统的群防群治相结合,实现了群防群治工作科学发展、转型升级。自 2016 年 8 月开始,逐步开发和推广使用一款名为"守望津南"的 APP 软件,基于定位系统,搭建群防群治工作流程管理平台,利用巡逻防控管理项目系统,实现社区义务巡逻自动化、智能化管理,打造社区邻里守望工程品牌,开创群防群治工作新局面。[①]

(二)食品犯罪群防群治多元主体优化路径

为使食品犯罪群防群治多元主体齐抓共管,优化组织协调,首先,在观念上要统一,才能保持方向一致,避免"动物拉车"的现象;其次,形成优良的协作机制,用制度的形式保障多元主体的齐心协力。

1. 树立食品安全、人人有责的观念

食品安全关系社会全体,与每个人的生命健康息息相关,毒奶粉不是仅仅制造一罐,毒豆芽不是只有一家生产,商店里的地沟油又有几人能辨识?作为一个中国公民,发现假冒伪劣产品、看到有毒有害食品、察觉不符合安全标准的食品,及时举报,及早发现危害食品安全违法犯罪的苗头,及时查处有问题食品的厂商,及早惩治违法犯罪者,既对自身安全负责,也维护了更多人的利益。为净化我们的食品,打击危害食品安全的违法犯罪,必须摒弃"事不关己高高挂起"的态度。

2. 多元主体需要一个制度化体系和便捷灵活的机制

食品犯罪群防群治的多元主体的实际运行,不仅需要有一个制度化体系,也需要有一个便捷灵活的机制。在日新月异的当代社会,没有前车之鉴,也无现成经验,为此需要在实践中不断探索,并在探索中吸收和积累成功经验,逐渐优化食品犯罪群防群治多元主体的工作机制。湖南省在探索食品犯罪群防群治的多元主体的有效机制上,积极探索敢为人先。报道指出,2017 年要在湖南全省建立村(社区)食品安全协管员网格体系,确保全覆盖;要抓好协管员的培训,给协管员配备必要的设备,发挥好社区、村委会协管员的作用,使基层食品监管有责、有岗、有人、有手段,只有这样,才能把好"田间地头"

---

① 参见《群防群治新举措 社区警务靠大家》,载搜狐网,http://www.sohu.com/a/191227555_99937159,访问日期:2019 年 5 月 8 日。

食品安全第一道关。①

(三) 食品犯罪群防群治经费保障优化路径

1. 群防群治经费保障的路径

当今是市场经济社会,所谓"天下熙熙皆为利来,天下攘攘皆为利往",在食品犯罪群防群治工作中,不仅要依靠人们的自觉,参加者的高尚,更应当遵循管理学的激励理论,提供适当的物质刺激,调动参加者的工作积极性。完善群防群治经费多元保障机制,第一,加大政府财政预算,保障群防群治工作的物质基础;第二,按照谁受益谁购买的原则,向食品企业收取一定的群防群治费用,以保障地方食品企业的品牌形象和打击仿冒产品对品牌的危害;第三,建立健全群众举报奖励制度,唤起人民群众参与群防群治的积极性。

2. 群防群治经费保障路径的探索

群防群治主体多元,很难统一给予待遇和经费保障,所以应当因地制宜,多方积累经验,探索经费保障的优化路径。这方面亦有例可循,可资借鉴。例如,天津市津南区丰达园警务室坚持把科技信息化手段与传统的群防群治相结合,实现了群防群治工作科学发展、转型升级。社区义务巡逻队员通过安装手机 APP,并实名认证,利用手机定位功能,每到达一个巡逻点位进行一次签到,每次签到手机将自动记录签到时间、方位及巡逻轨迹,巡逻队员随机选择点位签到,签到 5 次即形成一次巡逻路线,完成一次巡逻任务,形成一次积分,多参与巡逻就会获得更多的积分。当积分累计到一定程度,巡逻队员便可以根据累计的积分,在网上或社区警务室内的"平安超市"内兑换一些简单的生活日用品。通过"守望津南"APP 软件的奖励机制,义务巡逻队队员看到了因自己积极工作而得到的回报,提高了群众参与巡逻的积极性。②

二、食品犯罪群防群治维权过度无罪思路

(一) 维权过度本质的认定

维权索赔作为消费者维护自身合法权益的重要手段,应当鼓励和支持,可

---

① 参见刘空军:《落实食品安全"四个最严"要群防群治》,载红网,https://ldhn.rednet.cn/c/2017/03/22/4245698.htm,访问日期:2019 年 5 月 8 日。

② 参见《群防群治新举措 社区警务靠大家》,载搜狐网,http://www.sohu.com/a/191227555_99937159,访问日期:2019 年 5 月 8 日。

以依法规范，而不是打击陷害；相反，应当束缚的是对维权过度的入罪。维权过度本质上是一种认识错误，属于民事上的不当得利，不能构成犯罪。

1. 关于维权过度本质的观点

（1）维权过度有罪论

该观点认为，过度维权行为从性质上讲，属于行使权利范畴，行使权利通常是不构成犯罪的。但如果在行使权利过程中，超出了不得损害他人合法利益和社会利益这一边界时，其行为已不是行使权利而是滥用权利行为，滥用权利可以构成犯罪。① 对于我国审判实践中的过度维权行为，明显超过权利行使范围的，应以犯罪论处。② 在消费者维权中，如果以某种方式要挟对方，以此为手段占有他人财物的，应当以敲诈勒索罪追究刑事责任。③

（2）维权过度无罪论

该观点认为，维权过度属于民法学范畴，消费者在维护自己合法权益的过程中，只要没有以非法占有为目的，实施了以损害企业名誉权为威胁的行为，无论是开出天价的索赔数额还是要向媒体或公众公开，都不构成敲诈勒索罪，不应受到刑法的惩处。④ 一个行为承担刑事责任的前提条件是严重的社会危害性，承担行政责任以中度的社会危害性为前提，承担民事责任是一般的社会危害性的逻辑结果。根据日常经验可知，最严重的维权过度也不会带来灾难性的结果。所以，维权过度不应当追究刑事责任。⑤

2. 维权过度的本质

（1）维权过度本质上是一种认识错误

①维权过度在客观上超过了应予赔偿的限度。维权过度与正常维权相比，在维权意图、维权起因、维权对象等方面是相同的，唯一的不同是维权过度超过了应予赔偿的限度。简言之，维权过度在客观上超过了正常维权的必要限度。例如，2006年，黄某花2万元购买笔记本电脑后，因电脑故障，化名龙思思，与其"代理人"周某某向华硕公司提出500万美元的赔偿要求。黄某的意图就是维护自身作为消费者的权益，但是索取的数额超过了法定的赔偿数额。

---

① 参见沈志民：《对过度维权行为的刑法评价》，载《北方法学》2009年第6期。
② 参见徐光华：《从典型案件的"同案异判"看过度维权与敲诈勒索罪》，载《法学杂志》2013年第4期。
③ 参见于志刚：《关于消费者维权中敲诈勒索行为的研讨》，载《中国检察官》2006年第10期。
④ 参见王珺：《维权过度与敲诈勒索界限研究》，载《人民论坛》2010年第4期。
⑤ 参见李俊刚：《"维权过度"的法理冷思考》，载《市场论坛》2009年第1期。

②维权过度在主观上认为自己没有超过维权的必要限度。我们知道,心理决定行为,行为表现心理,心理是行为的本质。维权过度作为维权的特殊情况,其在行为的起因和意图上属于维权,因此,维权过度人具有认为自己在实施维权行为的心理,也就是认为自己的行为在维权意图、维权起因、维权对象等方面属于维权行为。质言之,维权过度在主观上认为自己没有超过维权的范围。

消费者受到损害后提出维权索赔的数额虽然有法律的规定,但也不是每个消费者都知道这一规定,而且消费者对索赔数额也有自己的理解。消费者提出多少赔偿,属于消费者自己的权利。作为消费者的一项民事权利,只要法律没有禁止,就可以行使。不能因为消费者提出的赔偿多而认为消费者是敲诈勒索,这是违反法治原则的。简言之,无论受损消费者提出多大数额的赔偿,都属于维权的性质,只是一个是否过度的问题。例如,黄某维权索赔案件中,黄某向华硕公司索赔 500 万美元就是作为受损消费者的正当的权利行使,与敲诈勒索无关。

维权中常见以诉诸媒体等舆论的方式要挟商家的情形,那么,此举是否合法呢?《消费者权益保护法》第 6 条第 3 款规定,大众传播媒介应当做好维护消费者合法权益的宣传,对损害消费者合法权益的行为进行舆论监督。因此,受损的消费者诉诸舆论是正当合法的途径,诉诸舆论是消费者无可置疑的维权行为。那么,黄某向华硕公司索赔,并称要求得不到满足则向媒体曝光此事,并向法院提起诉讼,诉诸媒体和诉诸法院行为都属于合法维权。

③维权过度的本质特征是认识错误。维权过度在客观上超过了正当维权的限度,而在主观上认为自己属于维权行为,即没有超过维权限度,显然这是一种事实上的认识错误,一种对行为实际性质的认识错误,这就是维权过度的本质特征。

维权过度本质上是认识错误,换言之,维权人认为自己是在行使索赔权,而客观上他的要求超越了法律规定的范围,这种主客观的不统一是一种认识错误。例如,在前述"二次维权"案例中,张某和李某喝啤酒,喝出一块胶状的塑料,二人电话联系到厂家的售后部,啤酒厂退还了二人买啤酒的钱并赔偿 1 箱啤酒。而后,张某和李某认为仍有维权索赔的余地,在之后的几天里,每天去啤酒厂,称喝到的啤酒中有异物,该厂啤酒不符合食品安全标准,应当赔偿他们 100 万元,否则将通报媒体,向法院起诉。这里的张某和李某就是认为自己在维权索赔,而客观上它们的要求已经超越了法定的赔偿范围,该二人行为的本质是认识错误。

(2) 维权过度系疏忽大意的过错

①维权过度不存在对危害社会的认识。如前所述,维权过度行为人是认为

自己在维护自身权益、索取损害赔偿，所以维权过度行为人的心中没有危害社会的认识。犯罪的本质是犯罪活动中支配行为认可危害结果发生的心理态度①，那么，没有危害社会的意识就不能成立犯罪。

②维权过度对超过索赔限度存在疏忽大意过失。笔者认为，维权过度既然是认为自己在维权，即对超过索赔限度没有预见，就没有对超过索赔限度的意志。因此，如果说维权过度有错，那么，从心理活动中知、情、意三因素上看，维权过度的主观过错只能在情感态度上。即维权过度人对超过索赔限度而致侵权方利益受损持漠不关心的情感态度，因为这个情感态度，行为人才没有认识到超限索赔造成他人的损害结果，而把超限索赔当作正当索赔，以至于会造成侵权方的损失。这正是疏忽大意过失的心理特征。②

无认识的过错即疏忽大意的过错。维权过度因为系疏忽大意的过错心理，而过失造成他人财产损失不构成犯罪，所以，维权过度不能构成犯罪。例如黄某案件中，黄某求偿心切，以至于忽视商家的合法权益，其对商家的合法权益受损是一种疏忽大意的过失心理，但是这种过失属于民事违法行为中的过错心理，而不是刑事犯罪中的罪过心理，过失造成他人财产损失的不构成犯罪，因而黄某不能构成犯罪。

（3）维权过度是一种非理性行为

理性，指从理智上控制行为的能力。③ 理智，指辨别是非、利害关系以及控制自己行为的能力。④ 理性行为就是在正确认识指导和控制下的行为。可见，理性行为具备两个关键要素：一是正确认识，二是控制行为。所以，区分理性行为和非理性行为的标准：一是看指导行为的认识是否正确；二是看行为是否在行为人的控制之下。符合这两个条件的行为就是理性行为；反之，就是非理性行为。⑤ 如前所述，维权过度的行为是一种认识错误，因此，维权过度是一种非理性行为。

维权过度既为非理性行为，分寸就难以掌握，很容易触及法律的边界，罪与非罪存乎一念之间。例如，2019年3月12日，网络爆料成都一学校食堂为学生提供霉变食物，多名家长到学校维权被警方采取强制措施。自媒体平台

---

① 参见温建辉：《犯罪本质新论》，载《理论探索》2012年第1期。
② 参见温建辉：《罪过情感研究》，人民出版社2013年版，第79页。
③ 参见中国社会科学院语言研究所词典编辑室：《现代汉语词典》，商务印书馆2002年版，第774页。
④ 参见中国社会科学院语言研究所词典编辑室：《现代汉语词典》，商务印书馆2002年版，第775页。
⑤ 参见温建辉：《非理性犯罪研究》，中国检察出版社2017年版，第11页。

中，发霉食物图片和警民对峙视频广泛扩散，令事件迅速发酵，引发舆论风暴。对此，国家市场监管总局、四川省、成都市以及事发所在地温江区相关政府部门反应迅速，及时介入调查，令舆情回缓。之后，媒体持续关注事件背后的利益链，第一批食品检测结果公布后令事件热度持续。同月 17 日，成都市联合调查组召开新闻发布会，详细公布了调查情况、证据及视频材料，证实系有人蓄意造假，舆情反转再度引发舆论讨论。①

（二）维权过度不能构成犯罪

受到侵害的消费者或者其他受害人，有权利要求侵权方作出赔偿。他们既可以自行提出，也可诉诸舆论，亦可诉诸法律。受害人应当受到保护，而不是被侵权方倒打一耙，使受害人受到二次伤害。

以诉诸舆论或者诉诸法律的方式与他人的合法权益发生冲突，不具有犯罪化的必要性。② 因为诉诸舆论或者诉诸法律本身不是危害行为，受侵商家可以置之不理，即便因此财产受损，也可以按照不当得利请求返还，而这仅仅是民事责任，不是刑事责任。因此，以诉诸舆论或者诉诸法律的方式侵犯他人的合法权益，仅产生不当得利的民事责任，不具有犯罪化的必要性。

1. 维权过度属于不当得利

维权过度的结果是维权人可能获得的利益超过了其依法应当获得的利益。依据《民法通则》第 92 条规定，没有合法根据，取得不当利益，造成他人损失的，应当将取得的不当利益返还受损失的人。那么，维权过度的维权人获得的超过依法应当获得的部分就是不当得利，该维权人就负有返还该部分利益的义务。

维权过度也不构成敲诈勒索罪。第一，因为维权过度系出于疏忽大意的过失，而敲诈勒索罪是故意犯罪，过失索取他人财物的不构成犯罪；第二，敲诈勒索罪需要以恶害相威胁，而诉诸媒体、诉诸法律等行为属于公民的合法行为，合法行为不构成犯罪。

例如，2005 年初，个体经营者刘某在市场购买海兰花牌大豆油一桶，后以该油桶内有黑色胶圈为名，向豆油的生产者北京振海兴业商贸公司索要人民币 36000 元，并声称如不给钱就向媒体曝光，后被控告归案。2006 年 4 月 5 日，大兴区人民法院以敲诈勒索罪，判处刘某有期徒刑 2 年，缓刑 2 年。

---

① 参见《成都七中实验学校食堂食品安全事件舆情研究》，载搜狐网，http://m.sohu.com/a/311182621_616324，访问日期：2019 年 5 月 31 日。

② 参见温建辉：《犯罪化三论》，载《公民与法》2013 年第 5 期。

2. 二次维权系维权过度

如前所述，根据《消费者权益保护法》第 49 条规定和《食品安全法》第 148 条规定，消费者不仅可以要求赔偿损失，还可以向生产者或者销售者要求支付双倍甚至价款 10 倍的赔偿金。《侵权责任法》第 47 条规定，明知产品存在缺陷仍然生产、销售，造成他人死亡或者健康严重损害的，被侵权人有权请求相应的惩罚性赔偿。在此范围内的索赔属于正当维权。二次维权同样属于维权的性质，只是属于维权过度。

为什么二次维权也属于维权过度呢？因为二次维权也具有维权过度的本质特征和性质。以前述"二次维权"案件为例，第一，张某和李某就是认为自己在维权索赔，而客观上它们的要求已经超越了法定的赔偿范围，可见该二人行为的本质是认识错误。第二，张某和李某认为自己在维护自身权益、索取损害赔偿，所以二人不具有危害社会的认识，没有危害社会的意图。但是，二人只顾自身维权，没有顾及商家利益，甚至提出天价赔偿金，漠视商家利益，无助于社会经济的正常发展，因此，张某和李某具有过错，这样的过错会导致张某和李某二人不当得利。由此分析，二次维权也属于维权过度。

3. 设套约谈消费者涉嫌诬告陷害罪

前述案例中的王某某因索赔而被商家设置圈套，在获取赔偿金的现场被商家请来的警察当场拘捕。王某某是索赔维权，没有社会危害性，即便维权过度，也只是民事上的不当得利，根本构不成敲诈勒索罪。反过来，《刑法》第 243 条规定，"捏造事实诬告陷害他人，意图使他人受刑事追究，情节严重的，处三年以下有期徒刑、拘役或者管制；造成严重后果的，处三年以上十年以下有期徒刑。国家机关工作人员犯前款罪的，从重处罚"。依此规定，商家涉嫌诬告陷害罪，而与商家通谋的警察则涉嫌徇私枉法罪。

具体来讲，乐购超市卖售假冒伪劣商品，本该坦诚认错，全面赔偿消费者，但却利用自身的强势地位，拉拢利用警察，将本该给予消费者的赔偿金用作诱饵，约谈并现场拘捕消费者王某某，可谓虚构犯罪事实。乐购超市不设套约谈消费者王某某，就不会产生王某某敲诈勒索超市的假象，因此，乐购超市的负责人员或者直接责任人员是一种捏造犯罪事实的行为，该行为涉嫌诬告陷害罪。依据《刑法》第 399 条第 1 款的规定，"司法工作人员徇私枉法、徇情枉法，或者在刑事审判活动中故意违背事实和法律作枉法裁判的，处五年以下有期徒刑或者拘役；情节严重的，处五年以上十年以下有期徒刑；情节特别严重的，处十年以上有期徒刑"。那么，作为公安机关的警察，如果丧失职业操守，徇私枉法，构陷维权的消费者入罪，则涉嫌徇私枉法罪。

4. 实行社会监督不构成犯罪

《消费者权益保护法》第 6 条第 2 款规定，国家鼓励、支持一切组织和个人对损害消费者合法权益的行为进行社会监督。因此，一切组织和个人依法揭假、打假的行为都是合法有据的行为，都是利国利民应予褒奖和鼓励的行为。而将揭假打假的社会公益行为犯罪化的做法与法律和正义不相容。例如，从 2004 年起，方先生专挑"问题企业"务工，并已连续将工作过的 12 家企业告上法庭，基本上屡告屡胜。对于方先生的维权方式，舆论似乎争议颇大，"恶意维权""过度维权""钓鱼式维权"等标签从四面八方向方先生飞来。[①]

笔者认为，对生产经营的商业行为实行社会监督，打假维权具有法律依据，我们应当弘扬社会正义。他们的行为不仅合法，而且客观上有利于社会进步，有利于人民福祉，但对于出于个人私利的，我们应倡导依法维权。

---

① 参见吕玥：《"钓鱼式维权"引争议》，载《浙江日报》2009 年 12 月 28 日第 11 版。

参考文献

一、著作类

[1] 旭日干、庞国芳主编：《中国食品安全现状、问题、及对策战略研究》，科学出版社 2015 年版。

[2] 许成磊、李春雷主编：《防控与侦办：食品药品犯罪案件实证研究》，群众出版社 2015 年版。

[3] 李春雷、许成磊主编：《惩治与保障：食品药品犯罪案件规范研究》，群众出版社 2015 年版。

[4] 舒洪水主编：《食品安全犯罪的罪与罚》，中国政法大学出版社 2014 年版。

[5] 杜菊、刘红：《食品安全刑事保护研究》，法律出版社 2012 年版。

[6] 黄星：《中国食品安全刑事概论》，法律出版社 2013 年版。

[7] 刘仁琦、舒洪水、姚剑：《危害食品安全犯罪程序精要与证据研究》，中国政法大学出版社 2016 年版。

[8] 王辉霞：《品安全多元治理法律机制研究》，知识产权出版社 2012 年版。

[9] 冉翚：《食品安全刑事规制研究》，法律出版社 2013 年版。

[10] 赵秉志主编：《环境犯罪比较研究》，法律出版社 2004 年版。

[11] 谢勇：《宏微之际：犯罪研究的视界》，中国检察出版社 2004 年版。

[12] 温建辉：《非理性犯罪研究》，中国检察出版社 2017 年版。

[13] 温建辉：《罪过情感研究》，人民出版社 2013 年版。

[14] 鲜铁可：《新刑法中的危险犯》，中国检察出版社 2011 年版。

[15] 《法国新刑法典》，罗结珍译，中国法制出版社 2003 年版。

[16] 《日本刑法典》，张明楷译，法律出版社 1998 年版。

[17] 肖扬主编：《中国刑事政策和策略问题》，北京法律出版社 1996 年版。

[18] 魏东：《刑事政策学》，四川大学出版社 2011 年版。

[19] 纪江红主编：《中国通史》，北京出版社 2005 年版。

[20] 曾宪义主编：《中国法制史》，北京大学出版社 2000 年版。
[21] 刘双舟主编：《中国法制史》，对外经济贸易大学出版社 2014 年版。
[22] 高铭暄、马克昌主编：《刑法学》，高等教育出版社、北京大学出版社 2017 年版。
[23] 储槐植：《刑事一体化论要》，北京大学出版社 2007 年版。
[24] 赵秉志等：《刑法学》，北京师范大学出版社 2010 年版。
[25] 陈兴良：《刑法哲学》，中国政法大学出版社 1992 年版。
[26] 王艳林主编：《食品安全法概论》，中国计量出版社 2005 年版。
[27] 何家寿：《群防群治》，武汉出版社 2005 年版。
[28] 李春会：《群众路线理论》，吉林出版集团有限责任公司 2013 年版。
[29] 梁根林：《刑罚结构论》，北京大学出版社 1998 年版。

二、论文类

[1] 刘仁文：《中国食品安全的刑法规制》，载《吉林大学学报（社会科学版）》2012 年第 4 期。
[2] 舒洪水：《食品安全犯罪刑事政策：梳理、反思与重构》，载《法学评论》2017 年第 1 期。
[3] 温建辉：《食品监管渎职罪的认定》，载《聊城大学学报（社会科学版）》2012 年第 3 期。
[4] 严励：《"严打"刑事政策的理性审读》，载《上海大学学报（社会科学版）》第 4 期。
[5] 储槐植、李莎莎：《论我国食品安全犯罪刑事政策》，载《湖南师范大学社会科学学报》2012 年第 2 期。
[6] 吴情树：《〈食品安全法〉中刑事责任条款的设定——附属刑法为研究视角》，载《重庆工商大学学报（社会科学版）》2008 年第 6 期。
[7] 胡成胜、盛宏文：《危害食品安全犯罪刑法规制的困境及出路》，载《重庆工商大学学报（社会科学版）》2015 年第 5 期。
[8] 俞小海：《食品安全犯罪立法完善》，载《河北大学学报（人文社会科学版）》2011 年第 2 期。
[9] 李荣：《我国刑法体系外资格刑的整合》，载《法学论坛》2007 年第 3 期。
[10] 赵荣、陈绍志、乔娟：《美国、欧盟、日本食品质量安全追溯监管体系及对中国的启示》，载《世界农业》2012 年第 3 期。

［11］皱俊：《食品药品视域下行政执法与刑事司法衔接机制的完善》，载《智库时代》2018 年第 41 期。

［12］温建辉：《论监督故意》，载《福建警察学院学报》2013 年第 2 期。

［13］温建辉：《监督过失罪过心理分析》，载《公民与法》2012 年第 10 期。

［14］杨建军、周绍忠：《监督过失责任研究》，载《国家检察官学院学报》2010 年第 5 期。

［15］沈玉忠：《监督过失论略》，载《法学论坛》2007 年第 1 期。

［16］李蕤宏：《监督过失理论研究》，载陈兴良主编：《刑事法评论（第 23 卷）》，北京大学出版社 2008 年版。

［17］张爱艳：《论监督过失责任》，载《山东社会科学》2010 年第 5 期。

［18］万志鹏：《"风险刑法"下食品监管渎职罪及适用困境》，载《湘潭大学学报（哲学社会科学版）》2013 年第 5 期。

［19］苏彩霞：《徇私舞弊型犯罪共性问题研究》，载《云南大学学报（法学版）》2004 年第 2 期。

［20］贾宇：《食品监管渎职罪的认定及适用》，载《河南财经政法大学学报》2012 年第 2 期。

［21］肖吕宝：《论我国保安处分的种类》，载《政法学刊》2018 年第 2 期。

［22］徐盈雁：《两高两部负责人就正确适用"禁止令相关规定"答问》，载《检察日报》2011 年 5 月 4 日。

［23］熊永明：《犯罪圈的界定及其关系处理》，载《河南省政法管理干部学院学报》2007 年第 5 期。

［24］梅传强、刁雪云：《中国食品安全犯罪的刑事政策研究》，载《安全与检测》2017 年第 2 期。

［25］唐洪、魏琴：《"食药（安全）警察"培养模式探索》，载《湖北警官学院学报》2017 年第 1 期。

［26］董纯朴：《食品安全警察权介入问题研究》，载《公安研究》2013 年第 7 期。

［27］李明佳等：《基于区块链的食品安全溯源体系设计》，载《食品科学》2019 年第 3 期。

［28］尚清、关嘉义：《食品召回法律制度的中外比较及启示》，载《食品与机械》2018 年第 10 期。

［29］陈尚龙：《食品安全行政执法与刑事司法衔接机制实证研究》，载

《中共陕西省委党校学报》2016 年第 6 期。

［30］陈新言：《食品安全立法中的行刑衔接问题探讨》，载《重庆科技学院学报（社会科学版）》2016 年第 2 期。

［31］徐信贵、康勇：《食品安全领域行刑衔接问题研究》，载《广西社会科学》2015 年第 3 期。

［32］燕凌：《国外在食品安全监管方面有什么经验》，载《红旗文稿》2011 年第 10 期。

［33］吴占英：《非法捕捞水产品罪比较研究》，载《云南大学学报（法学版）》2005 年第 4 期。

［34］祝小茗、姜杰：《国外食品安全犯罪的刑法规制及启示》，载《广东开放大学学报》2016 年第 1 期。

［35］毕敏：《非法捕捞水产品犯罪情况调查》，载《人民检察》2018 年第 2 期。

［36］张立：《非法捕捞水产品案件办理难点及应对》，载《人民检察》2018 年第 10 期。

［37］唐雅雯、陈蕾：《非法狩猎罪理论和实证问题研究》，载《林业调查》2018 年第 2 期。

［38］易秀清：《逃避商检，刑事责任与行政责任并举》，载《中国检验检疫》2008 年第 8 期。

［39］沈志民：《对过度维权行为的刑法评价》，载《北方法学》2009 年第 6 期。

［40］徐光华：《从典型案件的"同案异判"看过度维权与敲诈勒索罪》，载《法学杂志》2013 年第 4 期。

［41］于志刚：《关于消费者维权中敲诈勒索行为的研讨》，载《中国检察官》2006 年第 10 期。

［42］王珺：《维权过度与敲诈勒索界限研究》，载《人民论坛》2010 年第 4 期。

［43］温建辉：《维权过度无罪论》，载《聊城大学学报（社会科学版）》2014 年第 2 期。

三、外文类

［1］Shohei, Yamomota. a research on mechanism of generating white-collar crime in food businesses：A case study of a mass food poisoning by a dairy-products maker. Journal of Food System Research, 2009, Vol. 16 (1).

[2] S. Spear, Stamping out meat crime, Environmental Health Journal, August 2004.

[3] Ashworth and Blake, The Burden of Proof and the Presumption of Innocence, Criminal Law Review 1996.

[4] Paul Leighton. Mass Salmonella Poisoning by the Peanut Corporation of America: State-Corporate Crime Involving Food Safety. Critical Criminology (2016) 24 (1).

[5] John Pointing and Yunes Teinaz. Halal Meat and Food Crime in the UK. Paper Presented for the International Halal Food seminar, Islamic University College of Malaysia, September 2004.

[6] Assuring food safety and quality: guidelines for strengthening national food control systems. FAO FOOD AND NUTRITION PAPER. 2003.

[7] Fung, Archon. Varieties of Participation in Complex Governance. Public Administration Review. 2006, 66 (1).